量价关系操作要诀

(台湾)黄韦中　著

图书在版编目(CIP)数据

量价关系操作要诀 / 黄韦中著. —北京：地震出版社，2014.1

ISBN 978-7-5028-4183-6

Ⅰ.①量… Ⅱ.①黄… Ⅲ.①股票交易—基本知识 Ⅳ.①F830.91

中国版本图书馆 CIP 数据核字(2012)第 312621 号

地震版 XM2930

著作权合同登记 图字:01-2013-2134

繁体字原版作者:黄韦中

量价关系操作要诀

(台湾)黄韦中 著

责任编辑：刘素剑

责任校对：孔景宽

出版发行：地震出版社

北京民族学院南路 9 号　邮编：100081

发行部：68423031　68467993　传真：88421706

门市部：68467991　传真：68467991

总编室：68462709　68423029　传真：68455221

证券图书事业部：68426052　68470332

http://www.dzpress.com.cn

E-mail：zqbj68426052@163.com

经销：全国各地新华书店

印刷：北京九天志诚印刷有限公司

版(印)次：2014 年 1 月第一版　2014 年 1 月第一次印刷

开本：787×1092　1/16

字数：250 千字

印张：17

书号：ISBN 978-7-5028-4183-6/F(4871)

定价：39.80 元

目　录

作者序

随着年纪增长，记忆力已不复比从前，总觉得有必要趁思路还算清晰时，逐步将脑海中的技术分析整理成册。所幸经过几年的努力，较为基础的概念如《主控战略》、《实战手记》这两套书系已经完成，于是在 2011 年年中，开始构思全新的系列丛书。

于是，撰写《主控战略笔记》书系的想法就此成形。

这套书系既然定调为《主控战略笔记》，代表属于较为进阶的讨论内容，就像参加技术分析课程时所做的笔记。如果将本书系所揭示的技术分析技巧与一般技术分析的网上论坛，或技术分析课程的内容进行比较后，则其深入的程度是有过之而无不及，纵使与个人网站所举办的论坛活动内容仍有段差距，但个人有相当的自信，可以让读者在阅读后产生惊羡之感。

因此，强烈建议读者在选择本书系时，宜具有一定的技术分析基础，若曾经阅读过《主控战略》、《实战手记》这两套书系者则尤佳。

而这本书也可以说是截至目前为止，构思最久的一本。原本以为可以很容易地将成交量与 K 线(价格)的变化整合后，以文字与图表的方式呈现给读者们，想不到知易行难，要将在脑海中非常简单的运用原则，有条理地付诸文字，竟然是繁复无比的工程，而以网上论坛的方式用嘴巴讲讲，再用手指比划比划，显然轻松许多。

几经思考，决定在定义说明时的分类尽量简化，而在范例运用说明时，再将投资人可能面临的盘势变化，针对 K 线与成交量做广泛性的思考整合。如此的撰写模式，其好处是能贴近实际操作的判断，且能让读者保有操作时的弹性；缺点是初学者读起来难免生涩，需要多花点儿时间阅读与验证。

所以，这是本较为深入、进阶的技术分析专著。纵使如此，笔者仍不讳言，关于成交量与 K 线相互搭配的变化无穷，不是写本书就能完整交代的。幸好，投资人在操作过程中，无需知悉每种变化，只要理解比较具有关键意义的变化即可。因此，本书就以这样的观念为出发点，列出容易掌握的部分，只要在操作过程中大致上吻合，便可以据此研判。

在此也要提醒读者们注意，任何判断均需保留一点儿弹性，不是照本宣科、全然吻合才算数，以数学的观念来说，只要“相似”即可，无需要求“全等”。在本书论述过程中，会再度提醒读者们这些观念。

在这本书里，使用了大量技术线形图表进行说明，该股票分析软件是《奇狐胜券》，感谢大陆博庭资讯(台湾代理商简爱洋行)授权使用，同时也要感谢寰宇出版社陈志铿总经理与主编柴慧玲小姐的协助，更感谢各位读者对《主控战略》、《实战手记》与《主控战略笔记》书系的爱护与支持。谢谢大家。

主控战略中心 http:// www.fmtic.com

欢迎大家莅临

韦中 仅识

2012 年 6 月 1 日

导读

金融市场是一个零和(Zero-Sum)市场，凡是有人卖出一个单位，必有人买进一个单位，因此成交量(Volume)代表买卖成立的数据。如果参与买卖的人较多，则成交量便会扩增，代表交易相对热络，人气容易聚集；反之，如果参与买卖的人较少，则成交量便会萎缩，代表交易相对冷清。所以成交量为资金荣枯的指标，成交量的大小也显示参与者热络的程度。

在技术分析的领域中，投资人学习的重点不外乎量价关系，从量价衍生出来的技术指标如过江之鲫，坊间关于量价变化的论述可谓五花八门、各显神通。以笔者个人认知，成交量属于股价波动过程中众多的参考指标之一，必须依附在价格波动上进行研判，所以在定位成交量变化的意义时，仍然需要先辨别多空趋势与产生信号的相对位置，当价格(位置)不同，所代表量能结构的意义也不尽相同。

在金融市场中，投资人交易的依据是价格，但是成交量的多寡(流通性)却决定是否可以成交。比如，甲某以50元的价格下单，虽然当天K线图的下影线价格也是50元，却不代表甲某的买单能够成交，原因在于50元的交易量相当少，在成交撮合时不是甲某所下的买单，因此在当日高低点常常有见价却未能成交的现象；有时候走势呈现极强或极弱，比如涨停封死，成交量极度萎缩，投资人纵使想买这个价格，也没有人愿意卖出，只能选择更高价位才有机会买进。

除此之外，成交量多寡的数据与价格高低的呈现，还有一个非常重要的差异。比如，今日K线的开盘价是50元，在整个交易过程中，这个价格可能会来回出现好几次，但是成交量却是累计值，如果在上午10点已经成交5000手股票，那么在11点检视成交量的数据，只会增加绝对不会再减少。这种特性，有助于投资人在交易时间尚未截止以前，就能够得到样本的确认。

笔者也常与参与网上论坛的朋友说，仅观察量能结构的变化，不容易推知价格的走向，此点足以证明量能研判必须依附在价格走势上；但是笔者若只观察价格的变化，则能够大致猜测量能的增减情形；接着再从量能结构的不同，配合K线走势，又能推知价格透露出的意图。这种反复搭配的研判，颇有中国阴阳相生相克的道理，如何掌握这些变化的诀窍，就是这本书的主要目的。

本书的第一章，是要协助读者建构研判的基础观念，并且从价格与相对位置如何判别开始。在本单元中首先介绍“黄金螺旋”与“黄金分割”进行测量定位，并辅以“主力控盘模式”进行说明，要特别提醒各位读者，股价上涨模式并非只有“主力控盘模式”这种形态，而且这个形态可以任意缩小放大，同时应特别注意，所有关于高低档的相对位置，都具有层级的分别。

在第一章中，也提出均线助涨与助跌的概念，同时解决一般投资人误判观察层级所导致研判上的困扰，相信各位读者在阅读完这个单元后，对于均线操作的认识将更进一步。最后再利用一个单元，弄清楚定义成交量中，关于量增与量缩的比例关系，以及均量线走势的变化。有了本章所提示的概念，再结合后续章节的说明，自然就能够在诡谲多变的量价关系中，整理出一条清晰的思路来。

本书的第二章，是以三根量能线增减变化，配合容易辨识的K 线组合，解析价格走势所透露出的可能意图，对于短线研判有绝对性的帮助。紧接着再以均量线的黄金交叉与死亡交叉，辅助观察周线的波浪架构，同时解决走势产生延伸浪时的判别困扰，虽然无法将所有解决疑惑的方法一网打尽，但在本单元的提纲挈领下，会是个深入认识波浪的很好的开始。

在第三章与第四章，则是将以往研讨会中揭露过的进出货模式，与洗盘的关键构架，做了系统地介绍，这些操作细节除了可以搭配黄金螺旋、潮汐推演(推浪三部曲)进行有效地研判外，更可以结合笔者其他图书的内容，进行综合运用。尤其是

《主控战略成交量》这本书，已经详细介绍量价关系、关键量能的研判与各种关于出货、进货与洗盘等形态，为了使技巧能够方便读者整合，省去再另外翻书的麻烦，故本书特别又将相关形态列出。至于详细的研判，还是要请读者们去翻阅《主控战略成交量》一书。

在这些章节中，为了使研判更趋于精准，除了成交量的指标外，在说明时也放入与主力控盘有关的几个指标，如周转率、当日冲销量与当冲比率，这几个指标曾经在《主控战略即时盘态》里描述过，在此仅罗列重点供各位读者参考，关于更详细地操作运用请参阅《主控战略即时盘态》这本书。

进货模式

在《主控战略成交量》一书中，探讨进货模式时，仅针对形态做深入说明，对于成交量运用与量能计算的细节，请参阅本书各章节的说明。而当股票有特定人士进场拉抬时，纵使成交量会产生变化，但股价走势的观察仍不可偏废，尤其是操作时的切入重点在于股价。

波段型进货

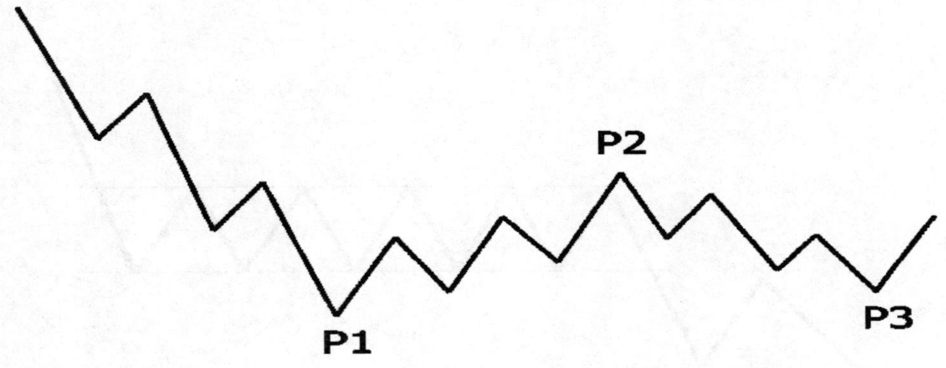

图1　波段型进货

如图1所示，P1～P2这一段称为：熊市扭转，亦可以称为初升浪。投资人宜于P3完成以后，寻找修正结束的可靠信号，并且伺机介入。

盘坚型进货

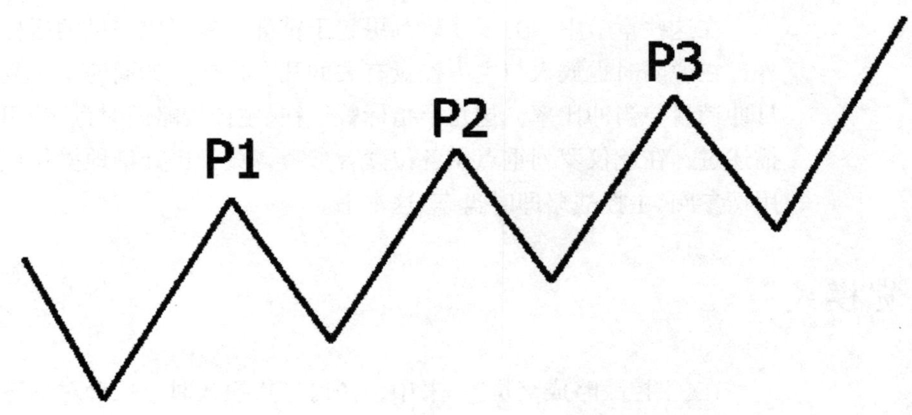

图2 盘坚型进货

如图2所示，此模式其波峰会持续创高，波谷也会持续垫高，即P3 > P2 > P1，成交量走势会出现“波段起涨”。盘坚过程中虽不一定是要创下三个高点，但通常是三个高点。

平台型进货

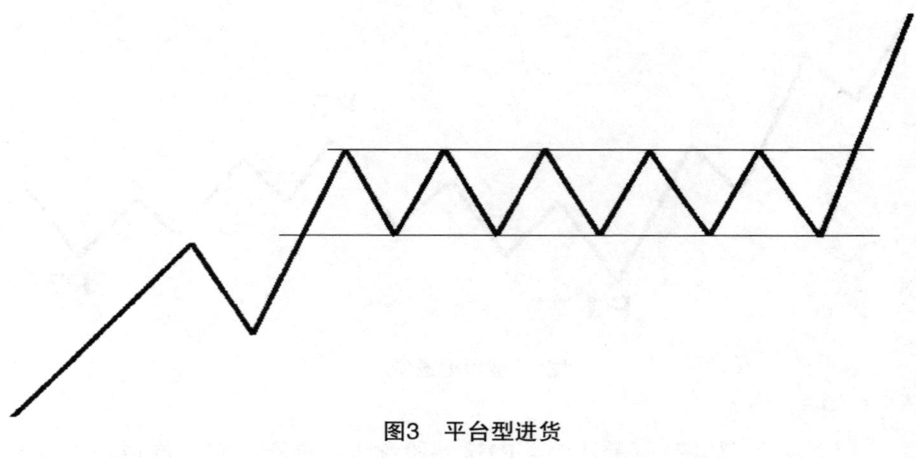

图3 平台型进货

如图3所示，进货过程中会以“顺势量”的模式进行短线拉高进货，或者是呈现“谷底量”的量能沉淀模式，投资人宜注意洗盘结束的信号与多头攻击信号，并适时介入做多。

破底型进货

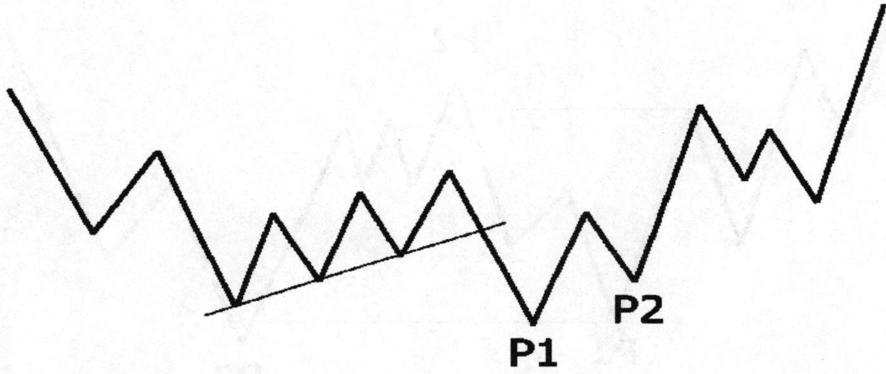

图4　破底型进货

如图4所示，破底进货手法，同时具有进货和洗盘的意义存在，投资人宜注意盘坚型进货可能结束的洗盘点(即P2的位置)之后，出现的多头攻击信号便可以伺机介入。

盘跌型进货

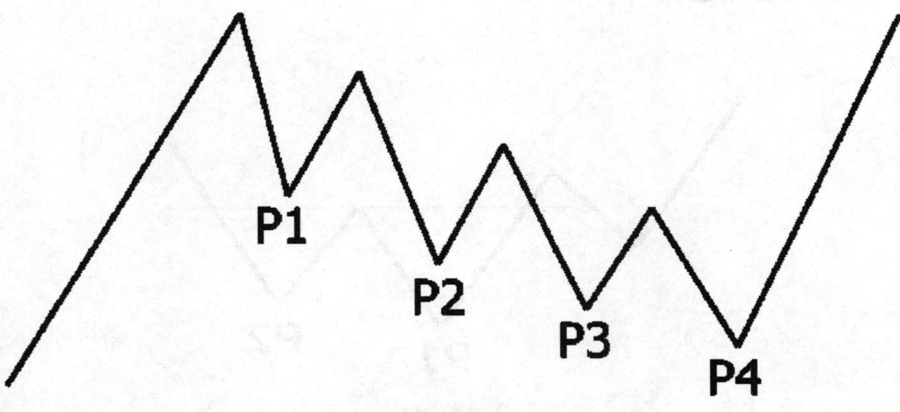

图5　盘跌型进货

如图5所示，本进货模式通常会出现3个以上的盘跌低点，且低点会有对应的“支撑量”，每一个低点会持续创低，最后一个低点会非常接近前波最低点，但是却不会破底。

肩头型进货

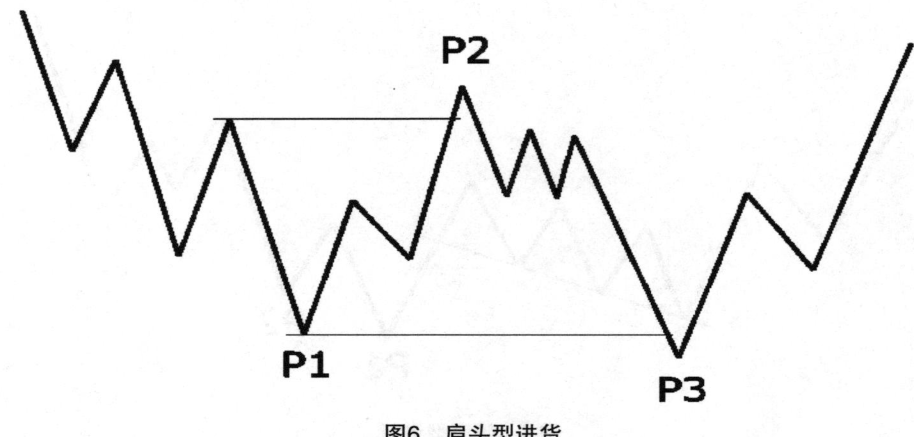

图6　肩头型进货

如图6所示，P1～P2会呈现两段式反弹，再从P2进行掼压，P2～P3会出现两段式下跌，此模式称为“假破底、真穿头”，暗示操盘主力态度积极，筹码掌握程度良好，未来出货时也必定不会留情。

双重底进货

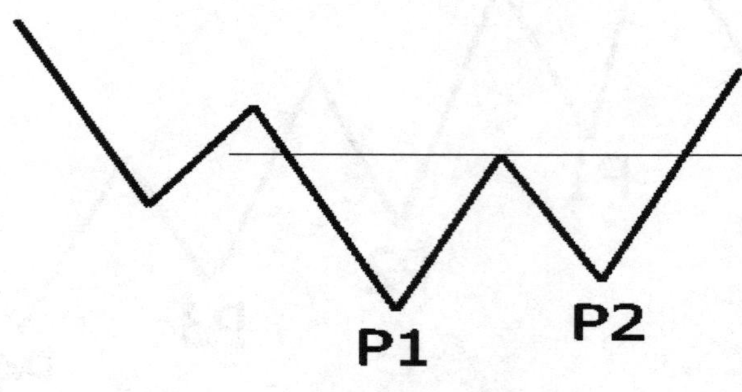

图7　双重底进货

如图7所示，标准形态为P2≥P1，P2称为第二只脚，且P1到颈线会出现上涨“顺势量”，在P2附近出现对应的“凹洞量”，而从P2的起涨不但会有上涨“顺势量”的结构，在突破颈线时，往往会出现大量来突破关卡。

三重底进货

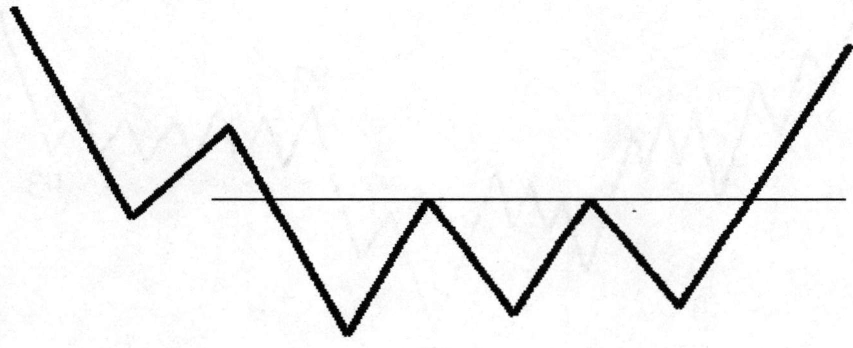

图8　三重底进货

如图8所示，在颈线位置以大量做止涨，拉回低点会出现“凹洞量”，突破颈线会以大量来过关卡。第一只脚必定最低，第二只脚与第三只脚没有严格规定谁比较高。一般是第三只脚会高于第二只脚。

横盘扩底型进货

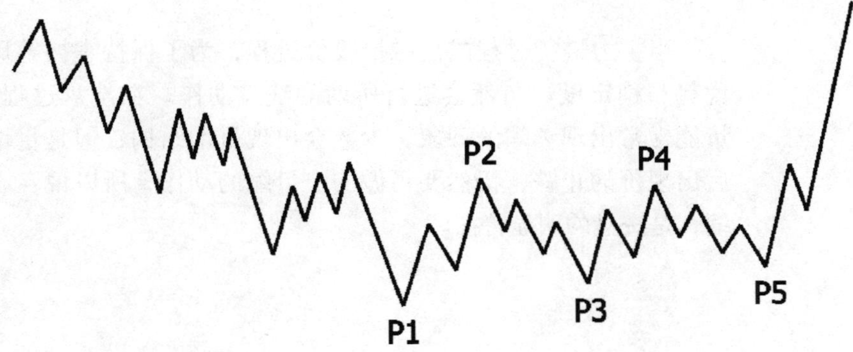

图9　横盘扩底型进货

如图9所示，进货过程中成交量会出现3～4次不等的暴量，在P4之后容易呈现“谷底量”，当投资人发现像这样的量能结构，股价又突破P4以后的下降趋势线时，就可以伺机介入做多。

高档扩底型进货

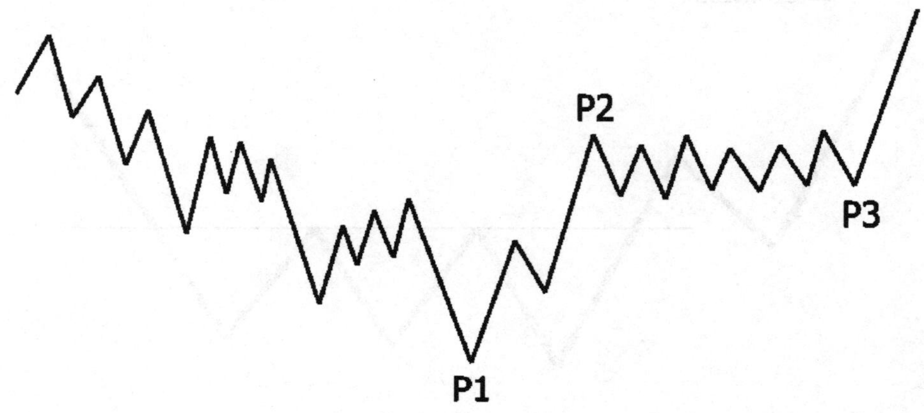

图10　高档扩底型进货

如图10所示，从P1～P2这一段属于初升浪，P2～P3这一段属于第二浪，在调整过程中，成交量会出现至少一次的“谷底量”，以突破平台的颈线为形态完成的观察点。

洗盘模式

当主力进货过程或是拉抬股价过程，为了保持掌握筹码的优势与稳定度，自然会进行所谓的洗盘动作。在洗盘过程中，量能常常出现萎缩的现象，少数会出现量增结构，但是量增之后出现价的止跌，仍然要再做一个量缩的动作，所以说：“量缩，是洗盘的明显特征。”

小波段洗盘

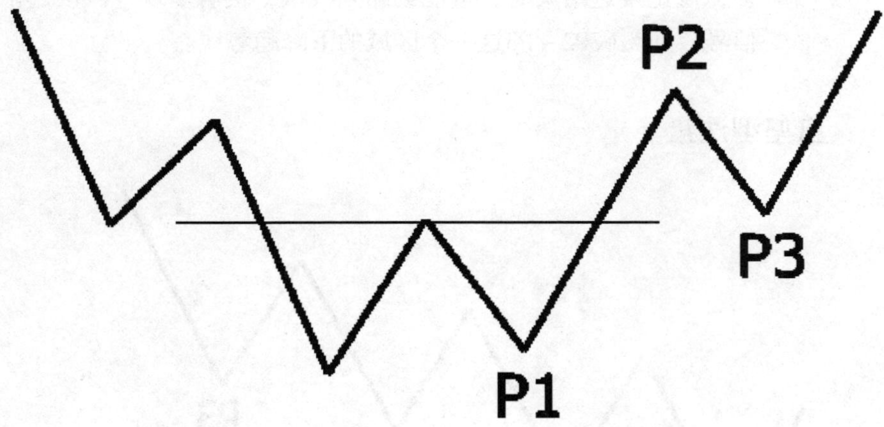

图11　小波段洗盘

如图11所示，洗盘目的是为了洗出P1～P2这一段上涨所产生的不安定筹码，P3点最常见到“凹洞量”模式，随即会出现量增上涨，K线则以中长阳线出击的攻击走势来做洗盘结束的信号。

波段洗盘

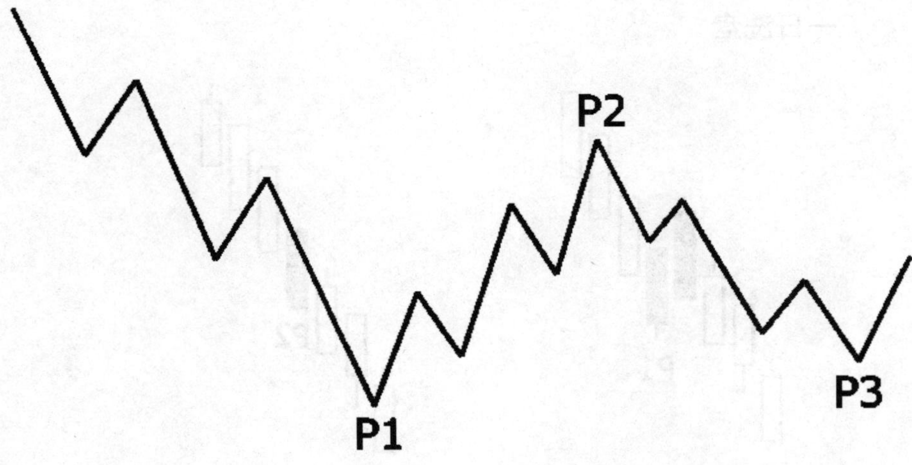

图12　波段洗盘

如图12所示，P2～P3这一段往往以“量能退潮”的现象最多，修正接近结束时，量能会缩到极限，接着呈现“波段起涨”信号，并突破P2～P3这一个区域的下降趋势线。

盘坚型洗盘

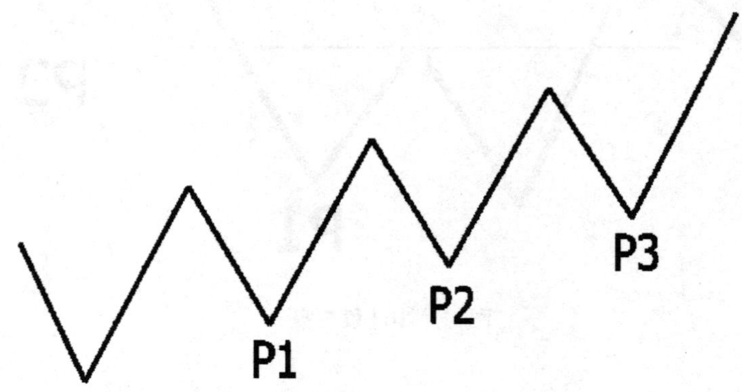

图13　盘坚型洗盘

如图13所示，会呈现低点垫高、高点创高的特性，且量增、量缩的过程相当规律，以前波谷底为止损观察点，或是等待最后洗盘点出现多头进行攻击时再介入。

一日洗盘

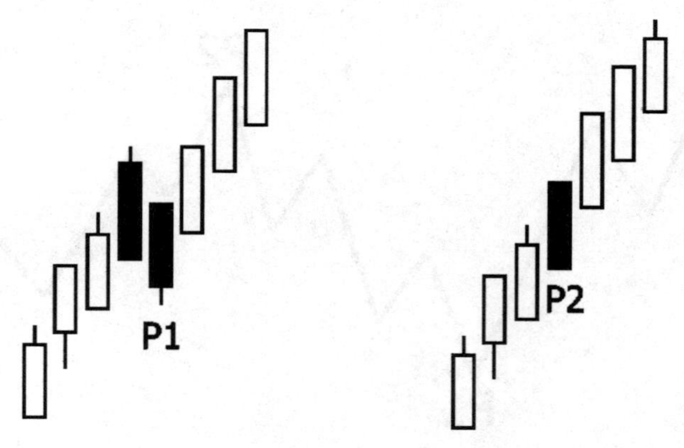

图14　一日洗盘

如图14所示，P1和P2便是短线的洗盘点，其特性都会呈现量缩，以呈现价跌量缩的稳定，当出现一日洗盘时，即代表该波段为一个攻击段，未来波段起涨点与P1、P2的洗盘点，理应有短线支撑。

震荡洗盘

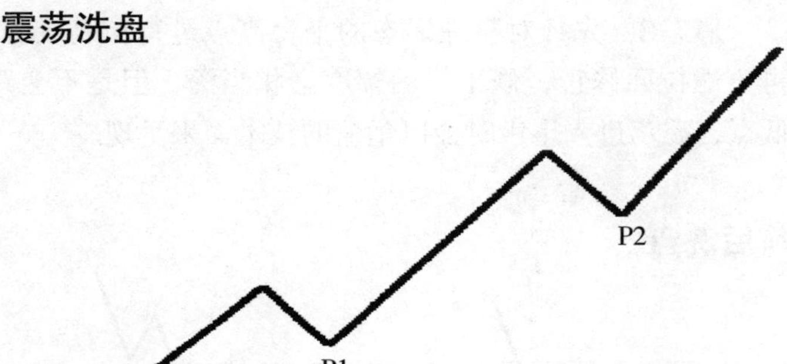

图15　震荡洗盘

如图15所示，震荡洗盘是股价在高角度上攻的过程中，顺势做拉回的洗盘动作，其目的是为了缓和当时指标过热的现象，一般发生在主要攻击波段的延伸走势当中，多以3～5天的拉回为标准形态。

强悍型洗盘

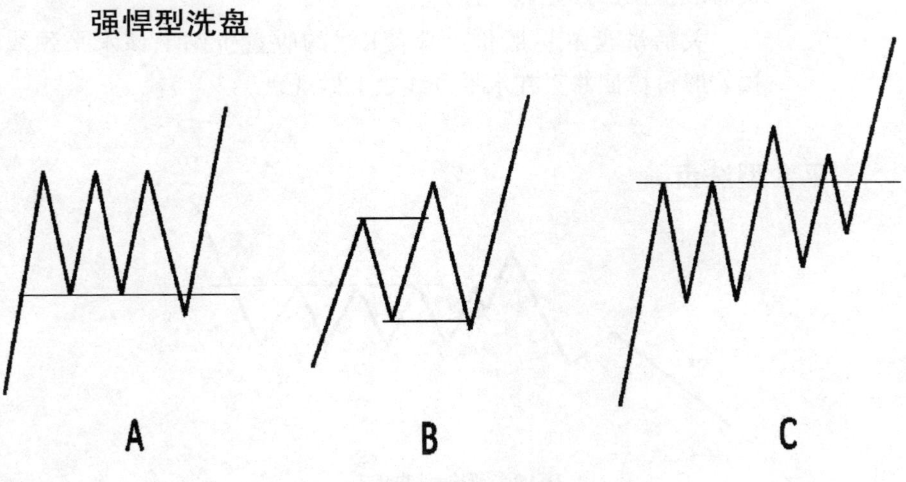

图16　强悍型洗盘

如图16所示。

形态A：先跌破整理形态的水平支撑，当出现量缩洗盘点后形态才算完成。

形态B：出量拉高过前波高点水平颈线，紧接着再跌破前波低点水平颈线，跌破水平颈线时会做出明确的止跌信号。

形态C：先针对整理形态的平台高点进行拉高突破的动作，再止涨拉回修正，修正时的幅度会相当深，但是不会跌破前波低点，震荡进入尾声时会以量缩的技术面来呈现。

过关前后洗盘

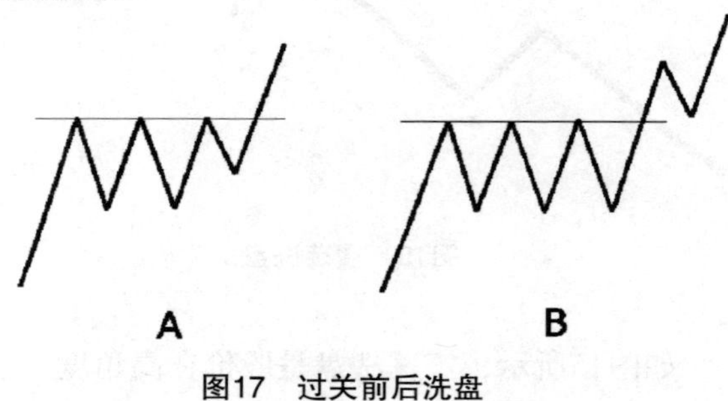

图17　过关前后洗盘

如图17所示。

关前洗盘(A)：股价上攻使K线的上影线穿越过该水平颈线，接着股价拉回修正做洗盘。

关后洗盘(B)：股价上攻使K线的收盘价站上该水平颈线，接着股价拉回修正在水平颈线之上做洗盘。

平台型洗盘

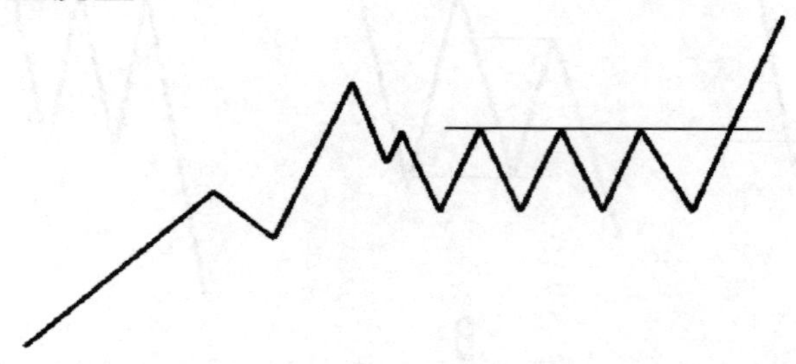

图18　平台型洗盘

如图18所示，当主力做最后一段拉高进货之后，股价先拉回测试支撑并不破最后一段拉抬的起涨低点，接着便进行箱型走势的洗盘。

盘跌型洗盘

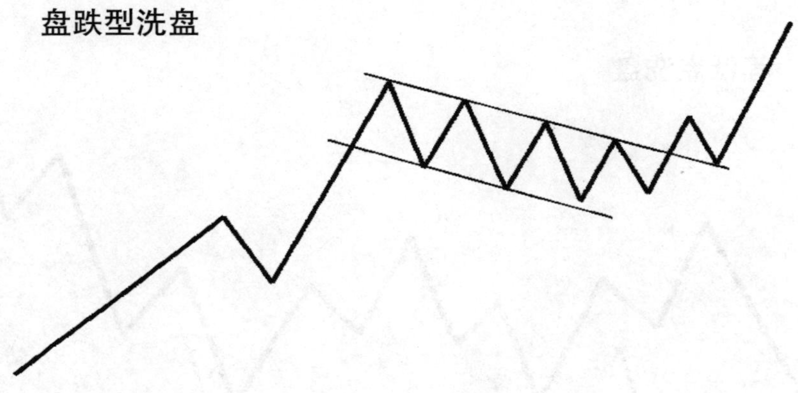

图19　盘跌型洗盘

如图19所示，盘跌洗盘特性是创新低会量增，拉高时出量止涨，走势类似“道氏理论”中的下降形态，当下降趋势线被有效突破时是最佳的介入时机。

等高点洗盘

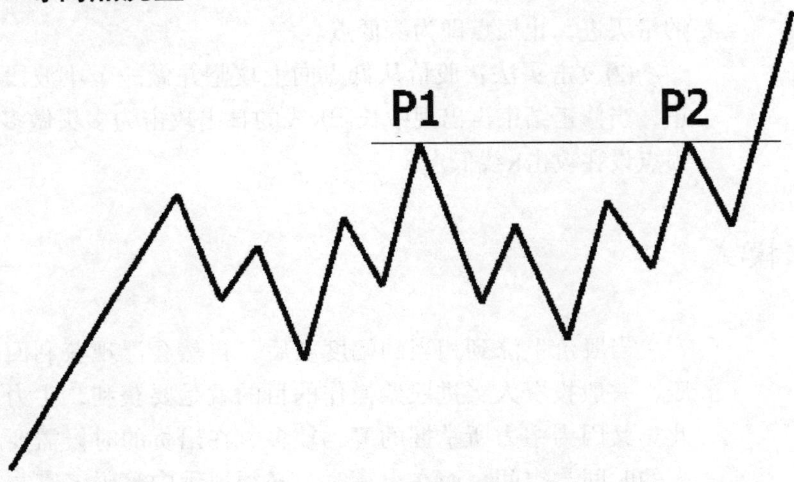

图20　等高点洗盘

如图20所示，整理时会出现两个等高点，且P1和P2有等大量的惯性，当形成等高点止涨拉回时呈现量缩的洗盘点，并以中长阳K线收高表态，为量增价涨组合时，便可以设好止损，介入做多。

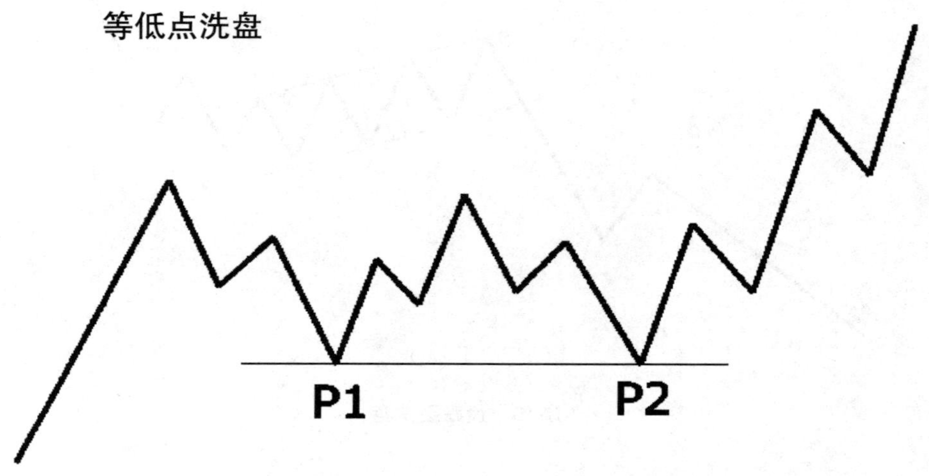

图21　等低点洗盘

如图21所示，等低点洗盘一般有两种切入的方法：

(1)逢低买法：当股价拉回测试表态K线支撑时，便可以逢低酌量买进，止损点即为等低点。

(2)攻击买法：股价从低点向上攻坚并做一个小波段拉回修正，当修正结束再出现中长阳K线的日出攻击为多头做多点，止损点设在攻击K线低点。

出货模式

当股价上涨到相当的幅度之后，自然会浮现获利回吐的卖压，一般投资人买进股票操作的目的就是要获利，主力更是如此。又因为主力所掌握的筹码较多，在出货的时候需要相对较多的时间与空间，而在出货时，必须视手中筹码多寡与当时的时空背景，搭配不同的消息面释放利多，并制造出容易出货的技术线型。

反转型出货

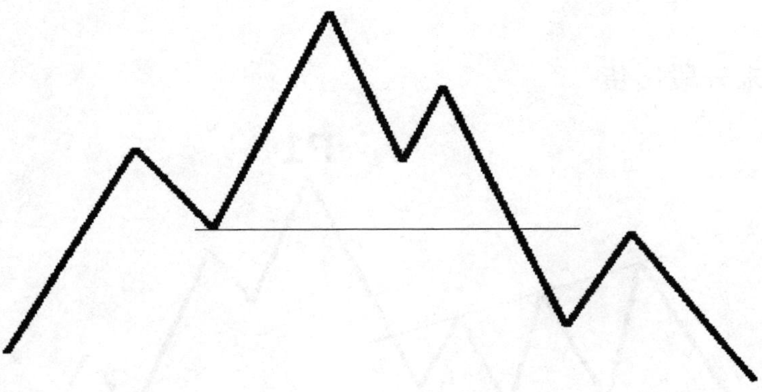

图22　反转型出货

如图22所示，此出货形态包含了两种出货手法：一种是短线拉高出货；一种是短线压低出货。而根据主力出货程度的不同，会出现不同幅度大小的反弹，如果是股本较大的股票，则反弹幅度通常可以到达下跌段的1/2以上。

解套型出货

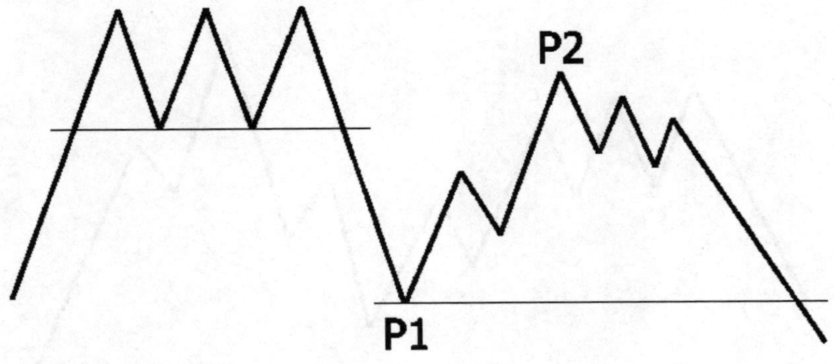

图23　解套型出货

如图23所示，前一波利用种种不同模式出货之后，股价修正到支撑位置开始出现反弹1/2以上的走势即是。P2点往往是主力大户长期做线后的结束点，也是主力弃守点，又称为“波段诱多”，诱多结束后股价将会呈现自由落体的命运。

末升段出货

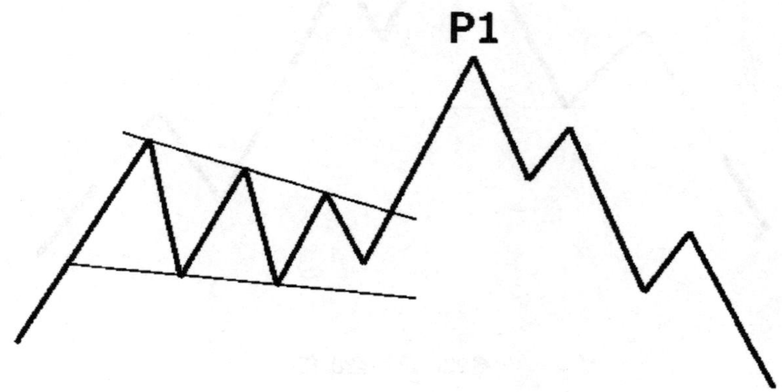

图24　末升段出货

如图24所示，股价进行三角形的中段整理结束后上涨，主力往往利用此末升段行情的走势来进行出货的动作。市场上会同时释出利多消息，进行边拉边出的动作。

急拉型出货

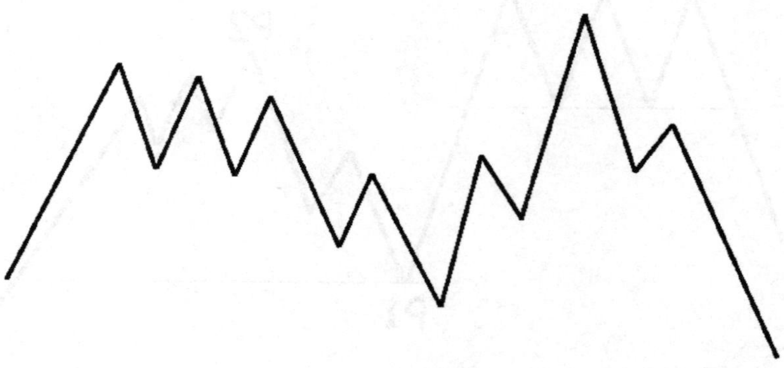

图25　急拉型出货

如图25所示，急拉型出货之前股价会先进行时间周期很长的调整，拉高出货过程属于多头陷阱，当时的时空背景，往往是加权股价指数在做逃命波动或是解套型出货的模式。

盘跌型出货

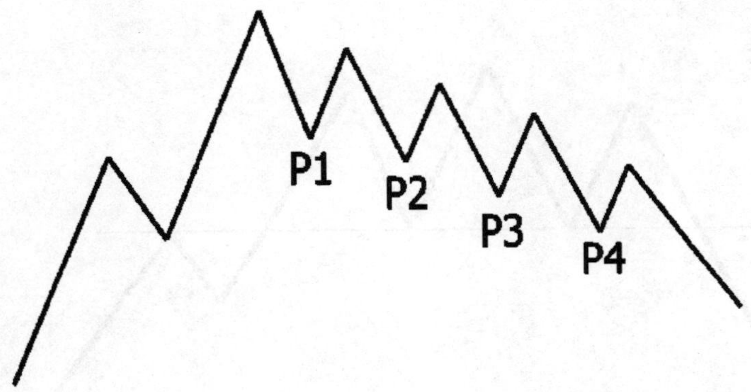

图26 盘跌型出货

如图16所示，其特性是成交量呈现不规则变化，或是在“量能退潮”的现象之后发生，标准模式是低点会越来越低，即P1 > P2 > P3 > P4，且创下低点时会量增。

盘坚型出货

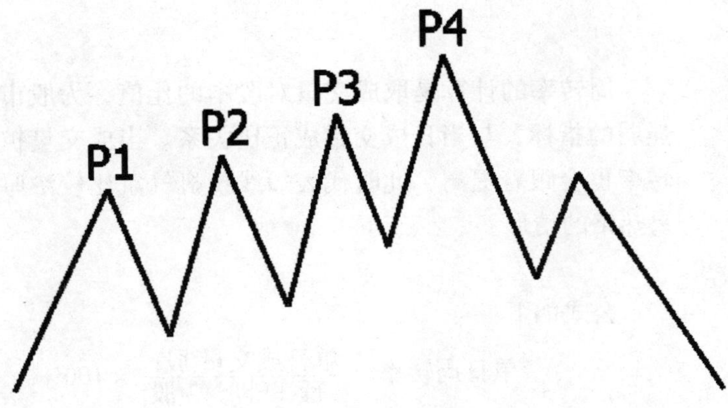

图27 盘坚型出货

如图27所示，拉高出货过程中常以顺势量结构表现，或是已经转成退潮走势，而当出现暴出前一日约2倍左右的大量，是主力一次倒货的特征，投资人宜于当时任何属于短线“轧空点”被跌破后，逢反弹高点尽速退出。

盘头型出货

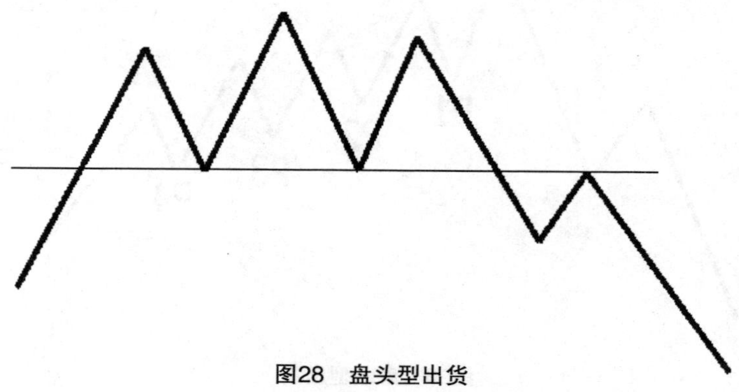

图28 盘头型出货

如图28所示，凡是形态中任何头部的行为，均视为出货的动作。当在疑似盘头过程，下跌出现逆势量，或是形成的波段起涨信号无效，无法使21日均量线转折向上时，若疑似第二头附近的轧空点被跌破，则宜先退出观望。

周转率

周转率的计算是取成交量对股本的比值，为股市多空换手强弱的指标，与当日成交量成正比关系。当成交量扩大时，周转率也会跟着提高，此时代表短线投机气氛比较浓厚，处于交易热络的情形。

公式如下：

$$单日周转率=\frac{单日成交量(股)}{发行在外股票(股)}\times 100\%$$

就公式而言，因为分母所代表的数值短时间内不会改变，故周转率越高，则意味着该股的成交量放大，也就是交易热络，股票转手买卖频率高，同时代表该股较为活泼，亦即所谓的热门股，或是当时投资人所关注的焦点；反之，则为冷门股或是当时未受投资人青睐。

热门股的优点在于成交量够大，比较容易成交，不会有想买买不到，想卖又卖不掉的现象；缺点为股价的波动通常会比较剧烈，也往往是短线高点。因为当周转率过高时，代表筹码已经凌乱，至于如何观察，与经验值和股票的股性有关。

在此先举一个例子简单说明。比如，某只股票的股本是10亿元，那么它总共发行的股票股数将有10万股，假设只有一半的股票不是董事、监事持有，而是在外的流通筹码，当周转率为12%时，代表有10万股 × 0.12 = 12000股的股票经过换手，而对于流通筹码而言，其意义却是12000 ÷ 50000 × 100% = 24%，也就是说，在当日有2.4成的筹码被交换过。交易热络的程度如同一把两面利刃，有助于股价短线推升，在高位却容易成为主力出货的伎俩，导致股价的止涨甚至反转。

关于周转率的运用法则，描述如下：

(1)当周转率突然暴增，走势呈现尖锐状，往往是短线转折高点。

(2)若周转率越高，则必须注意短线多头是否呈现过热信号，并注意短线卖点。

(3)冷门股观察周转率过热的方法，为取历史值的众数作为参考依据。

(4)当周转率创低时，其买进信号并不明显，宜搭配其他信号辅助观察。

(5)当周转率与其本身的移动平均线产生翻多信号后，股价如果没有盘头，就将会进行短线轧空的走势。

当日冲销量与当冲比率

当日冲销量代表投资人在当日盘中对同一只股票、同样的数额，采取融资买进及融券卖出、资券相抵方式进行交割，以赚取价差的成交量。因为融资融券的资料要等到收盘以后，证交所进行统计后公告才会知道，因此当日冲销的数据仅能当成明日进出的参考依据，无法在盘中先得知。

一般而言，当行情开始热络，某只股票上涨气势明显时，便会吸引市场上的投机客进场参与，随着行情的热络程度逐渐升高，具有投机心态的参与者将会越来越多，当日冲销的交易量便会扩大。此时即代表该只股票的筹码已经逐渐凌乱，同时会对应到成交量放大、周转率升高，接着股价就会泡沫化，进而出现反转现象。

当出现当日冲销扩大时，除了是当冲帽客在市场内流窜之外，也有可能是主力、作手群利用当日冲销的模式，制造交易热络的假象，这些通常是中、小郎中的惯用手法，大郎中则是代表最后一波的出货手段。假设出现当日冲销量冲高，又有主力出货嫌疑时，代表主力作手急于在此价位区间出货，因此应注意未来出现的止涨反转点。请特别注意，根据台湾地区现行法规，目前上柜的股票不能做当冲交易，而上市的股票只要有开放资券，盘后定价交易也可以实行资券冲销，因此有部分无融资券，以及停资券或限资券之个股，无法利用这个指标进行观察。

除了当日冲销量外，当日冲销比率也具有参考价值，它是将当日冲销量百分比化，这样有助于不同股票的比较，我们通常将当日冲销比率简称为当冲比率，计算公式如下：

当冲比率＝当日冲销量÷当日成交量×100%

接着以条列的方式，将当日冲销量与当冲比率常用的操作参考说明如下：

(1)若股价上涨到高位区，且面临多空变盘关键时，当日冲销量与当冲比率如果过大，则容易出现转折。

(2)若股价经过一段时间盘整，且刚刚起涨，当日冲销量与当冲比率如果迅速增加，则代表该股为热门成交股，亦是当时主流类股。

(3)当股价刚开始上涨，主力作手会在盘中震荡，进行当日上下洗盘的动作，目的为甩掉跟轿的浮额，这会使盘中抢进想做差价的帽客，在无利可图的情形下止损卖出，因此需留意尾盘的变化，是否呈现实买单(盘上外盘成交)。此为主力短线进货信号之一。

(4)当日冲销量扩增，代表短多盛行，筹码凌乱，涨势不会持久，因此在波段行情中，接下来容易进行洗盘的动作，如此才能有利于行情续攻。

(5)如果当日冲销量扩增，没有进行洗盘或是洗盘行为失败，则代表主力进行的是拉高出货，宜于近期的止涨点信号出现后，出脱手中多单持股或是采行融券放空的操作。

(6)当冲比率 > 15%，为上涨风险区；若当冲比率 > 30%，则为绝对风险区，往往接着会出现止涨点信号，此时宜出脱手中多单持股或是采行融券放空的操作。

小结

最后，建议读者在阅读本书时能依照章节顺序。在阅读前已具有基本波浪与测量技巧概念者较佳，如果能够熟悉导读中所列出关于《主控战略成交量》、《主控战略即时盘态》重点者，将会更容易进入本书想表达的重点。接下来，就请各位读者进入第一章，开始体验不同于一般成交量的运用。

第一章　基础

北魏郦道元《水经注·渠水》注："今碑之左右，遗墉尚存，基础犹在。"基础，从此被引申为事物的开端或根本。技术分析的根本在何处？就在量价关系。而研判价格的基础，在于辨识相对位置的高低，唯具有相对位置的概念，才能将种种技术分析妥当运用；相同的技术信号，在不同位置所蕴含的意义也才能够清晰地解读；以至于层级的分辨，才有抽丝剥茧般的逐渐明朗。

至于如何将相对位置概念先建构出来，其基础就在于测量。

测量的概念

技术分析研究者通常在假设股价走势的方向后，同时会设定一个可能完成的走势目标，此即为目标测量。所以，目标测量是种顺势的研判，其目的是作为停利、操作风险评估与攻击强弱程度的参考。因此，当技术分析研究者方向研判错误时，所进行的目标测量就完全没有意义。除此之外，就算是方向研判正确，预测的目标点位也不一定会满足。

假如走势满足评估的目标，投资人便可以根据满足的幅度定位走势的强度，没有满足评估的基本目标，就代表该方向走势属于弱势，此时执行停利或是否退出观望的操作策略就可以因应而生。而评估风险的观念，在《股价波动原理与箱型理论》这一本书中，有较为详细的论述，请有兴趣的投资人参阅。

金融市场中惯用的测量方法，大致上可以分成三大系统，分别是：

(1)翘翘板原理。

(2)杠杆原理，又称N型测量。

(3)空间分割。

第(1)、(2)种是股价在属于攻击或调整走势时，所进行的目标评估。第(3)种则是针对在某特定空间内，走势强弱的评估。

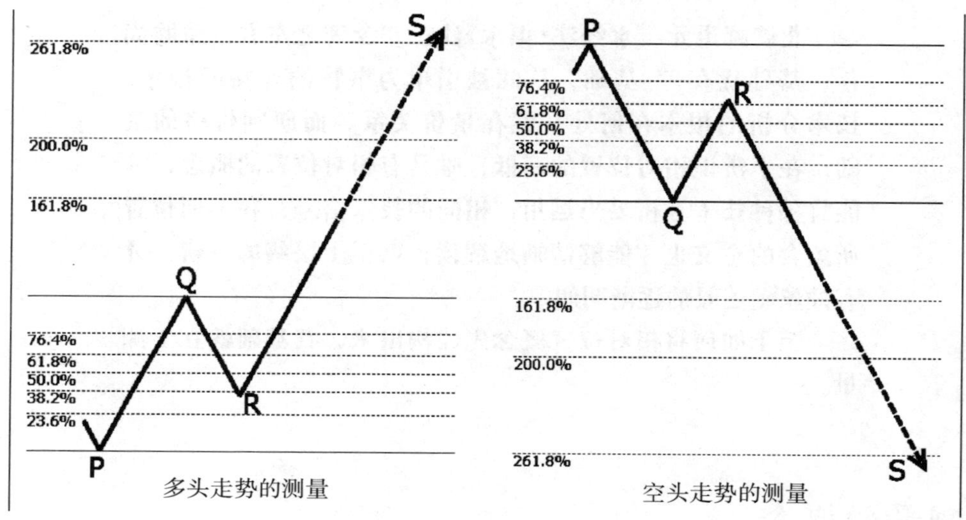

图1–1　测量概念

请看图1–1。假设股价走势为多头(图1–1左)，所谓的翘翘板计算原理，是指股价从P上涨到Q，再从Q回档到R后，如果多头持续攻击并且攻击走势获得确认，则翘翘板目标＝Q×2－P，或Q×2－R。假设股价走势为空头(图1–1右)，当股价从P下跌到Q，再从Q反弹到R后，如果空头持续攻击并且攻击走势获得确认，则翘翘板目标＝Q×2－P，或Q×2－R。

从翘翘板原理，可以衍生出：N字一饱二吐的测量、形态完成的测量与黄金螺旋的测量，本书采用黄金螺旋测量为主要的架构，公式如下：

弱势上涨：P＋(Q－P)×1.618或P＋(Q－P)×2

正常上涨：P＋(Q－P)×2.618或P＋(Q－P)×3.236

强势上涨： $P+(Q-P)\times4.236$或$P+(Q-P)\times5.236$

超强势上涨： $P+(Q-P)\times6.854$

弱势下跌： $P-(P-Q)\times1.618$或$P-(P-Q)\times2$

正常下跌： $P-(P-Q)\times2.618$或$P-(P-Q)\times3.236$

强势下跌： $P-(P-Q)\times4.236$或$P-(P-Q)\times5.236$

超强势下跌： $P-(P-Q)\times6.854$

上述公式中，关于弱势、正常、强势与超强势的定义，将会随着P～Q的取段大小而呈现不同的结果，亦即其强弱程度是针对P～Q这一段所进行定位的相对关系。

请继续看图1-1。假设股价走势为多头，所谓的杠杆计算原理，是指股价从P上涨到Q，再从Q回档到R后，如果多头持续攻击并且攻击走势获得确认，则杠杆目标＝$Q+R-P$。假设股价走势为空头，当股价从P下跌到Q，再从Q反弹到R后，如果空头持续攻击并且攻击走势获得确认，则杠杆目标＝$R+Q-P$。

从翘翘板原理可以衍生出缩小浪、等浪与扩大浪的计算。公式如下：

多头上涨时的缩小浪： $S=R+(Q-P)\times0.618$

多头上涨时的等浪： $S=R+(Q-P)$

多头上涨时的扩大浪： $S=R+(Q-P)\times1.618$

空头下跌时的缩小浪： $S=R-(P-Q)\times0.618$

空头下跌时的等浪： $S=R-(P-Q)$

空头下跌时的扩大浪： $S=R-(P-Q)\times1.618$

至于空间分割，是指走势针对某一个段落，进行反弹或是回档的幅度评估，常采用的方法有三分法、四分法、六分法与黄金比例。无论是使用哪一种方法，其重点不是在精准地捉到股价的落点，而是根据实际走势的波动分辨其强弱程度，因此在进行空间的切割时，上述方法只要选择一种使用即可，本书采用黄金比例分割法，公式如下：

多头中超弱势回档： $R=Q-(Q-P)\times0.236$

多头中弱势回档： $R=Q-(Q-P)\times0.382$

多头中正常回档： $R=Q-(Q-P)\times0.5$

多头中强势回档： $R=Q-(Q-P)\times0.618$

多头中超强势回档： $R=Q-(Q-P)\times0.764$

空头中超弱势反弹：$R = Q + (P - Q) \times 0.236$
空头中弱势反弹：$R = Q + (P - Q) \times 0.382$
空头中正常反弹：$R = Q + (P - Q) \times 0.5$
空头中强势反弹：$R = Q + (P - Q) \times 0.618$
空头中超强势反弹：$R = Q + (P - Q) \times 0.764$

价格的相对位置

股价上涨与修正的模式探讨，坊间常见的有道氏理论、形态学与波浪理论，由于资讯发达与网路传播迅速，这些常识已经深植于一般投资人心中，按道理应该很容易在实际走势变化过程中，被投资人辨识并据此为操作的参考，实际上的情形却并非如此。

笔者认为最大的原因不在于理论本身，而是使用者出现了问题。如果最根本的核心观念无法被领悟，那么市场中众多的理论，不过是上战场时的摆设品，无法成为维持生存的工具，甚至是引导胜利的利器。

在市场中，上涨与修正的轮廓，有时候宛如晴空下的舞步清晰可见，有时候却如白衣女郎漫步于云雾中，迷蒙渺渺不可分辨，波浪的形象与形态走势交错，涨跌之间与指标钝化背离若即若离，已经无法单纯地以一般书籍中所说的重点进行解析。然而，股价走势其实有其特定轨迹可循，图1–2所示之“主力控盘股价循环模式”不过是其中之一，此图既然能够多次出现在主控战略丛书中，代表它不但是主力做线基础，也是辨别进货、洗盘与出货的关键。

从图1–2中，投资人应当可以体认到技术分析的几个重点：

(1)短中长期进货的相对位置与模式。

(2)短中长期洗盘的相对位置与模式。

(3)短中长期出货的相对位置与模式。

(4)评估满足点的合理计算数据。

比如，标示H5与H8将被定位为长期出货，标示H与H3则为中期出货，标示H1、H2、H4、H6、H7与H9为短期出货。进货与洗盘的相对位置与长短周期，则可以效仿出货的定位进行解读。当这些基础被破译之后，满足点的评估、形态走势的判断和指标轧空与否的辨别，自然轻轻松松就可以运用自如。

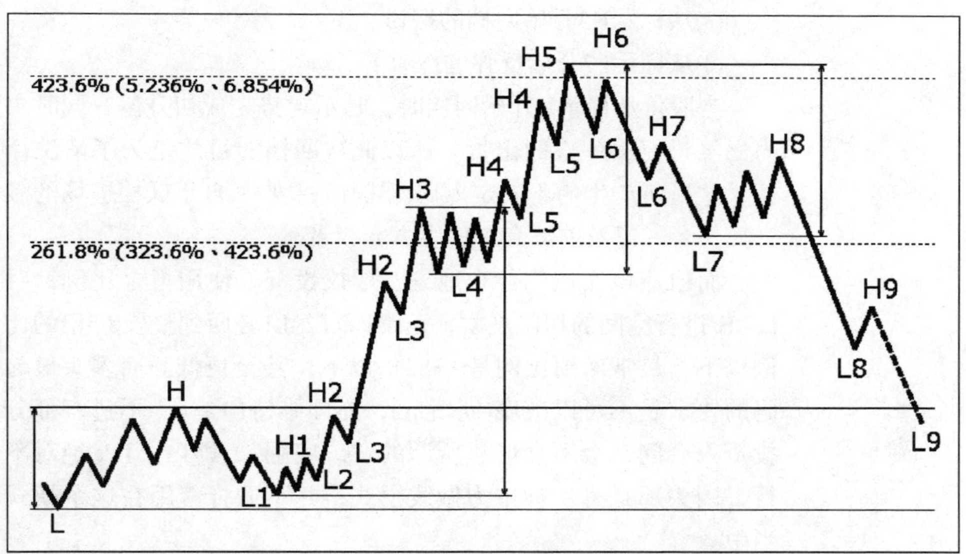

图1–2 主力控盘股价循环模式

在图1–2中画出了利用黄金螺旋计算后，实际高点与计算数值的对应关系，请容许笔者做更深入的说明。

当投资人以标示L～H为初升段进行满足点的评估，在正常情形下：

(1)如果H3在1.618倍满足，则H5很可能在2倍或2.618倍满足。

(2)如果H3在2.618倍满足，则H5很可能在3.236倍或4.236倍以上满足。

(3)如果H3在3.236倍满足，则H5很可能在4.236倍或5.236倍以上满足。

(4)如果H3在4.236倍满足，则H5很可能在5.236倍或6.854倍以上满足。

(5)如果走势上涨明显超过测量段的6.854倍，则代表走势出现延伸，或者是取错观察测量段，这时候应该要放大轮廓观察或是另外取段进行测量。

至于回档与反弹走势的评估，相对要复杂许多，同时必须与股价波动原理合并思考。以图1–2为例，可以分为：

(1)从标示H开始回档的探讨。

(2)从标示H3开始回档的探讨。

(3)从标示H5开始回档的探讨。

(4)从标示L7开始反弹的探讨。

当股价从标示H开始回档时，暗示走势完成初升段，同时主力已经进行第一次的出货，所以此次回档的目的是为了清洗浮额，这里所产生的不安定筹码(浮额)，主要来自于低档进场的多方操作者，以及前波套牢的多方弃权者。

而L1应该回档到什么地方？建议投资人使用黄金比例针对L ~ H 进行空间的切割观察，正常而言，L1必回到整段0.5倍的比例以下，最常回到比例是0.382倍以下，甚至更低。而多头最起码的要求是不可以破底(创新低)，亦即维持L1≥L。不过有部分投资人会问，会不会形成所谓的“破底翻”，即L1 < L？绝对不行，因为那是另一种主力做线模式，并不适合套用在这个模式当中。

当股价走势完成H3的上涨后，由于已经满足重要的目标值，股价理应进行回档修正走势。如果股价要维持多头优势，从H3开始进行的回档，那么，无论从道氏理论、波浪理论或日本三段涨跌论，都强调不宜回档太深。

所以，L4的修正结束点应该用黄金比例来对L1 ~ H3进行空间的切割观察，正常而言，L4至少要修正到整段0.618倍的坐标，部分会修正到0.5倍的坐标附近。当然，有些特例会修正得更低，却依然能够保持多头的优势，持续让股价上涨，但是投资人在研究或是判断时，不宜以特例为主要对象，应以比较容易出现的走势为判断依据。

当股价走势完成H5的上涨后，正常而言，应该满足或接近另一个重要的评估目标，随即在股价出现止涨信号后，进行回档修正走势。从这里开始的回档修正，可以区分为两大类，一种是多头走势已经结束的修正，未来股价走势不会再度创高；另一种是类似H3上涨结束后的修正，未来股价走势还会再度创高。

两者之间的差异在于回档的深度。如果是多头走势结束的修正，那么从H5开始的回档，通常会先盘头进行短期出货，或是利用盘坚型走势进行出货，接着做出初跌段，依反弹结束后进行全波修正。而初跌段的观察，应该用黄金比例来对L4～H5进行空间的切割观察，正常而言，L7至少要修正到0.382倍的坐标以下，但往往会修正到0.236倍的坐标以下，反转走势明显者甚至将L4跌破。

初跌段之后，必须观察是否整体出货模式已经呈现“长期出货”的行为，如果研判后会产生这样的疑虑，那么投资人必须要有未来走势将会进行所谓的“全波修正”，即L8或L9将会回到L～H5整段0.382倍或是0.236倍的坐标以下，惨一点儿甚至会跌破L的谷底。

在初跌段之后的走势，从L7开始的上涨，一般会定位为反弹走势，反弹的结束点H8，可以从反弹起点L7开始的技术现象进行目标评估，也可以在临近压力时取当时的技术信号进行判断。比如，轧空信号是否被破坏、短期是否出现出货的行为等等。除此之外，也可以利用黄金比例进行反弹空间多寡的观察，即H8 有机会反弹到H5～L7任何一个黄金比例数字，也有机会再度创高。

未来股价会再度创高的情形，除了上述走势是因为反弹力道过于强烈而造成的之外，其他则是因为股票本质之利基尚存，在中期出货结束后，原本的主力认为还可以继续操控，因此会于低档再度补货上攻，有的是原本的主力已经获利出场，另外一拨儿主力认为仍然有利可图，接手后再重新拉抬一次攻击波段。

关于主力群的进出货与洗盘模式，除了参阅《主控战略成交量》外，其他更详细的探讨请看第三、四章的说明。

实例说明：

请看图1–3。台苯股价从标示L开始上涨到标示H，形成初升段走势，其中经过H的水平线为中长期颈线，当股价上攻突破水平颈线时，即可以利用黄金螺旋进行上涨目标的评估。以计算1.618倍为例(即图中所示161.8%)，其价格是：9.8 + (14.4 – 9.8) × 1.618 = 17.24元，在标示A穿越满足后，股价随即进入短期震荡修正走势。

图1–3　上涨目标的评估一(资料来源：奇狐胜券)

如果投资人对“主力控盘股价循环模式”有相当程度的认识与理解，可以看出从初升段走势的拉抬，与随后的修正走势，竟与该模式有相当程度的契合，那么再根据量价关系的变化观察，就可以研判尚有机会继续挑战其他目标。实际走势则是在标示B满足2.618倍，标示C则是直接穿越4.236倍后，于标示D创下33.8元的高点，离5.236倍的目标33.89元产生一点点的误差。

通常这种误差在实务操作上，会被忽略不计，因为实际走势不必然会完全吻合投资人心中的期待，因此操作时应着重在买卖信号的认定与执行。最后股价持续上攻，在标示E穿越6.854倍，同时也出现短线止涨信号，理应在此先做获利了结。假设在标示E后股价仍然要续攻，那么修正走势必然会透露出多头意图，操作者无需在此就先行臆测。倘若股价再度创高攻击，则代表原来设定的初升段已经不能再当成测量段使用，而必须重新取测量段观察。

请看图1–4。股价在攻击过程中，不可能不休息(即回档修正)，俗谚云："休息，是为了走更长远的路。"所以股价满足可靠的黄金螺旋目标时，如果出现明确的止涨信号，应当判断股价将进入修正，至于是短中长哪一个周期，则需视上涨层级与当时修正测试支撑的程度进行研判。在观察本图时，若与图1–3合并研判，就能得到更佳的运用成效。

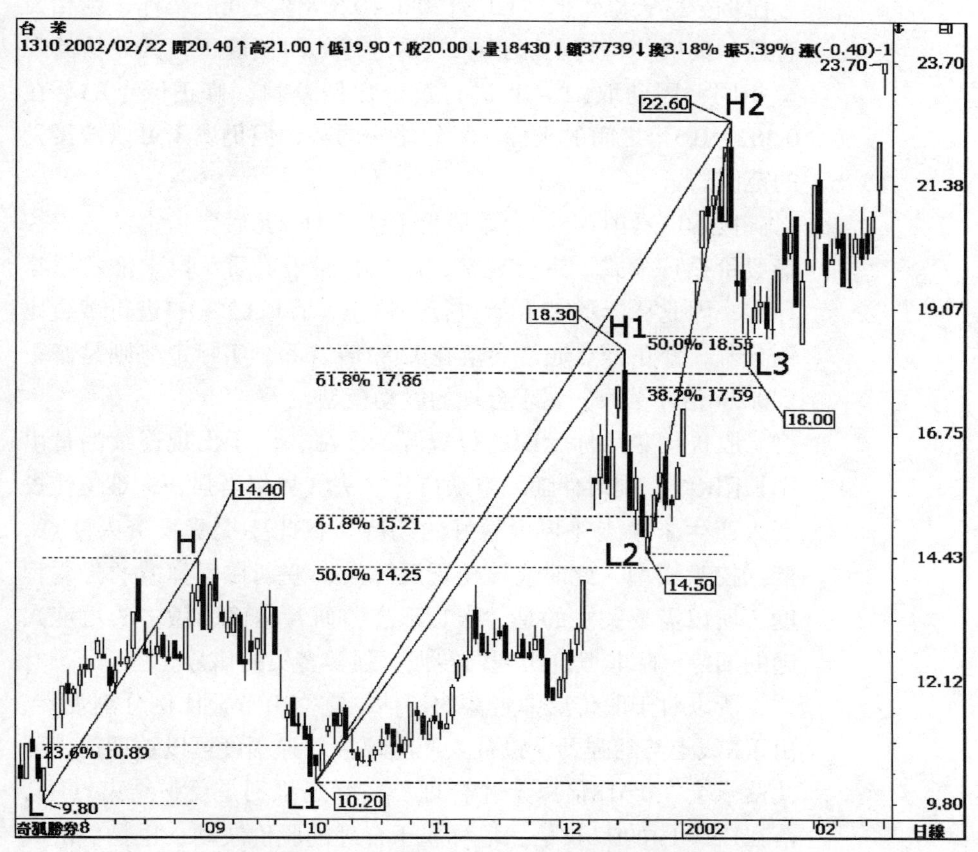

图1–4　回档目标的评估一(资料来源：奇狐胜券)

当标示L～H的初升段走势结束后，股价进入中短期波段修正，修正的合理目标通常在黄金分割比例0.5倍以下，深一点儿也可以到达0.236倍。总之，修正低点只要维持没有跌破标示L的谷底即可。以黄金分割对L～H切割，可以看见修正低点L1落在0.236倍以下，但维持在L之上。因此，当股价再度出现盘底信号完成后，投资人应该认定股价将会呈现多头上涨走势。

当股价上涨到H1(18.3元)止涨后，走势开始进入修正。由于这时的修正是架构在明显多头上涨走势之后，亦即是主升段的修正，因此修正幅度通常设定在黄金分割0.618倍坐标以下，但不会回到0.382倍以下。如果投资人要在此时配合波浪铁律观察亦可，但仍有部分股票纵使违反铁律，却依然能够维持上涨格局。

所以从H1开始回档修正的落点评估，应该取L1～H1进行黄金比例分割，修正低点L2落在0.5～0.618倍之间的坐标，则相当合理。而股价持续上涨到H2开始进行的回档修正，其评估的观念相同，因此取L2～H2进行黄金比例分割，修正低点L3落在0.382～0.5倍之间的坐标，虽然略嫌弱势，但仍属于可以被接受的范围。

接着请看图1–5。台苯股价上涨到41.9元后，借由“主力控盘股价循环模式”进行观察，已经有属于最后一段上涨的意味存在，因此从标示H3开始进行的修正，宜取L3～H3进行黄金比例分割，修正低点通常会落在0.382倍以下，实际走势则是修正到0.236倍才结束，属于合理的波动模型。

股价接着从标示L4的位置开始上涨，由于出现连续的日出中长阳K线，同时伴随跳空缺口，多头气势相当强劲，难免让投资人产生未来走势再度看好的期待。在此要提醒投资人注意，依据控盘模型，此时应该出现反弹波，差别在反弹波的强弱程度，所以需要关注的是“出货形态”研判，而非做多头再度兴起的期待，除非股价出现弱转强、强转多头的信号。

所以对于股价反弹走势的评估，宜交由黄金比例分割观察，由于K线走势的强劲，投资人便应评估反弹幅度可以被期待，因此落点会在0.618倍以上才合理。实际走势则是反弹结束点H4，落在H3～L4的0.618倍，堪称属于合理的股价波动，也是一次成功的主力控盘操作。

图1-5 反弹目标的评估一(资料来源：奇狐胜券)

请看图1-6。爱之味股价从标示L的4.26元起涨，直到标示H的7.62元结束，股价开始进入回档。当修正到标示L1的5.25元时，由于股价并未破底，反而形成多头上涨走势，因此可以将标示L～H定位为初升段，同时评估未来可能的上涨目标。

以黄金螺旋计算不同的比例，可以得到：

目标一 = 4.26 + (7.62 − 4.26) × 1.618 = 9.7元；

目标二 = 4.26 + (7.62 − 4.26) × 2.618 = 13.06元；

目标三 = 4.26 + (7.62 − 4.26) × 3.236 = 15.13元；

目标四＝(略)。

图1–6 上涨目标的评估二(资料来源：奇狐胜券)

实际走势在标示A穿越1.618倍的目标，经过震荡整理后股价续攻，在标示B 穿越2.618倍的目标后，也是经过整理再续攻，但是股价在标示C的15.1元后就呈现止涨盘头，与评估的15.13元产生0.03元的误差，就实际经验而言，多头走势转弱既然已经成为事实，实际价格与评估价格所产生的误差应该忽略，并应以实际走势进行买卖动作，纵使出现再度创高并满足评估目标，也不是投资人在当下该有的期待。

接着请看图1–7，并请与图1–6结合研判。当标示L～H的初升段走势结束后，股价进入中短期波段修正，计算初升段的黄金分割空间，修正结束点L1落在0.236～0.382倍之间，随即股价以V 形反转的上攻模式，形成主升段上涨行情。

图1–7 回档目标的评估二(资料来源：奇狐胜券)

当股价上涨到H1(9.99元)止涨后，走势开始进入修正，落点评估应取L1～H1进行黄金比例分割，修正低点L2落在0.618倍之上，并没有穿越，暗示多头持续攻击的企图心仍强。而股价上涨到H2开始进行的回档修正，则取L2～H2进行黄金比例分割，修正低点L3落在0.5～0.382倍之间的坐标，但没有跌破0.382倍，代表多头尚维持一点儿优势，只要出现明显的攻击信号，股价仍有机会再度创高。

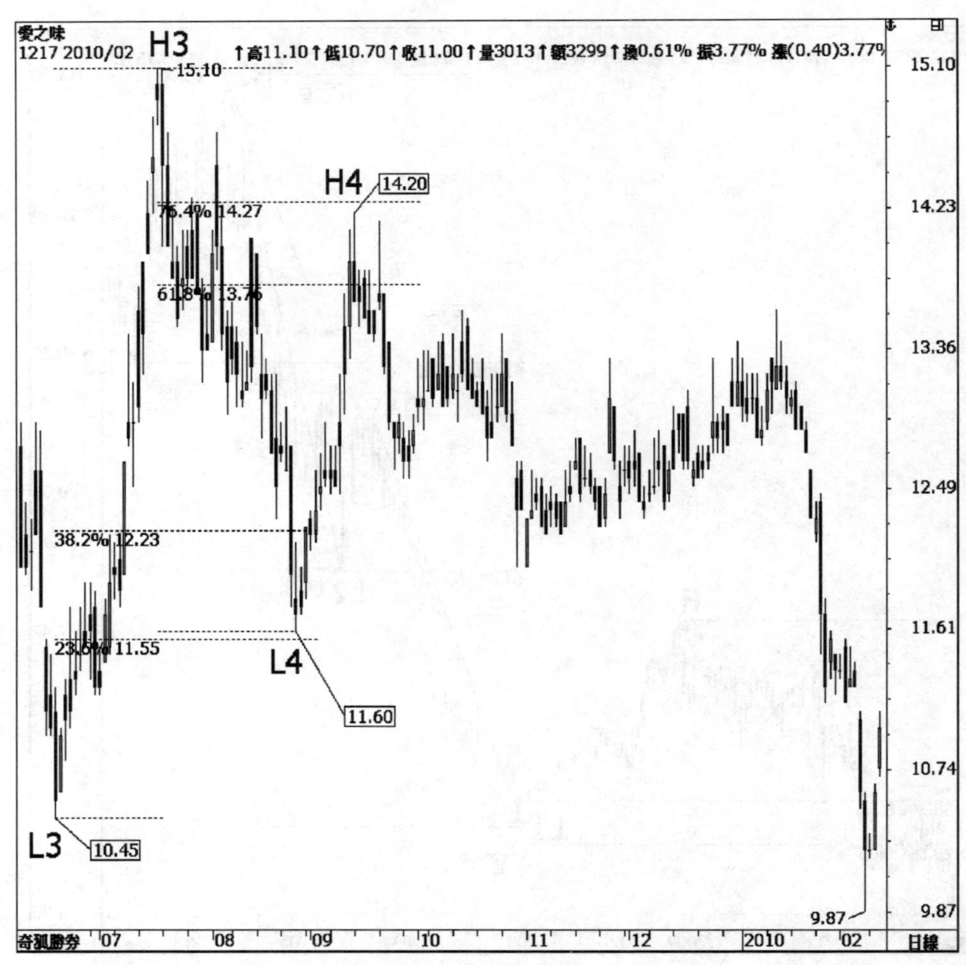

图1–8 反弹目标的评估二(资料来源：奇狐胜券)

请看图1–8。爱之味股价上涨创高到15.1元后，由于L3的回档幅度相对较深，不管从股价循环模式、黄金螺旋目标等技术面进行观察，本段上涨不排除为末升段，因此出现卖出信号时，投资人宜更审慎检视持股是否有存留之必要，并应视时机顺势出脱。至于是否会形成反转走势，可以取L3～H3进行黄金比例分割，如果修正低点落在0.382倍以下，那么多方投资人应要有更高的警觉。

结果股价修正低点L4是落在0.382倍以下，很接近0.236倍的坐标。因此，当股价从L4开始出现上涨时，应先暂时定位为反弹波动，并且切割H3～L4的黄金比例，观察可能的反弹止涨点。实际走势则是出现强势反弹格局，反弹最高点H4穿越了H3～L4的0.618倍，接着股价走势疲软，形成另一次的下跌浪潮。

均线的助涨助跌

移动平均线(Moving Average，MA)通常指价格在某一段时间的平均值，是投资人最常使用的技术分析指标之一，由于它具有稳重与安定的特性，在研判趋势的走向上，能提供给投资人相当良好的参考依据。坊间一般探讨移动平均线指标时，大多认为均线为落后指标，笔者认为在于运用技巧的程度高低有别，倘若运用得宜，并不会造成错判买卖时机的遗憾。

另外，投资人关心的话题，往往在于均线的参数设定。虽然均线有所谓的“惯用参数”，但是参数的多寡是决定操作周期的长短，与操作的重心无关，关键仍在K线与均线间的对应变化关系，所以投资人无需去特别寻求神奇的参数。

在本书中，如果以“中短期均线”描述，则是指均线参数设定在65MA以下，并且可以包含65MA，常用的均线有10MA与21MA；如果以“中长期均线”描述，则是指均线参数设定在65MA 以上，并且可以包含65MA，常用的均线有130MA与260MA。

而均线运用的基础观念，在《主控战略移动平均线》书中已经详细说明，套入实战运用的种种变化，均是由这些基础演化而来，在本单元则举出均线助涨、均线助涨失败、均线助跌、均线助跌失败、均线多转空失败与均线空转多失败这六种基本变化技巧供大家参考。

均线助涨

当股价从移动平均线下方向上突破后，平均线也开始向右上方移动，平均线转变成多头支撑线，如果此时股价再度回档至平均线附近，则便产生支撑，此为多头买进时机，平均线在这里的定位为助涨作用，如图1–9所示。

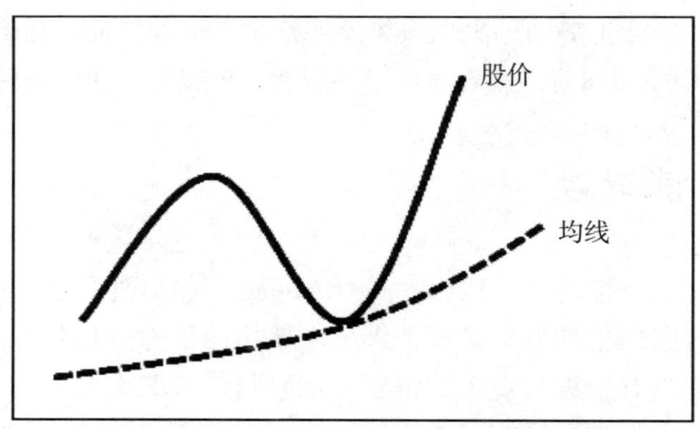

图1–9　均线助涨

上述为均线助涨的基本定义，实际使用时必须注意支撑效用的递减。比如，当股价穿越21MA后，将均线从向下扭转成向上，当股价与21MA的正乖离扩大时，代表股价上涨幅度在短线上已经过热，21MA上扬的速度比股价上涨的速度慢，导致两者之间分久必合，股价只要产生止涨，便会往均线靠拢，此时通常会产生支撑效应。

然而这样的模式反复多次之后，代表股价从最低开始上涨的幅度，可能已经满足黄金螺旋的高比例数字，此时获利了结的卖压会较前波上涨段更大，导致回档修正幅度随之扩大，因此该均线的支撑力道就不足以抵挡短线卖压，当支撑失败后，股价将往下寻找更长期的均线支撑。

测试均线的次数，如果是多头向上的调整波动，一般会有1～2次测试支撑成功的机会，如果是多头的攻击波动，一般会有2～3次测试支撑成功的机会，不过要提醒投资人注意，这仅为经验参考值，同时必须考虑股价上涨的波动模型与上涨幅度的多寡，并非绝对参考值。

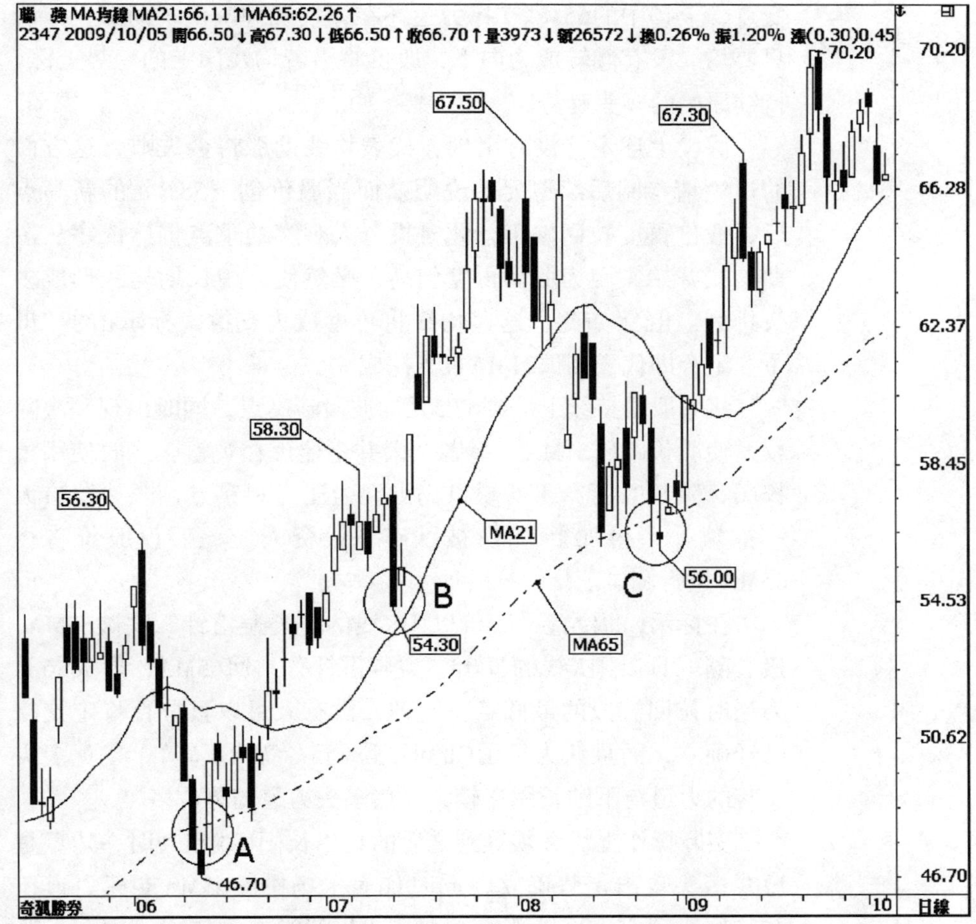

图1-10 均线助涨案例一(资料来源：奇狐胜券)

请看图1-10。本案例主要是探讨65MA的助涨现象。联强股价从中长期修正低点27.1元，开始上涨到56.3元为止，短线上出现的修正走势仅针对21MA，尚未正式对65MA做过测试。当股价从56.3元开始拉回时，贯穿21MA并未出现止跌，直接往65MA寻求支撑，投资人可以在标示A附近看见长阴线贯穿65MA后，隔一根K线再度创低，形成当时拉回波段的最低点是46.7元。

在当时，没有人可以断定下一根K线是否还会再度创低，但是等到日出长阳K线站回65MA，形成短线空头攻击失败与多头攻击成立的信号时，投资人应立刻可以判定：46.7元将成为波段低点，上扬中的65MA支撑力道还在，均线理应出现助涨，亦即只要均线没有翻转成为向下，股价将沿着均线向上的趋势上涨，持续原始的多头趋势。

假设上述走势没有出现，代表均线助涨将会失败，这方面的讨论请参阅后续单元的说明。而当股价创下58.3元的新高点后，股价再度拉回修正，此时投资人观察的重点仍然依序从短期均线开始，因为股价再度创高，必然使短中长期均线形成多头排列。既然如此，这些均线将再度成为支撑，标示B的“母子”组合即代表测试21MA且支撑成立。

接着股价持续上涨到67.5元的波段新高点，同时出现一次除权，使股价跌破21MA。笔者个人并不建议在观察图线时使用填权图，除权时所产生的缺口仍被视为压力观察点，既然缺口无法被填补，再加上21MA被跌破，投资人应该假设股价将往65MA 进行测试。

在标示C的位置，股价以阴K线的“类避雷针”跌破65MA，接着隔一日以阳K线的日出“类避雷针”站回65MA，形成56元为当时拉回波段的最低点。同理，没有人可以百分百肯定支撑已经确立，而且认为标示C的形态属于“岛状反转”，毕竟多头反转的力道与下跌长阴比较，显然多头力道弱势许多。

实际操作上，必须等到之后的日出长阳K线出现时，才算是短线多头攻击走势确立，同时代表上扬中的65MA支撑力道还在，均线理应出现助涨，亦即只要均线没有翻转成为向下，股价将沿着均线向上的趋势上涨，持续原始的多头趋势，并使股价创下新高。请注意，这是股价上涨以来第二次测试65MA，意思是这次的风险将会高于第一次，其余以此类推。

请看图1–11。联华食股价从均线上跌到均线下，创下12.5元的低点后股价再度上涨，当时均线并未因为这段走势使均线明显扭转成为向下，因此在标示A穿越65MA时，投资人可以考虑使用葛兰碧八大法则中，第一个买进法则进场做多，但是此法有相对的风险存在，必须考虑股价波动的相对位置。

但是当股价明显上涨后的拉回，再度测试均线支撑时，却是相当安全的买点，标示B所呈现的技术现象，正代表这样的信息，虽然标示B附近的K线并没有触及65MA，但已经很接近65MA 了。

所以在实际操作上仍属于测试均线的技术现象，与跌破均线进行测试来比较，当然是靠近均线而未跌破均线的多头力道较强。

图1–11　均线助涨案例二(资料来源：奇狐胜券)

如何得知均线维持助涨？首先要在测试均线后出现多头表态的K线，接着均线随着股价上涨而上扬，如图中从13.95元上涨到18.2元的走势一般，当股价上涨的正乖离过大时(即股价与均线之间的距离太大)，投资人便要注意股价是否出现止涨拉回修正的走势，使股价再度测试均线支撑。

在标示C则是该股从站回均线后第二次测试均线，虽然风险已经较第一次测试还要高，但是投资人若能研判多头攻击走势尚未结束，依据经验法则，则第二次测试均线仍有成功的机会。因此在标示C之后的中长阳K线，即为短线多头再度攻击信号，股价走势若未使均线扭转成向下，则自然会产生助涨作用让股价再度创新高。

均线助涨失败

当股价上涨趋势变缓慢或开始回跌，移动平均线从上升开始往右减速移动，也就是上涨的速度减慢，甚至走平，当股价再度与平均线接触时，平均线便失去助涨效果，股价可能将重返平均线下方。如图1–12所示。通常均线会出现助涨失败，与上涨目标被满足脱离不了关系，或是在克服重要压力后，股价产生的卖压也容易使上涨力道减缓，导致助涨失败。

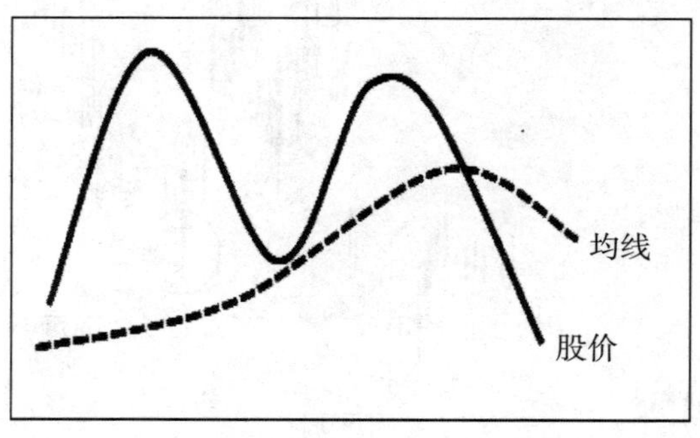

图1–12　均线助涨失败

均线助涨失败又可以说是均线支撑失败，通常可以分成两种探讨，一种是“骗线”走势，亦即股价回测均线后，看似均线呈现有效支撑，并使股价上涨，但是股价没有再度创下波段新高，反而回档修正并跌破均线，使股价呈现高点渐低、低点创低的空头走势。另一种是测试均线时，直接跌破还在上升中的均线，并导致均线从原本向上的走势，扭转成为向下的走势。这两种现象都可以称为“均线多转空”行情。

请看图1–13。黑松股价在穿越65MA后于27.6元止涨拉回修正，在标示A测试65MA且获得支撑，股价再度上涨但未创高，致使于标示B第二度测试65MA，最后股价突破经过27.6元的水平颈线呈现多头攻击，走势因而呈现主升段行情。

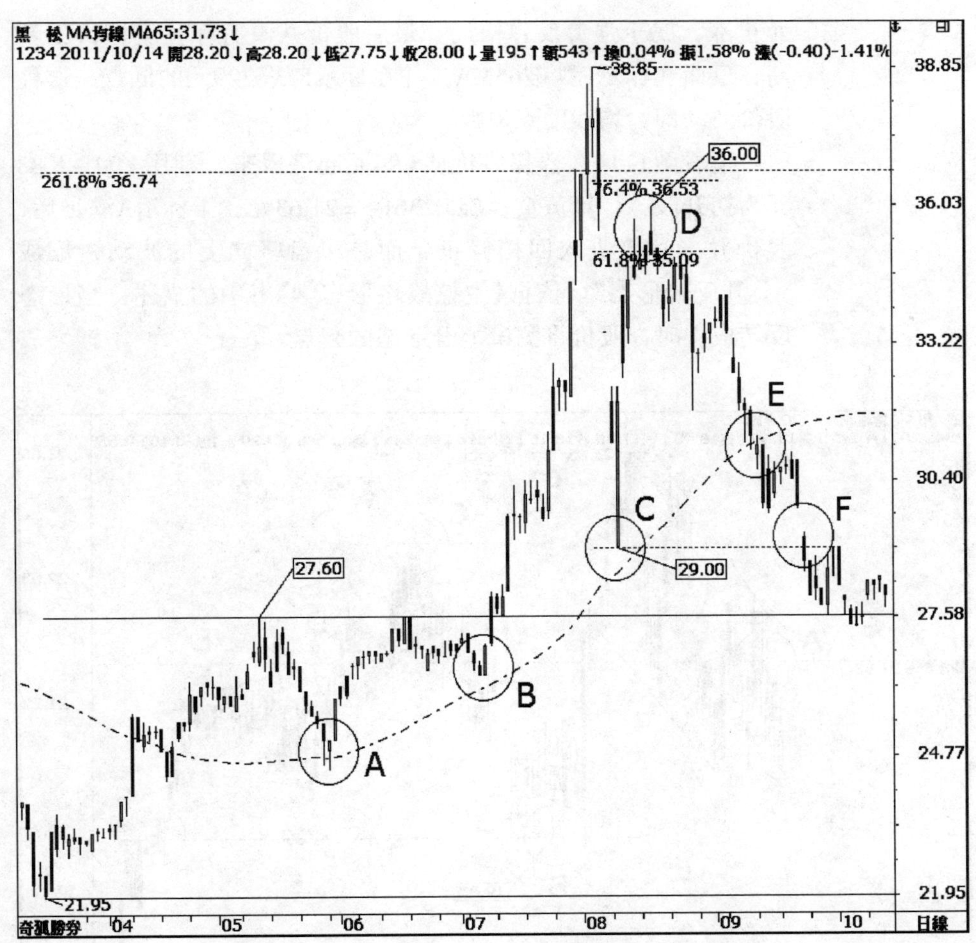

图1–13　均线助涨失败案例一(资料来源：奇狐胜券)

利用黄金螺旋进行上涨目标的评估：21.95 + (27.6 – 21.95) × 2.618 = 36.74元，股价在穿越目标区后于38.85元止涨，此时股价与均线之间的距离过大，容易造成股价往均线修正。当股价正式出现修正时，投资人可以根据修正走势强弱判断多空力道的消减，当看见从38.85元开始的修正较为强烈，便可以判断空头气势已经转强，辅以目标区已经满足的条件合并研判，在股价于标示

C测试均线时，所出现的上涨走势，应先暂时定位为反弹行情。

反弹过程中，再以黄金分割针对38.85～29元进行计算，分别可得0.618倍＝35.09元、0.764倍＝36.53元，反弹到标示D于36元止涨，属于强势反弹格局，最后股价并没有守住支撑再创新高，反而在标示E跌破65MA，并在标示F跌破29元的低点，这种股价波动即为均线助涨失败。

请看图1–14。智邦股价从4.94元起涨以来，利用4.94～8.88元为初升段，计算黄金螺旋4.236倍＝21.63元，于标示A满足后，股价并未直接进入回档修正，而是以盘坚向上的波动，形成“上升反转形态”。依据《主控战略形态学》书中的描述：当形态反转成立时，股价将测试上升形态的起点。

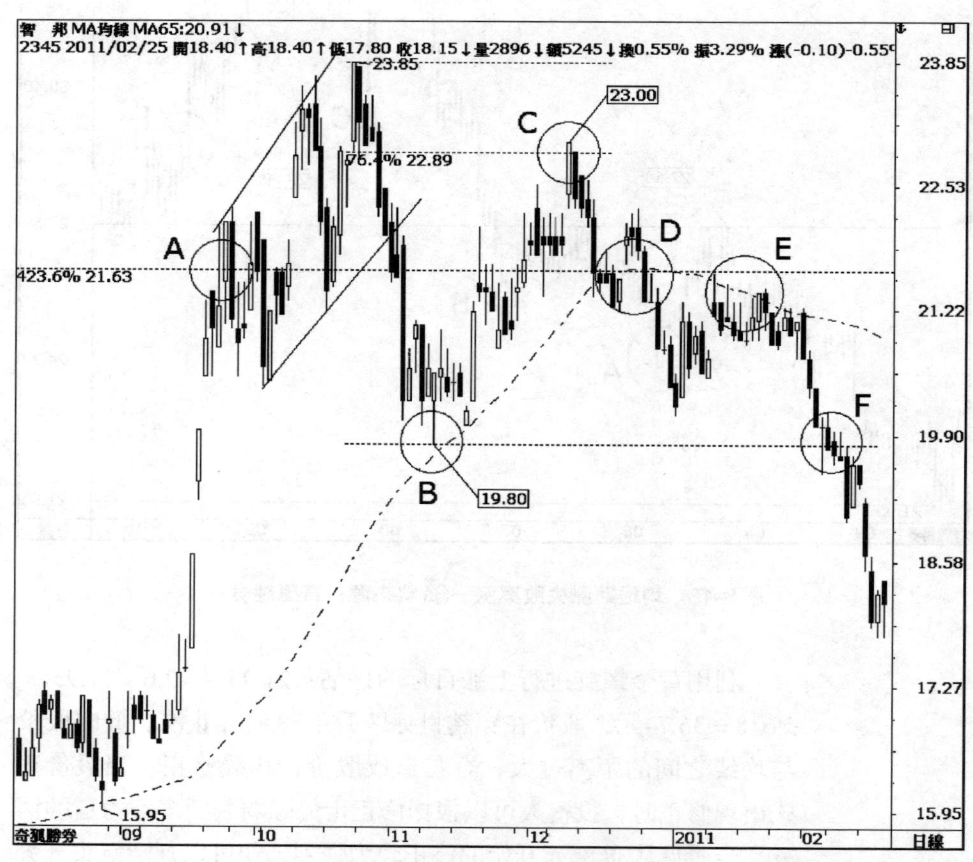

图1–14 均线助涨失败案例二(资料来源：奇狐胜券)

所以当股价从23.85元开始回档修正时，在标示B跌破形态起点，同时又测试上升中的65MA，这两种技术现象都会促使股价出现反弹，而反弹幅度的多寡则交由黄金分割进行评估。股价反弹在标示C结束，并未使股价创下新高点，投资人应于止涨后存有“均线助涨失败”的警觉，而非等到股价在标示D出现跌破均线时才恍然大悟。

股价在标示E的走势，是属于正式跌破均线后的反弹。股价在跌破均线后，已经使均线走平，均线趋势也由向上走势转成向下走势，均线支撑效用已经转变成为压力。因此，股价在逢均线反压时，应注意是否止涨，并形成“均线助跌”的效应。请参阅下一个单元的说明。

这种均线从助涨走势转成助涨失败，再从助涨失败转成助跌的走势，是一个均线多转空的完整循环，通常在标示E会被定位为“短线最后技术性逃命”，后续走势应该呈现如标示F一样，跌破标示B的低点，才算是标准的股价波动走势。

均线助跌

当股价从移动平均线上方向下跌破后，平均线开始向右下方移动，平均线转变成空头压力线，如果此时股价再度回升至平均线附近，则便产生压力，此为短线卖出时机，平均线在这里的定位为助跌作用。如图1-15所示。

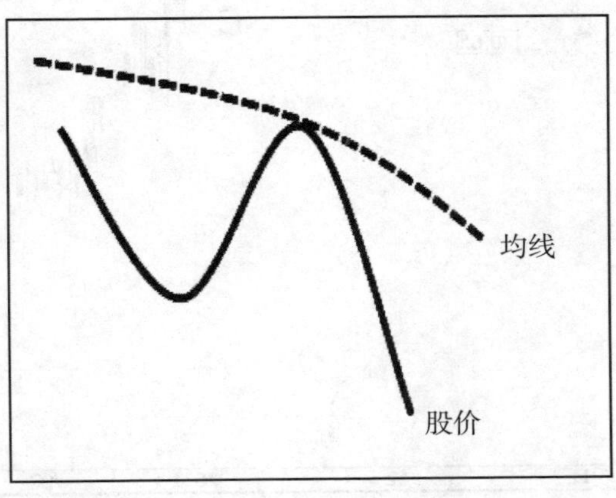

图1–15　均线助跌

上述为均线助跌的基本定义，实际使用时必须注意压力效用的递减，请参阅图1–9均线助涨的说明，并将其倒过来运用即可。然而在股价走势为空头时，股价反弹测试均线的次数，就没有像多头走势那样容易观察，原因在于股价进入空头后，主力已经没有必要针对走势进行“做线”，因此股价出现的短期上涨，多半是技术性反弹，比如，股价与均线产生负乖离过大时。

请看图1–16。浩鑫股价在中长期走势疑为进入空头后，从27.6元高点向下跌破65MA，当下跌到标示A的20.65元低点，已经呈现对65MA负乖离过大的现象，因此容易出现K线止跌信号，并针对65MA做技术性的反弹。

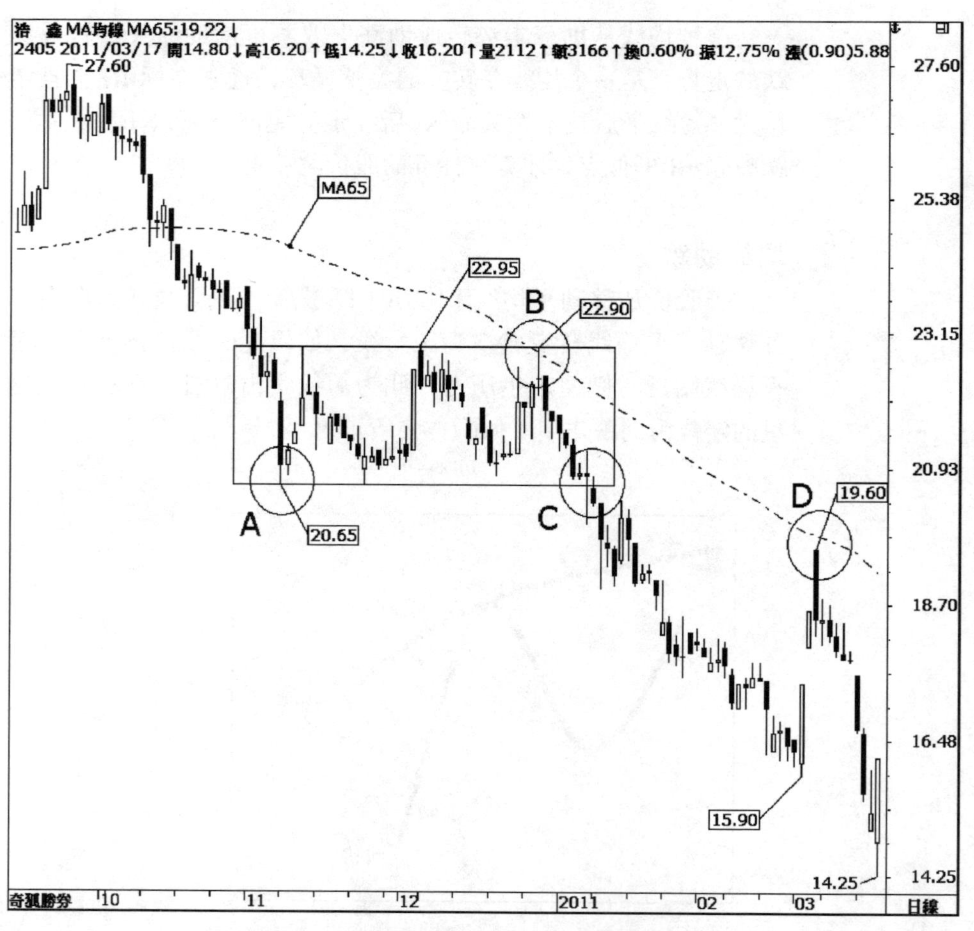

图1–16　均线助跌案例一(资料来源：奇狐胜券)

反弹走势以水平整理箱型呈现，直到标示B碰触到下跌中的65MA，使K线形成上影线较长的十字线形，接着再以连续阴K线形成下跌走势，并在标示C跌破整理箱型的箱底，代表反弹走势结束。由于技术性反弹起因于负乖离过大的现象，当股价反弹与均线接触，代表负乖离过大的现象已经消失，如果股价不想办法扭转向下中的均线，则依惯性原理，未来股价仍然会再度制造出与均线负乖离过大的技术现象。

当股价下跌到15.9元时，又再度使股价与65MA之间的负乖离过大，并让股价出现技术性的反弹，同时反弹到标示D的位置时，股价接近向下中的65MA呈现反压，造成股价止涨压回再创新低的走势。

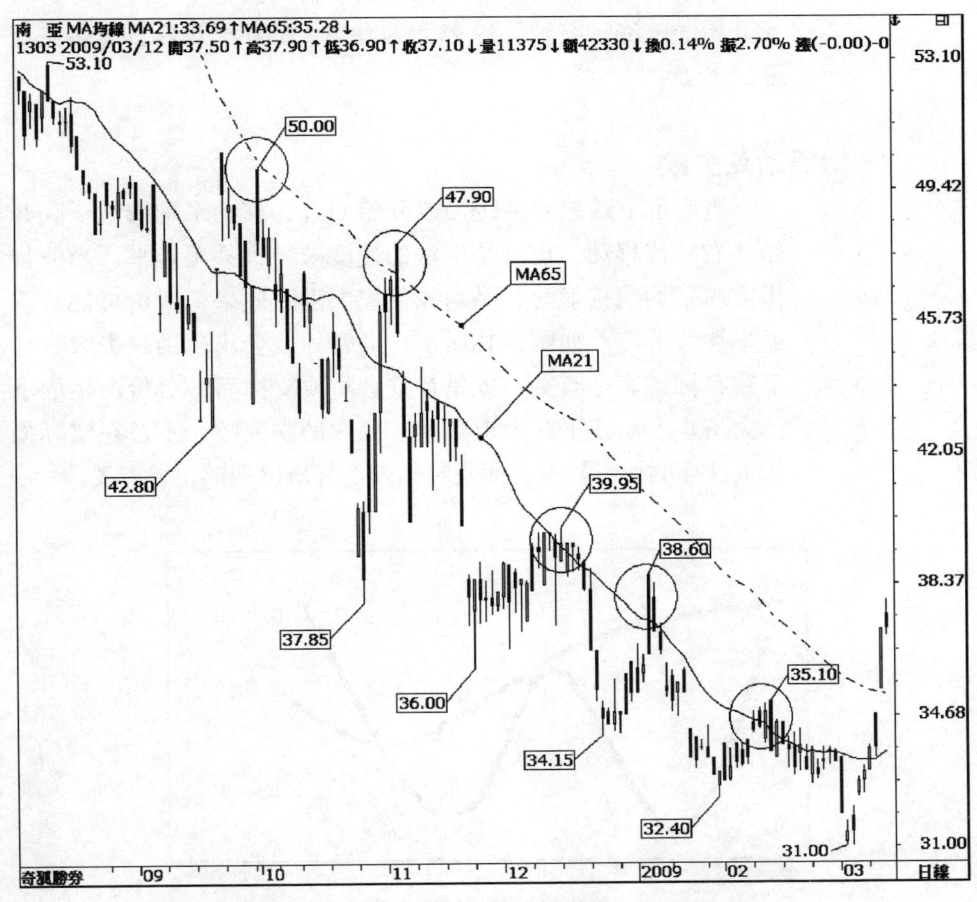

图1–17 均线助跌案例二(资料来源：奇狐胜券)

请看图1–17。南亚股价在中长期下跌走势中，在42.8元的位置，由于与65MA负乖离过大，容易在K线止跌后产生技术性反弹，使股价上涨往65MA靠拢，从37.85元开始的上涨同理可证。从36 元开始的上涨，虽然一样是起因于负乖离过大的反弹，却遭逢21MA的反压后就止涨，代表反弹的波幅减少。

反弹波幅减少所代表的含义有两种：一种是股价进入下跌中继的整理过程，整理结束后还会造成另一波主要的下跌走势；另一种是股价进入多空反转的整理过程，整理的目的是让多空相对力道减小或趋于均衡，并有利于股价出现反转走势。这两种形态请参阅《主控战略形态学》中，关于“下降整理形态”、“下降反转形态”的描述。

本案例则是进行多空反转的整理，理由在于实际走势从31元开始的上涨，突破了39.95元的高点，并在整理后持续多头上涨的走势。

均线助跌失败

当股价下跌趋势变缓慢或开始回升，移动平均线从下降开始往右减速移动，也就是下跌的速度减慢，甚至走平，当股价再度与平均线接触时，平均线便失去助跌效果，股价可能将重返平均线上方。如图1–18所示。通常均线会出现助跌失败，与下跌目标被满足有关，或是在跌破重要支撑后，股价产生的承接力道也容易使下跌力道减缓，导致助跌失败，不过在实际操作上这样的情形较少，而是与整理走势所出现的位置有关。

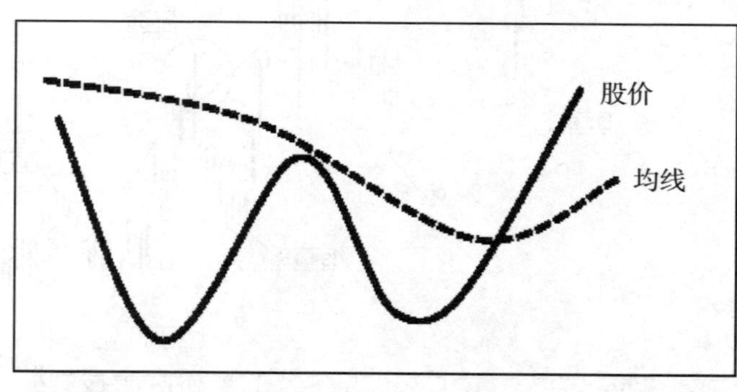

图1–18　均线助跌失败

均线助跌失败又可以说是均线反压失败，通常可以分成两种探讨，一种是“骗线”走势，亦即股价反弹测试均线后，看似均线呈现反压，并使股价下跌，但是股价没有再度创下波段新低，反而上涨穿越均线，使股价呈现低点垫高、高点创高的多头走势。另一种是测试均线时，直接穿越还在下跌中的均线，并导致均线从原本向下的走势，扭转成为向上的走势。这两种现象都可以称为“均线空转多”行情。

请看图1–19。台苯股价在明显下跌后，由于与65MA负乖离过大，当从9.8元出现K线止跌上涨走势时，仅能定位为技术性反弹行情，如果从短线测量下跌走势的黄金螺旋，则目标 = 31 – (31 – 26.1) × 4.236 = 10.24元，代表穿越此目标的反弹，有机会呈现较大的波幅，并修正负乖离过大的现象。

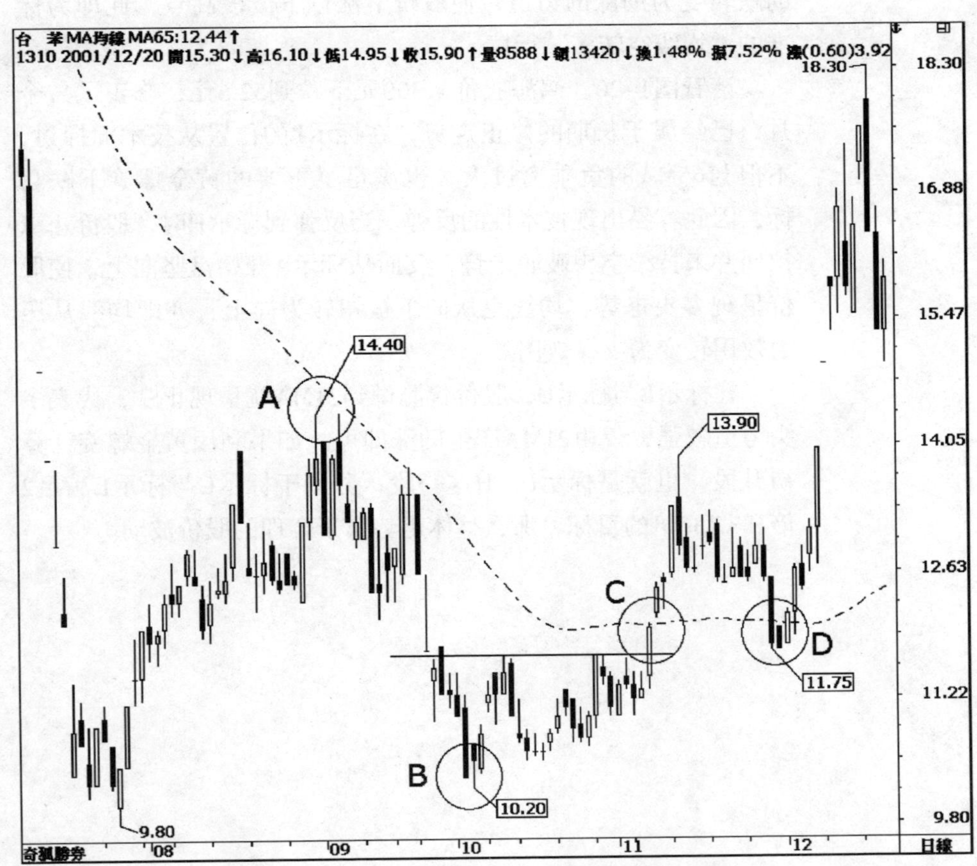

图1–19　均线助跌失败案例一(资料来源：奇狐胜券)

实际走势则是在标示A于14.4元止涨，这时候股价已经很靠近65MA，但由于65MA呈现向下的走势，所以定位均线会呈现反压，股价在此止涨且回到下跌趋势是正常的假设。不过，股价从63元的高点开始下跌，已经修正18个月并且跌破票面，属于长期下跌走势，在技术面满足重要下跌目标且有机会反弹时，应注意均线助跌失败的信号。

投资人可以看见股价从标示A的下跌，并未跌破9.8元的低点，而是在标示B 于10.2元后呈现止跌盘底的现象，暗示只要底部完成，波段低点便呈现垫高走势，股价将会再度上涨，因此也就破坏了“均线助跌”的技术现象了。在标示C多头以长阳K线完成“三重底”的走势，并使股价站上65MA，接着于13.9元止涨，在标示D回测已经走平的65MA并形成支撑，最后均线由助跌转变为助涨的力道，使股价上涨创下波段高点，此即为标准的“均线空转多”行情。

请看图1–20。鸿海股价从300元下跌到52.6元，修正了17个月，已经属于长期的修正走势，在标示L的位置从技术面探讨，不但与65MA的负乖离过大，也满足了重要的黄金螺旋下跌目标，因此容易出现技术性的反弹。当反弹到标示H时，股价止涨拉回并未持续空头破底走势，反而从标示A开始盘坚向上，使股价呈现多头走势，均线也从向下被扭转为向上，亦即均线从压力效用转变为支撑效用。

在标示B与标示D，股价仅测试到21MA就呈现止跌，代表多头力道较强，仅由21MA产生助涨即可。如果利用黄金螺旋计算初升段，也就是标示L～H这一段，分别于标示C与标示E满足2倍和3.236倍的目标，那么整体走势属于合理的股价波动。

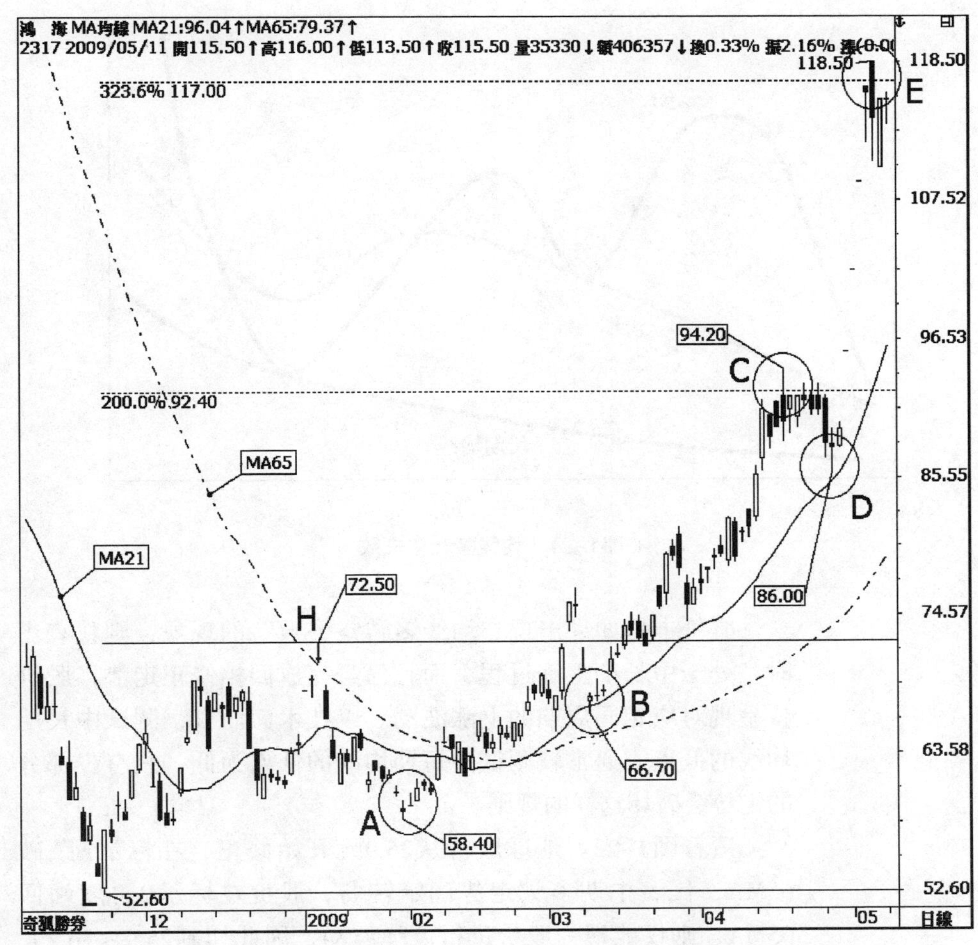

图1-20　均线助跌失败案例二(资料来源：奇狐胜券)

均线多转空失败

当股价上涨到重要目标区或穿越明显的压力后，往往会出现获利回吐与解套的卖压，导致股价止涨进行回档修正，修正过程中，假设投资人以均线为支撑观察，则会先测试中短期均线的支撑，如果走势形成助涨失败，则代表中短期多头弱势，此即为“均线多转空”走势。

虽然股价逢中短期均线支撑失败，但是在回档修正过程中，却逢中长期均线的支撑成立，并促使股价再度上涨，形成多头走势且创下波段新高，此称为“均线多转空失败”行情。如图1-21所示。

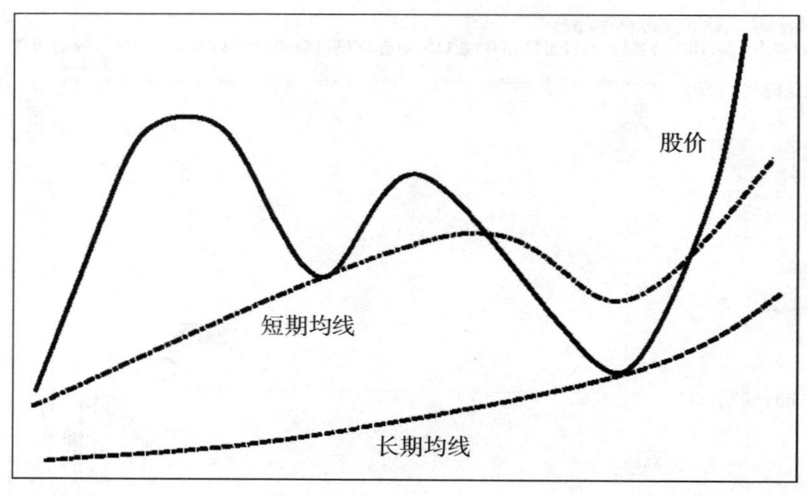

图1–21　均线多转空失败

股价走势如果出现“均线多转空失败”的现象，则代表当时正处于中长期上涨过程，而且已经完成回档修正走势，股价将呈现对应相同周期的上涨波动。以技术面而言，测试中长期均线的低点，通常较测试中短期均线的低点为低，只有少部分的走势会破坏这样的规则。

请看图1–22。地球股价从25.9元开始修正，在标示A跌破65MA，代表中期多头走势确定转弱，股价在标示B再度站回65MA，则仅能视为股价进行反弹波动，因此切割25.9～16.2元的黄金分割观察，在标示C时止涨于0.618～0.764倍之间，属于强势反弹行情。

当股价从23.2元再度向下修正时，于标示D跌破65MA并将均线走势扭转成为向下，最后于标示E跌破16.2元低点，形成波浪理论中的“三浪修正”，此时标示E也测试还在上升中的260MA，并且在支撑成立后盘出盘坚底部，形成多头上攻的行情。

在当时，虽然65MA仍然维持在向下当中，但是只要多头力道够强，将可以借由长期均线的助涨力道上攻，此即为“均线多转空失败”的标准走势。投资人对于股价呈现这种走势时的目标评估，可交由原始上涨走势中的初升段进行测量，也可以取这次逢支撑成立的初升段进行测量，亦即取15.4～18.55元计算，主升段在标示F满足测量的3.236倍，末升段则在标示G逢21MA 支撑后，借助21MA助涨力道创高于28.4元结束。

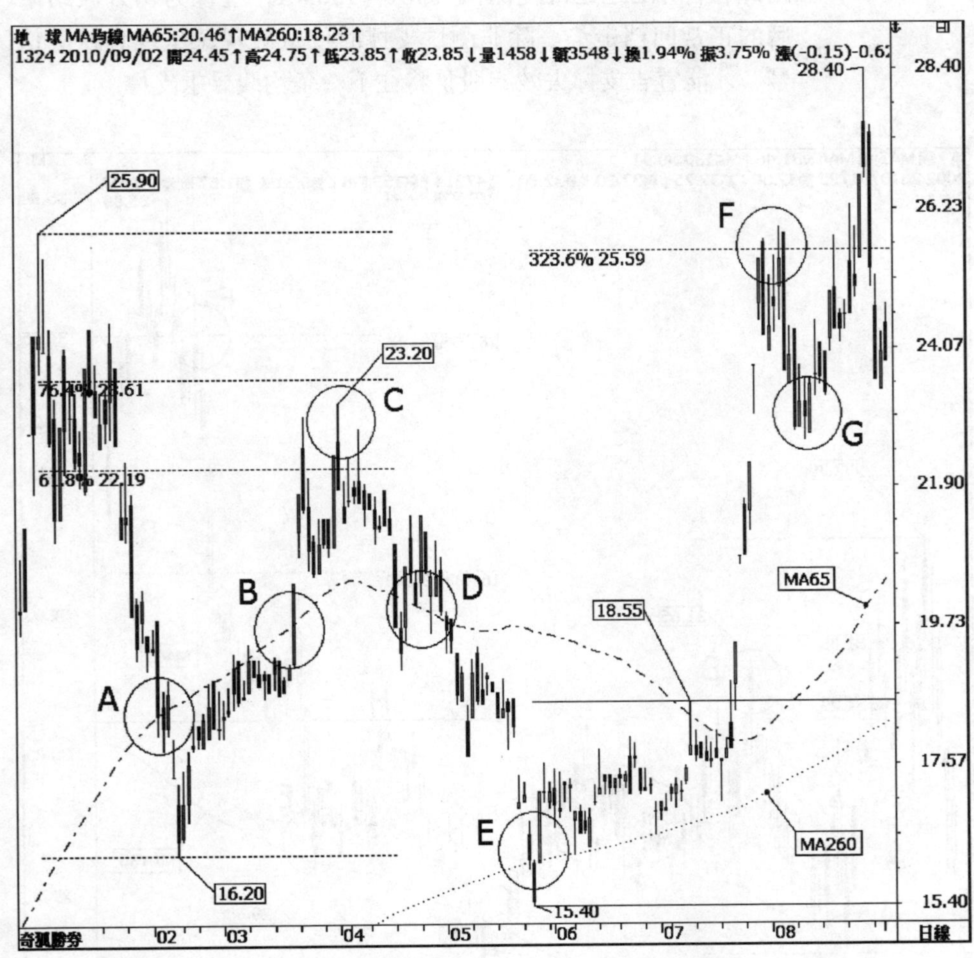

图1-22 均线多转空失败案例一(资料来源：奇狐胜券)

请看图1-23。中钢股价从32.7元下跌到标示A的29元，逢上升中的65MA支撑，使股价再度上涨，但是在标示B出现止涨，股价进入回档修正走势，并在标示C跌破65MA，这种走势属于"均线多转空"，股价最后在标示D跌破标示A的低点，完成三浪修正的雏形。

与此同时，标示D正好也跌破上升中的130MA，并且以"丛岛反转”呈现K线止跌，股价上涨后于标示H止涨，形成短期走势的初升段行情。由于中钢股票的股本较大，股性较为牛皮，因此在标示E之处再度测试65MA与130MA，应视为初升段结束后的正常回档走势。除非测试支撑时使跌破现象呈现真跌破信号，才能宣告支撑失效，股价将往下一条均线寻求支撑。

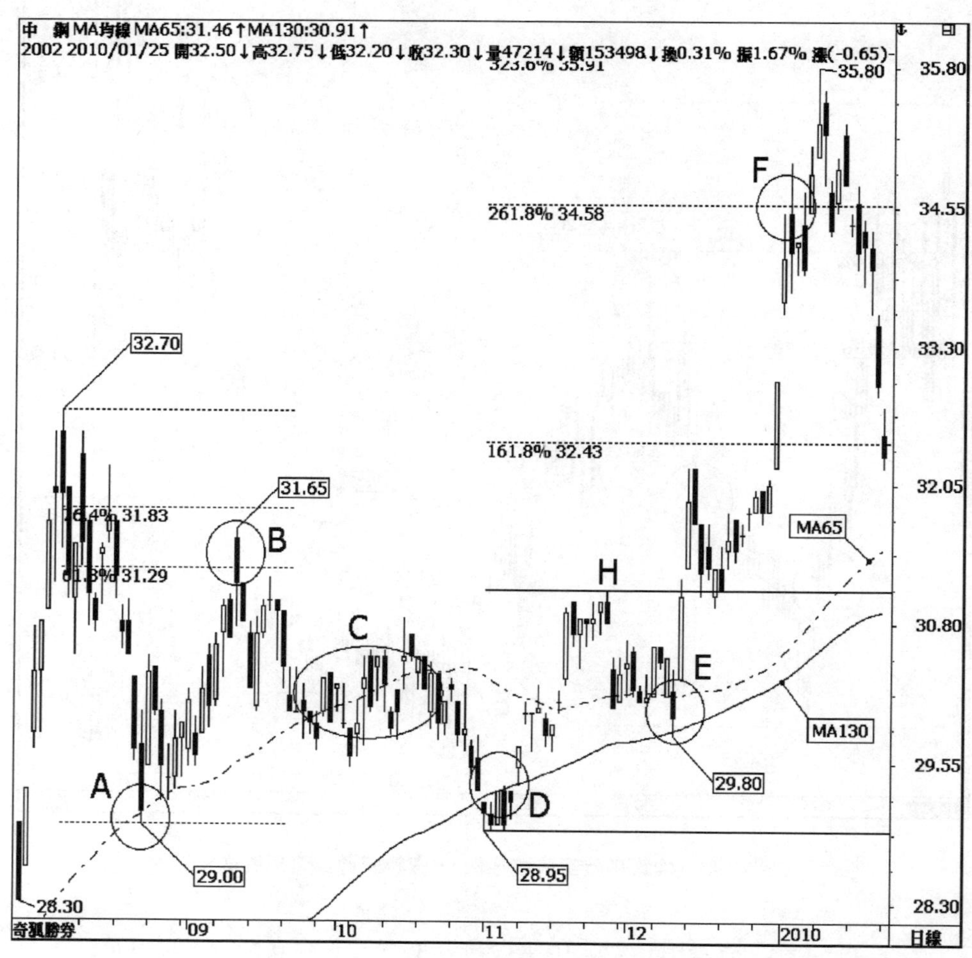

图1–23　均线多转空失败案例二(资料来源：奇狐胜券)

所以当股价突破标示H的水平颈线后，应取28.95元到标示H的高点为初升段计算黄金螺旋的参考目标。而实际股价走势则是在标示F穿越2.618倍的幅度，略做停顿后再创高于35.8元止涨，结束这个波段的上涨行情，此即为“均线多转空失败”的标准走势。

均线空转多失败

当股价下跌到重要目标区或跌破明显的支撑后，往往会出现逢低承接与卖空回补的力道，导致股价止跌进行反弹，反弹过程中，假设投资人以均线为压力观察，则会先测试中短期均线的压力，如果走势形成助跌失败，则代表中短期空头弱势，此即为“均线空转多”走势。

虽然股价逢中短期均线压力失败，但是在反弹过程中，却逢中长期均线的压力成立，并促使股价再度下跌，形成空头走势且创下波段新低，此称为“均线空转多失败”行情。如图1–24所示。

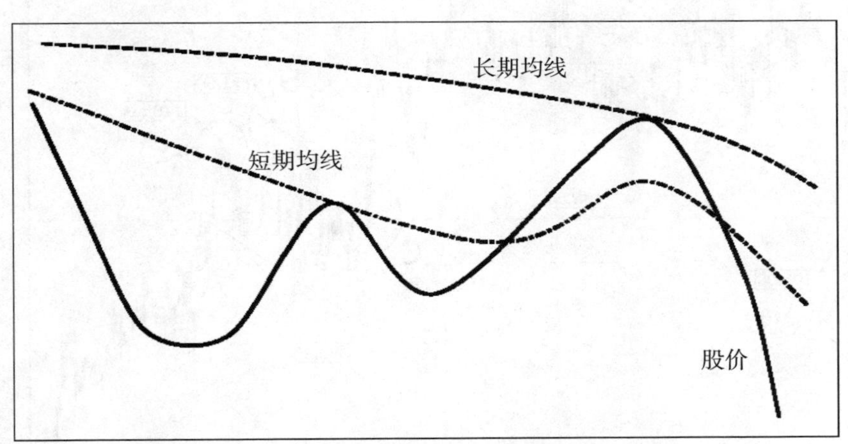

图1–24 均线空转多失败

股价走势如果出现“均线空转多失败”的现象，则代表当时正处于中长期下跌过程，而且已经完成反弹走势，股价将呈现对应相同周期的下跌波动。以技术面而言，测试中长期均线的高点，通常较测试中短期均线的高点为高，只有少部分的走势会破坏这样的规则。

请看图1–25。鸿海股价从137.5元开始，经过除权后回档修正到106元时，由于与65MA的负乖离过大，所以促成股价开始进行反弹的走势。在标示A，股价触及下跌中的65MA，使股价再度向下，但是却没有再度破底创下新低点，反而让股价上涨，形成低点垫高、高点创高的多头走势，此时整体走势称为“均线助跌失败”，又称为“均线空转多”行情。

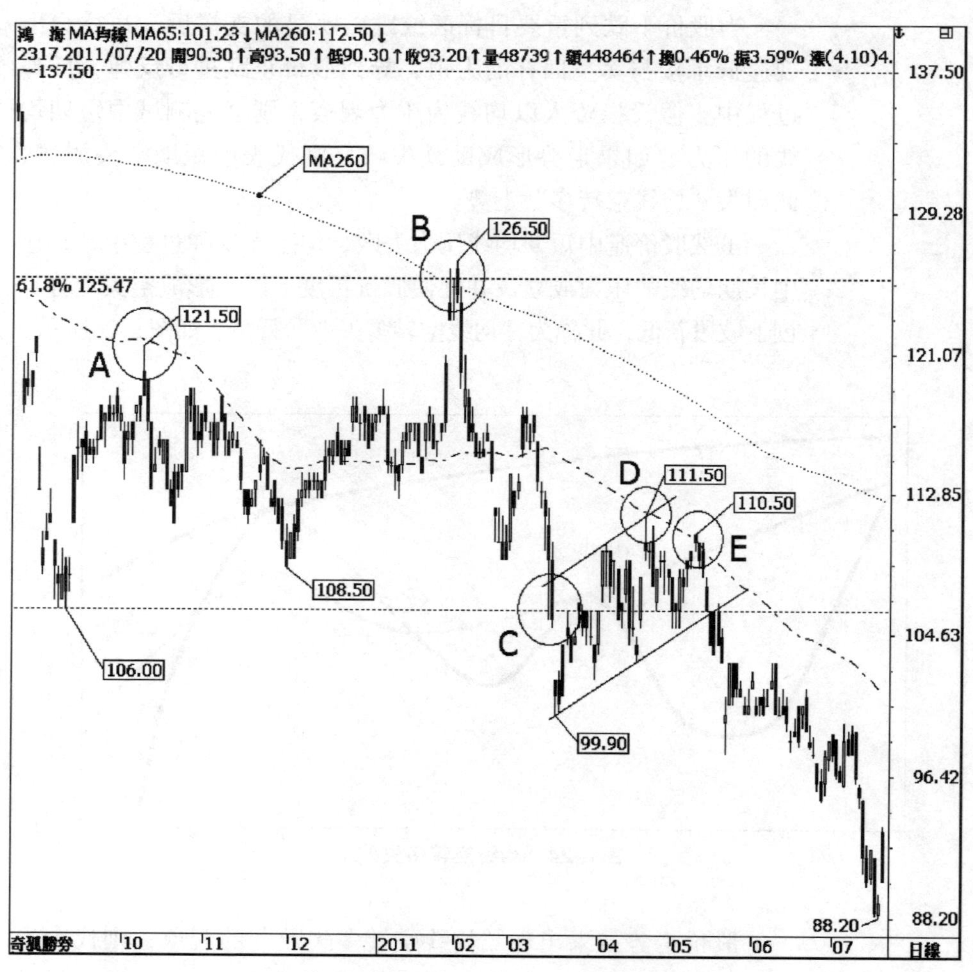

图1-25 均线空转多失败案例一(资料来源：奇狐胜券)

当股价上涨到标示B时，正好触及下跌中的260MA，同时也针对137.5～106元反弹0.618倍，随即反转向下在标示C跌破前波低点106元，代表长期股价走势仍为空方掌控，此即为“均线空转多失败”走势。而股价从99.9元开始反弹时，则是受制于

65MA 的反压，分别于标示D、E呈现止涨，最后完成“上升旗形”的整理形态，进入另一个阶段的下跌。

请看图1–26。地球股价从18.6元开始反弹，在标示A穿越下跌中的65MA后止涨，在标示B回档测试65MA时出现支撑，形成股价完成三浪上涨的走势，此时属于“均线助跌失败”，又称为“均线空转多”行情。

图1–26　均线空转多失败案例二(资料来源：奇狐胜券)

但是在标示C的位置，正好逢260MA的反压，同时满足针对下跌段反弹的0.5倍幅，回档后在标示D正式跌破65MA，并且在标示E跌破18.6元的低点，此即为“均线空转多失败”走势。投资人当然不能在标示E的走势出现后，才匆匆忙忙将持股出脱，而应在标示C的三浪反弹结束时，就先将短线多单退出。

量能解析与定义

在判断成交量的含义时，无法单纯从量能增减进行解读，必须配合价格走势，如果在观察量能增减的同时，针对量能走势辅以均量线观察，则所获得的效果将会更佳。而量能的变化，无非在于量增、量缩，其差异在于增减幅度的多寡而已。因此，本单元将针对量缩盘的四种基本走势与量增盘的四种基本走势来进行讨论。

量缩盘

量缩盘可能是洗盘、惜售，也可能是量能不济。洗盘的变化相当多元，变化的细节与走势模型也较多，部分走势很容易被察觉，少部分则难以观察，在利用种种公式进行量缩洗盘的计算时，有些计算可能需要因地制宜，纵使如此，在股价走势与量能的变化上仍然有迹可循。

少部分量缩盘是因为多头涨势明确，导致持有者产生惜售心态，这时候产生的轧空走势，将会带来明显的波段利润，然而在多头走势告一个段落，进入最后上涨阶段时，出现的洗盘或惜售信号，反而变成拉高出货的前奏，甚至部分走势是由于主力出货不顺，只好做出洗盘诱多的技术信号。请投资人注意，会做诱空盘的主力，也会同时做出诱多盘，这种主力属于大郎中，通常筹码掌握程度较好，资本也较为雄厚，而只做诱多盘的主力，属于中小郎中，筹码掌握的程度就没有那么高了。

当成交量变化搭配股价位置研判时，可归纳出几个基本的原则，列举如下：

(1)在明显的多头上涨时出现量缩盘，有可能是惜售。

(2)在明显的多头上涨后，出现短暂回档修正时呈现量缩盘，通常为缓和短线多头过热的洗盘。

(3)在盘底期呈现量能萎缩，代表进货走势可能告一个段落。

(4)在中段整理走势末端呈现量缩盘，可能是筹码趋于稳定，有机会让多头再度攻击。

(5)在下跌走势初期出现量缩盘，可能是量能退潮的开端。

(6)在主要下跌走势中出现量缩盘，则代表人气退潮，没有承接力道，且主力已经出货结束。

(7)在反弹走势末端出现量缩盘，暗示反弹走势将要结束。

接下来将针对量缩情形，以量缩程度多寡区分为四种结构探讨，分别为：量微缩、量缩、量急缩与量窒息。这四种量能的计算，属于较为概略的分类，主要是探讨量能缩减的变化，与主力洗盘的计算无关。

1. 量微缩走势

所谓量微缩走势，是指在日线格局中将两日成交量进行比较后，今日的成交量小于昨日的成交量，但却大于昨日成交量的0.7倍以上，如果将昨日成交量以T表示，今日成交量以T1表示，则条件式为：$T > T1 > T \times 0.7$。如图1–27所示。

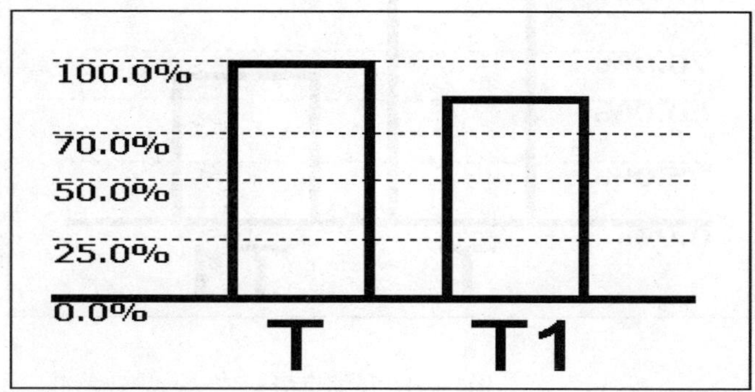

图1–27　量微缩走势

当成交量呈现量微缩走势时，暗示市场对当时走势略有疑虑，这种心理因素与多空走势无关。以多头走势而言，常出现在攻击创高后，价格暂时呈现停滞的信号，比如，K线收阴或是收实体较小的K线，量能也呈现微缩现象时，代表市场上的买气产生犹豫，很容易造成股价进行短线拉回修正。

而短线拉回的现象，在相对高档、目标满足或是反弹修正末端，将导致股价产生反转，走势在尚未满足目标时(行进间)，拉回的目的则是为了测试均线支撑，这时候应该观察均线是否产生助涨力道，所以观察重心必须从成交量转换到股价的行为表现上。

如果股价在相对低档、回档修正末端或多头中拉回测试均线时，产生量微缩现象，则可以忽略买气犹豫的意义，反而需要配合峰量计算(请参阅第三章)，观察是否吻合洗盘信号，若是，则应注意盘势是否呈现买进信号，当可靠的多头攻击信号出现后，便可以定位均线助涨行为成立。

2. 量缩走势

所谓量缩走势，是指在日线格局中将两日成交量进行比较后，今日的成交量小于昨日成交量的0.7倍以下，但却大于昨日成交量的0.5倍以上，如果将昨日成交量以T表示，今日成交量以T1 表示，则条件式为：T × 0.7 > T1 > T × 0.5。如图1–28所示。

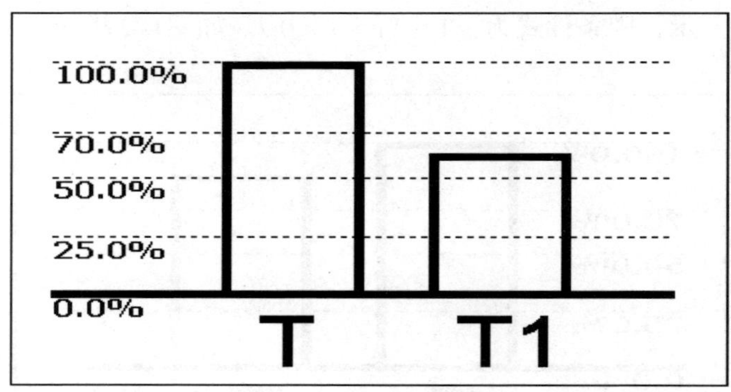

图1–28　量缩走势

在多头走势中，成交量呈现量缩信号，可以视为短线筹码相对安定，主力控盘程度相对较佳，尤其是在多头才刚刚完成攻击结束后的止涨拉回走势中。

在多头行进间，量缩走势对应的K线如果是中长阳K线格局，那么多半在隔一日股价仍有高点可期，但是隔一日的K线形态变化将会较为多元，可以持续呈现长阳K线攻击，也有可能以高开走低的日出阴K线做收。这两种明显的多空差异，其分辨关键在于前方是否遭逢重要压力，而这种压力的定位，以技术面层次较低的酒田K线来研判就可以了。所以在实际操作中，以短线操作者的角度而言，当日应该配合即时走势研判，即可以立刻看出分时线的多空方向。

在空头走势的反弹格局中，当反弹将告一个段落，量缩信号属于“量能骗线”，并非筹码安定的信号，反而有一边拉抬一边出货的味道存在，尤其是量能结构呈现“草丛量”的走势时。由于反弹走势在短线操作者的眼中，往往也被视为多头走势，因此关于多头量缩变化的研判，在反弹走势中也能够适用。

如果呈现量缩走势时，K线是属于阴K日落，则大致上隔一日还会有低点可期；如果量缩时K线是以子母、母子的组合出现，则隔一根K线的走势就需要视当时相对位置研判，复杂程度将相对高了许多。

3. 量急缩走势

所谓量急缩走势，是指在日线格局中将两日成交量进行比较后，今日的成交量小于昨日成交量的0.5倍以下，但却大于昨日成交量的0.25倍以上，如果将昨日成交量以T表示，今日成交量以T1 表示，则条件式为：$T \times 0.5 > T1 > T \times 0.25$。如图1–29所示。

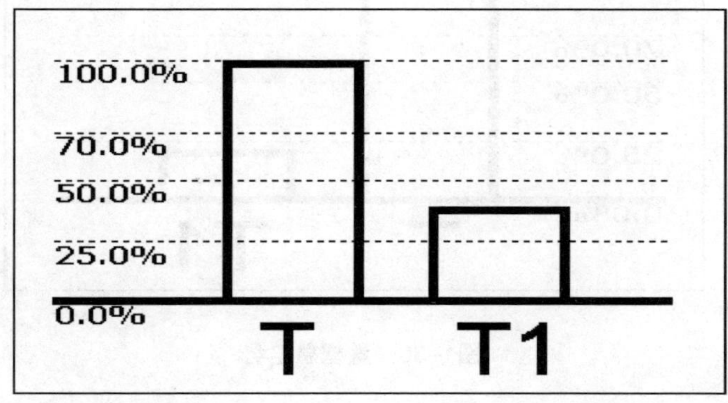

图1–29　量急缩走势

在下跌走势或是中段整理走势的末端出现量急缩的信号，暗示下跌走势或是修正走势，有机会暂时告一个段落，此时投资人应该注意短线多头是否出现攻击信号。如果是在多头攻击的行进间，突然出现的利空所造成的长阴，同时呈现量急缩信号时，则应视为筹码安定，且投资人有惜售的倾向。

行进间产生的长阴K线，如果是属于走势停滞线形，则此长阴通常为为日出形态。如果是日出格局且带有支撑意味的K线，如十字线、吊人线或带有长下影线的K线等等，则均有利于多头再攻击。当然，如果量急缩时是呈现中长阳日出则更佳，代表多头直接轧空，且确定持有者心态属于惜售。

但是当股价上涨到目标区或是反弹走势末端，成交量呈现量急缩现象反而不利多头，尤其股价以大量创下中短期波段高点之后，代表主力出货行为积极，后势容易产生明显的回档，修正走势也会相对地剧烈。

4. 量窒息走势

所谓量窒息走势，是指在日线格局中将两日成交量进行比较后，今日的成交量小于昨日成交量的0.25倍以下，如果将昨日成交量以T表示，今日成交量以T1表示，则条件式为：$T \times 0.25 > T1$。如图1–30所示。

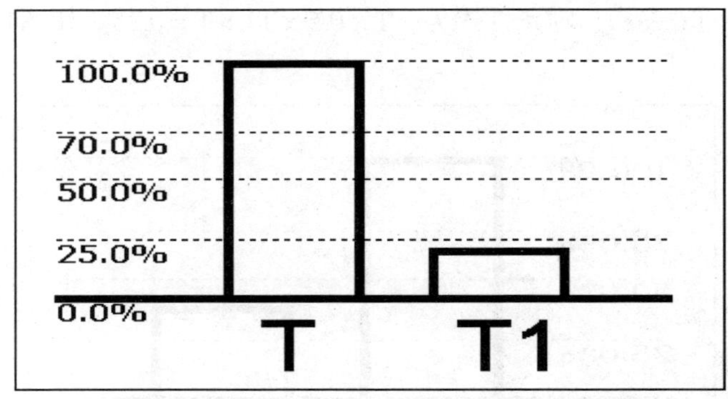

图1–30 量窒息走势

当股价呈现底部垫高的盘坚进货走势，或是在底部形态的第二只脚，量能出现量窒息的结构时，暗示走势已经开始对多方有利，股价极有可能已经进入整理结束的阶段，随时有机会呈现多头攻击信号。

在多头呈现轧空走势，股价创当时波段新高时暴量，正常情形下对多头相对不利，但是走势若能出现量窒息的信号，反而是筹码安定、惜售的现象，盘势极有可能进行一日洗盘或是短线3日洗盘，后续只要K线以中长阳日出来表态，就可以让多头再度攻击。

如果量窒息的信号是在中短期上涨趋势尚未转坏前，股价拉回测试支撑时出现，则代表筹码已经洗净，卖方力道也逐渐消竭，有利于股价以指标信号做助涨。比如，可以观察均线、MACD 或是KD指标的信号。

当股价上涨到目标区或是反弹走势末端，量能呈现量窒息走势反而不利多头，尤其是以大量创中短期波段高点之后。此时代表主力出货行为积极，当日如果收阳K线，则有用多方K线进行骗线，并诱使多头懈怠，或是让散户产生错觉，以为多头走势尚未结束，进而在隔日短线抢买，结果其目的是为了将盘势拉高后再度倒货。

在空头走势初期出现量窒息现象，由于卖压已经消耗殆尽，代表将进入反弹周期。虽然量窒息有利反弹走势的开始，但终究只是一个反弹波段，当反弹走势遭逢均线扣抵反压时，仍需视当时量能与股价波动结构研判是否止涨，而非直接认定回升走势已经开始。

量增盘

成交量呈现量增现象时，可能是攻击盘或是换手盘，也有可能是出货盘，研判时依然需要配合股价波动的相对位置。观察攻击盘或是换手盘时，周期性的考虑需求较低，如果是出货盘，则必须区分出短、中、长等不同周期的出货位阶和如何定位这些周期的关键，在层级的分辨与推浪三部曲的运用。

如果以简单的概念来分辨，在多头上涨走势中(行进间)出现量增信号，通常其技术面所代表的意义是攻击或换手；在多头走势末端出现量增信号，且K线为日出收阳格局，通常其技术面所代表的意义是拉高出货；在多头走势末端出现量增信号，且K线为日出收阴格局，通常其技术面所代表的意义是先拉高再压低出货。

在空头下跌走势中出现量增信号，通常其技术面所代表的意义是压低出货，且有不计一切代价卖出的内涵；在空头走势末端出现量增信号，且K线属于日落收阴格局，可能是特定人士进行短线压低进货；在空头走势末端出现量增信号，且K线属于日落收阳格局，可能是特定人士在短线上先压低再拉高进货。

接下来针对量增情形，以量增程度多寡区分为四种结构探讨，分别为：量微增、量增、量急增与量暴增。这四种量能的计算，属于较为概略的分类，主要是探讨量能扩增的变化。

1. 量微增走势

所谓量微增走势，是指在日线格局中将两日成交量进行比较后，今日的成交量大于昨日的成交量，但却小于昨日成交量的1.3倍以下，如果将昨日成交量以T表示，今日成交量以T1表示，则条件式为：$T \times 1.3 > T1 > T$。如图1–31所示。

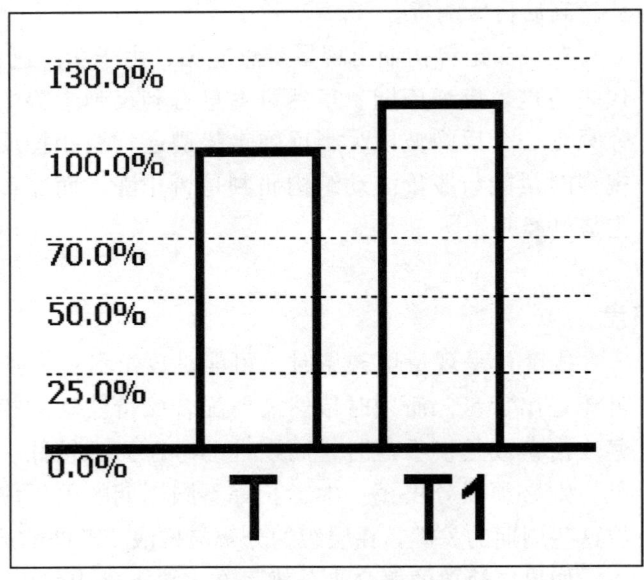

图1–31　量微增走势

在盘底期出现量微增走势，属于主力试单格局，或是主力尝试进货，为温和进货的手段。如果是在均线从向下翻转成为向上，且对多头有利的走势中出现，在颈线下K线长阳表态并出现量微增，则为主力试单攻击信号。

量微增信号如果出现在多头攻击的行进间走势，主力没有办法持续补量攻坚，或是以量缩以下格局呈现惜售状态时，则会造成量能不济，或为多头追价意愿不足，将导致形成量价背离的窘境。

而在股价上涨临近目标区时，若出现量微增信号，则是代表追价意愿趋缓，且有主力拉高出货的嫌疑，投资人应注意盘势是否转变为“滚量换手出货盘”。如果量微增信号在第二头出现，则应直接定位属于拉高出货格局，尤其是K线属于日出收阴走势时更为真确。

2. 量增走势

所谓量增走势，是指在日线格局中将两日成交量进行比较后，今日的成交量大于昨日成交量的1.3倍以上，但却小于昨日成交量的1.6倍以下，如果将昨日成交量以T表示，今日成交量以T1表示，则条件式为：$T\times1.6>T1>T\times1.3$。如图1–32所示。

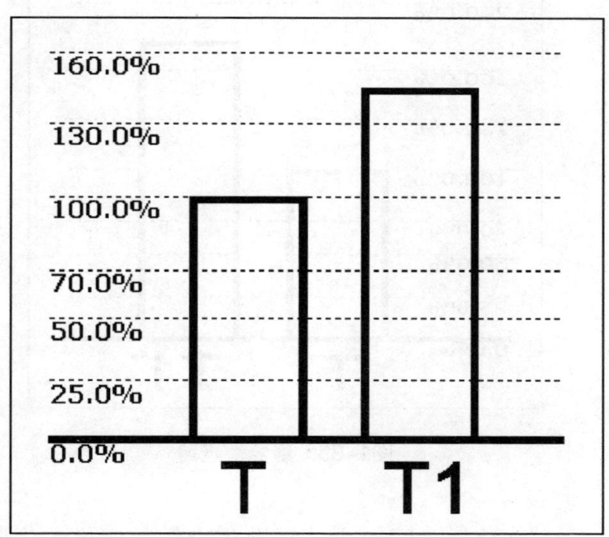

图1–32 量增走势

量增走势信号是多头最起码的攻击量能。在盘底过程中的第一只脚出现量增走势，属于多头主力第一次攻击，对应的K线将会形成有效的支撑，当第一只脚结束进行第二只脚的走势时，这一根K线支撑的成立与否，将是第一个观察重点，多头以能守住该根K线支撑为最佳。

当股价上涨到相对高档，同时产生量价背离时出现量增走势，属于主力拉高出货行为，尤其是当时已经穿越评估的满足区。由于量增走势仍属于量能温和递增的范畴，无论是连续出现或是穿插出现这样的信号，并且使走势形成一个明显上涨段落，在实际运用时均可以先将其定位为拉高出货段，并且属于末升段出货格局。

3. 量急增走势

所谓量急增走势，是指在日线格局中将两日成交量进行比较后，今日的成交量大于昨日成交量的1.6倍以上，但却小于昨日成交量的2倍以下，如果将昨日成交量以T表示，今日成交量以T1 表示，则条件式为：$T\times2>T1>T\times1.6$。如图1–33所示。

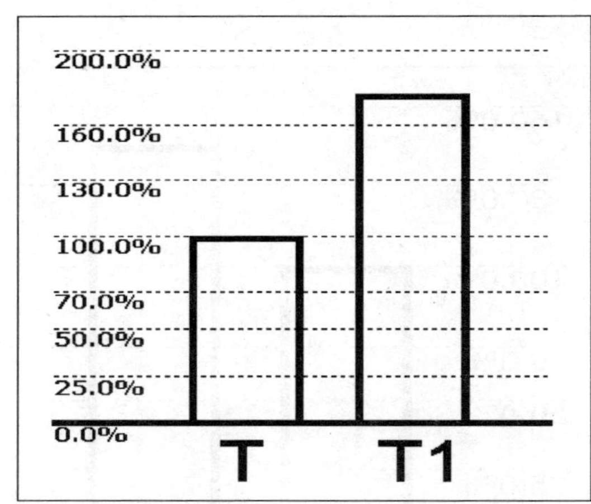

图1–33 量急增走势

量急增走势属于“标准攻击量”信号。当股价从最低点开始第一次出现的量急增走势，属于多头正式攻击信号，在底部区无论是在第一只脚或是第二只脚，都具有支撑的意义。尤其阳K 线的支撑力道优于阴K线、日出线的支撑优于日落线，或当盘底期间连续出现两日量急增则更佳。

在多头上涨中于突破颈线时出现量急增走势，可以直接定位为攻击确认信号，直到破坏真突破的技术现象出现时，才需要调整对走势的看法。若股价在头部区跌破颈线时呈现量急增走势，则为空方攻击信号，且有“量增杀的凶”的含义在内，投资人宜提高做多的风险意识。

当股价在空头走势末端以长阴K线表态并带有量急增信号，却没有再度出现杀盘，股价反而呈现价格走扬，并且将这一根阴K线所代表的压力克服，就有主力在进行短期压低进货的味道，尤其是在中长期均线上扬，短期空头走势回测均线支撑时，这样的含义更为真确。

如果投资人判断股价已经进入出货走势周期，则量急增现象可以当成拉高出货行为的研判标准，甚至部分走势会以连续两日的量急增走势为出货动作。但是对这种信号建议加以确认，毕竟量急增走势属于标准攻击量能，往往会使该量能所对应到的K线低点具有强力支撑，尤其是明显的中长阳日出K线。

4. 量暴增走势

所谓量暴增走势，是指在日线格局中将两日成交量进行比较后，今日的成交量大于昨日成交量的2倍以上，如果将昨日成交量以T表示，今日成交量以T1表示，则条件式为：$T1 > T \times 2$。如图1–34所示。

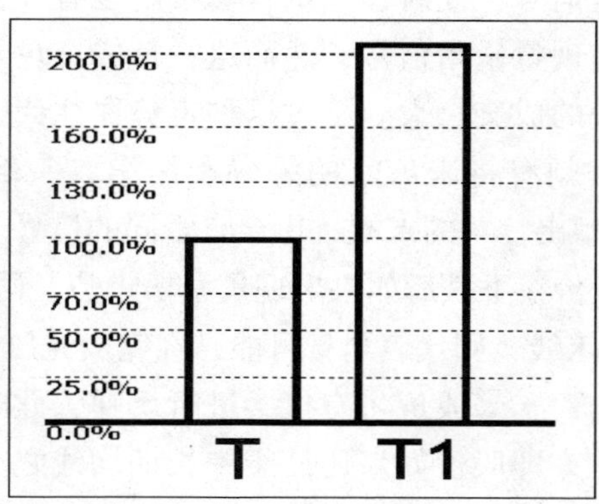

图1–34 量暴增走势

当股价进行初升段走势时，如果出现量暴增走势，则往往是该波段结束的信号，接着就会以中短期的波段洗盘模式进行股价的回档修正。由于这时候出现的量暴增走势属于中短期出货信号，但通常出货的程度不高，亦即主力仍持有部分筹码，未来主力仍会伺机于低档将已经释出的筹码接回，因此在股价回档程度较深之后，投资人应注意进货行为与洗盘结束信号。

如果成交量出现连续暴量走势，或是在暴量走势后再出现量急增走势，则代表该股具有业绩或炒作题材，所以能吸引市场目光，导致大家积极追价，股价因此形成明显的主攻段。但是最好在暴量两次之后，能够伴随惜售的量缩行为，彰显出筹码安定的信号。如此，可以避免市场产生筹码凌乱的疑虑，使主攻段走势受阻。

股价在行进间如果出现量暴增走势，则依其线型变化可以定位是否属于一日换手；如果是在过颈线时暴量攻击，则往往会伴随洗盘模式结束后，才再度做出多头攻击走势；在上涨走势末端，如果出现中长阴日出K线，则必须怀疑在当天已经有做完拉高出货与压低出货这两种短线动作；如果在上涨走势末端，以中长阴以上格局的母线(即吞噬)做空头表态，则盘势形成反转几率更高。

另一种常见的量暴增走势是发生在涨势末端。当股价突破颈线平台后创新高点暴量，这种走势往往会吸引散户投资人进场追逐，事实却是主力趁机倒货，所以后续的技术现象将形成假突破信号，同时让追价者套牢。也有部分走势会在进行第二头时呈现量暴增信号，然而这一日成交量不见得是天量或是比第一头的成交量大。不过这种走势往往代表主力在第二头出货积极，颇有将未出完的筹码利用第二头倒给散户的味道，而“波段型出货”的末端，也会有雷同的信号。

股价在下跌后如果出现量暴增走势，同时K线形态呈现中长阳日落K线，则代表当日可能已经完成先压低进货后再拉高攻击的动作，未来股价将有机会进行反弹，此时最好配合均线一起研判。亦即股价如果还处于中长期均线之上，则出现的反弹幅度值得期待，尤其是前高点尚未满足重要目标时，盘势还有再度创高的可能。

如果目前的下跌是反映满足重要目标后的拉回，则逢均线支撑仍可以出现强势跳空上涨，并且完成强势反弹以上的格局才结束。但是股价出现支撑线型时已经落在中短期均线下方，出现的反弹走势将较为难以评估，有时候甚至会出现反弹失败的现象，同时形成多方承接失败的下跌中继站。

量潮多头

观察量能结构时，除了可以用单日成交量区分出量增与量缩，也可以用趋势走向为观察重点，这种趋势走向通常称为“量潮”。量潮最简单的观察方法，是以成交量连续的缩减或增加，配合均量线作为判读基础，一般常用的均量线为5MV与21MV，亦即将单日成交量取5个交易日或21个交易日进行简单平均计算。

量潮多头的定义，即是在观察21MV时，5MV在21MV上方，且21MV维持明显的向上。请投资人注意，多空定义与量能走向有关，与股价走向不一定相关。以最常见的操作模型而言，可以区分为两种结构，分别是：趋势量增盘与趋势量缩盘，兹讨论如下。

1. 趋势量增盘

请看图1-35。当成交量均线5MV维持在21MV之上，5MV与21MV大部分的走势都维持向上，且每一日成交量均在21MV之上时，整个多头量能潮的走势称为“趋势量增盘”。

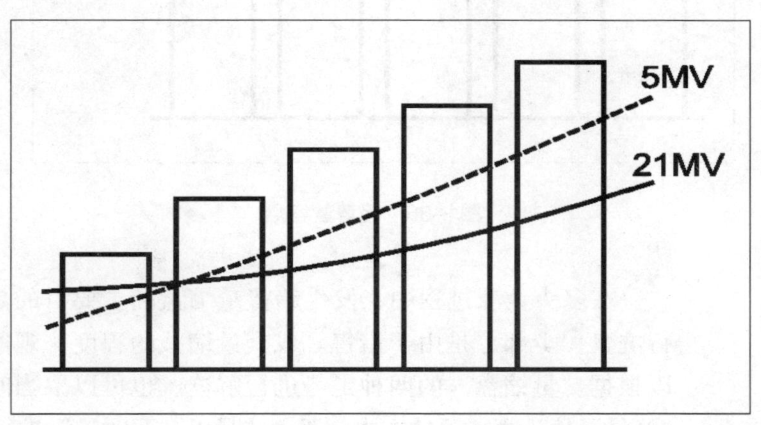

图1-35 趋势量增盘

多头中发生趋势量增盘，代表股价当时正处于攻击态势。主力拉抬股价的目的，是为了满足既定的上涨目标区，而趋势量增盘也有可能被定位是“滚量换手盘”，亦即在攻击过程中利用多头追买气势不断交换筹码，借此制造出延绵不绝的动能，促使股价持续上涨。

在多头上涨末升段或是反弹走势末端，所产生的趋势量增盘，一样具有多头追买气势的含义，只是追买过程中增添了“诱多出货”的内涵，投资人必须注意在追买气势结束之后，股价产生的止涨信号，往往会使多空趋势产生易位。

2. 趋势量缩盘

请看图1–36。当成交量均线5MV维持在21MV之上，每日成交量逐渐开始缩减，5MV的走势从急速上升逐渐趋缓，或是走势从向上转为向下，但是21MV大部分的走势仍维持向上，整个多头量能潮的走势称为“趋势量缩盘”。

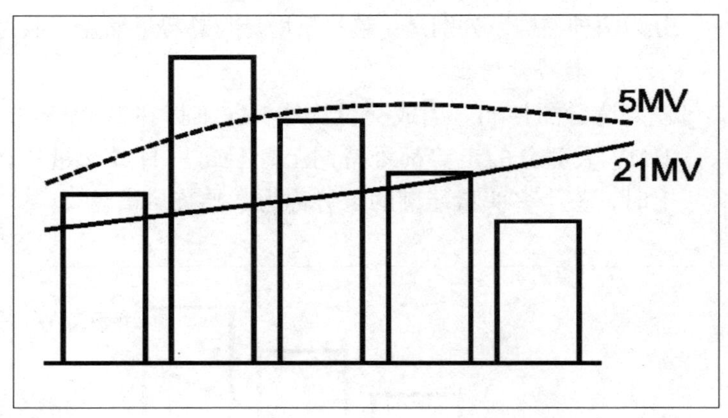

图1–36 趋势量缩盘

在多头上涨过程中，发生趋势量缩盘的主要目的是主力进行洗盘，少部分是由于惜售。成交量缩减的程度，观察方法可以根据“量缩盘”的四种走势进行解读，也可以取当时最大的“峰量”值计算，评估主力意图，或是以“凹洞量”进行研判。

量潮空头

量潮空头的定义，即是在观察21MV时，5MV在21MV下方，且21MV 维持明显的向下，以最常见的操作模型而言，可以区分为两种结构，分别是：趋势量缩盘与趋势量增盘，兹讨论如下。

1. 趋势量缩盘

请看图1-37。当成交量均线5MV维持在21MV之下，5MV与21MV大部分的走势都维持向下，且每一日成交量均在21MV之下时，整个空头量能潮的走势称为“趋势量缩盘”。由于成交量处于21MV下时，比较容易产生高低参差不齐的现象，因此观察重点在两条均线量线的发散情形。

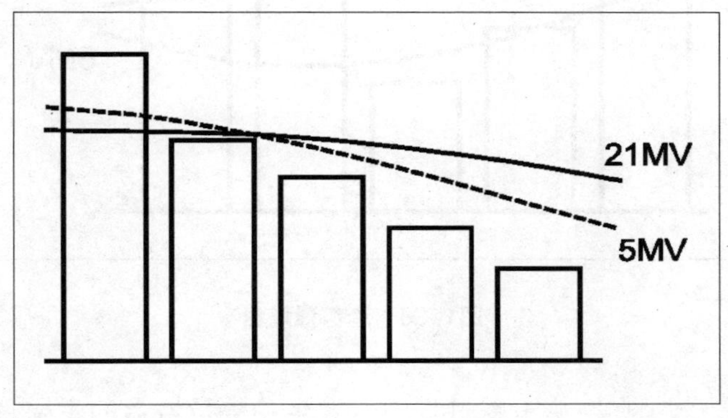

图1-37 趋势量缩盘

多头中发生趋势量缩盘，代表股价当时正处于末升段上涨，而且形成“量价背离”的技术现象，暗示由于买气消竭，股价即将进入回档修正。而修正周期的长短分类，则需视当时走势进行定位。中短周期的修正结束后，股价仍会再度上涨创高，中长周期的修正除了修正幅度较深外，部分走势会破底甚至创下历史新低。

大部分发生趋势量缩盘时，股价走势会随着量能递减而下跌，少部分则会做中短线反弹波动，只有一种特殊的“量轧空”走势，主力经由特殊手法炒作使股价强势上涨，成交量却极度萎缩，导致量能也呈现趋势量缩盘之外，其余均可以符合“有量才有价”的股市俗谚。

2. 趋势量增盘

请看图1-38。当成交量均线5MV维持在21MV之下，每日成交量逐渐开始增加，5MV的走势从急速下降逐渐趋缓，或是走势从向下转为向上，但是21MV大部分的走势仍维持向下，整个空头量能潮的走势称为“趋势量增盘”。由于成交量处于21MV下时，比较容易产生高低参差不齐的现象，因此观察重点在两条均线量线的收敛情形。

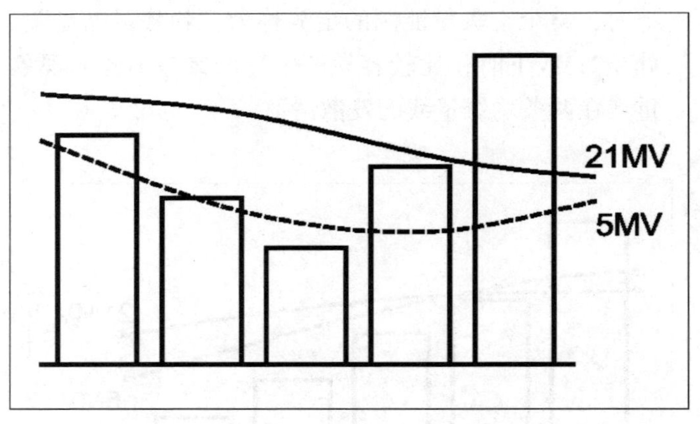

图1–38　趋势量增盘

在空头下跌过程中，发生趋势量增盘的主要目的是进行反弹，而反弹幅度的多寡在当下却无法评估。总之，这时候的量能扩增，不宜定位为多头有效的攻击走势，而是暂时先定位为“反弹解套”。而在空头走势与回档修正走势快要结束时，出现趋势量增盘，则须配合股价止跌信号研判。比如，出现多头攻击K线时，5MV正好也从向下转为向上，这一日成交量即可以视为“试单量”，同时定义股价已经止跌。

量潮扭转

所谓量潮扭转，是指成交量在转变的过程中，将均量线从空头走势扭转成多头走势，或是将均量线从多头走势扭转成空头走势。以最常见的操作模型而言，可以区分为两种结构，分别是：量潮空转多与量潮多转空，兹讨论如下。

1. 量潮空转多

请看图1–39。当成交量均线5MV维持在21MV之下，5MV的走势从向下转为向上，每日成交量逐渐开始增加，最后促使5MV与21MV产生黄金交叉，21MV也从向下走势被扭转成为向上走势时，整个量能潮的变化称为“量潮空转多”。

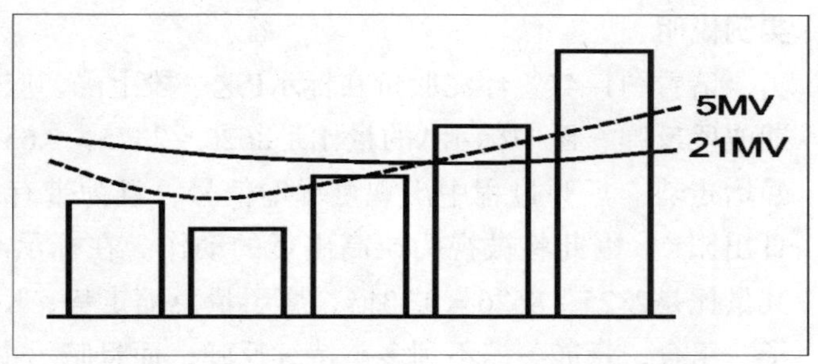

图1-39 量潮空转多

量潮空转多的技术现象应该带动“波段起涨”的信号，才能促使股价形成波段上涨。因此，将量能潮从空头有利转变为多头有利，必须让成交量在均量线产生黄金交叉后，能够持续温和扩增，并使5MV与21MV之间的距离发散，亦即所谓的“量价齐扬”现象，未来此处才将形成“波段支撑点”。

2. 量潮多转空

请看图1-40。当成交量均线5MV维持在21MV之上，5MV的走势从向上转为向下，每日成交量逐渐开始减少，最后促使5MV与21MV产生死亡交叉，21MV也从向上走势被扭转成为向下走势时，整个量能潮的变化称为“量潮多转空”。

量潮多转空的技术现象应该带动“量能退潮”的信号，才能促使股价形成波段下跌。因此，将量能潮从多头有利转变为空头有利，必须让成交量在均量线产生死亡交叉后，能够持续萎缩递减，并使5MV与21MV之间的距离发散，亦即所谓的“价跌量缩”现象，未来此处才将形成“波段压力点”。

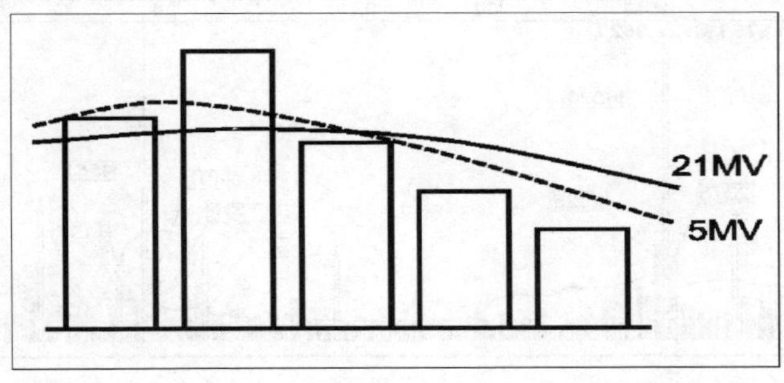

图1-40 量潮多转空

实例说明

请看图1–41。环泥股价在标示P这一段上涨，应定位为中短期波段反弹，图中标示A的量比是8626 ÷ 2375 = 3.63倍，属于量暴增走势。反弹过程中出现量暴增信号，且为带有长上影线的日出阳K，因此将被视为拉高出货的动作。在标示A的隔一日，其量比是2825 ÷ 8626 = 0.33倍，属于量急缩走势，K线为“阴母子”组合，量能萎缩不利多头持续反弹，而且暗示主力在标示A出货积极，并且有倒货结束的意味，代表这一波反弹即有可能在此结束，因此后续股价拉回破底，诚属正常走势。

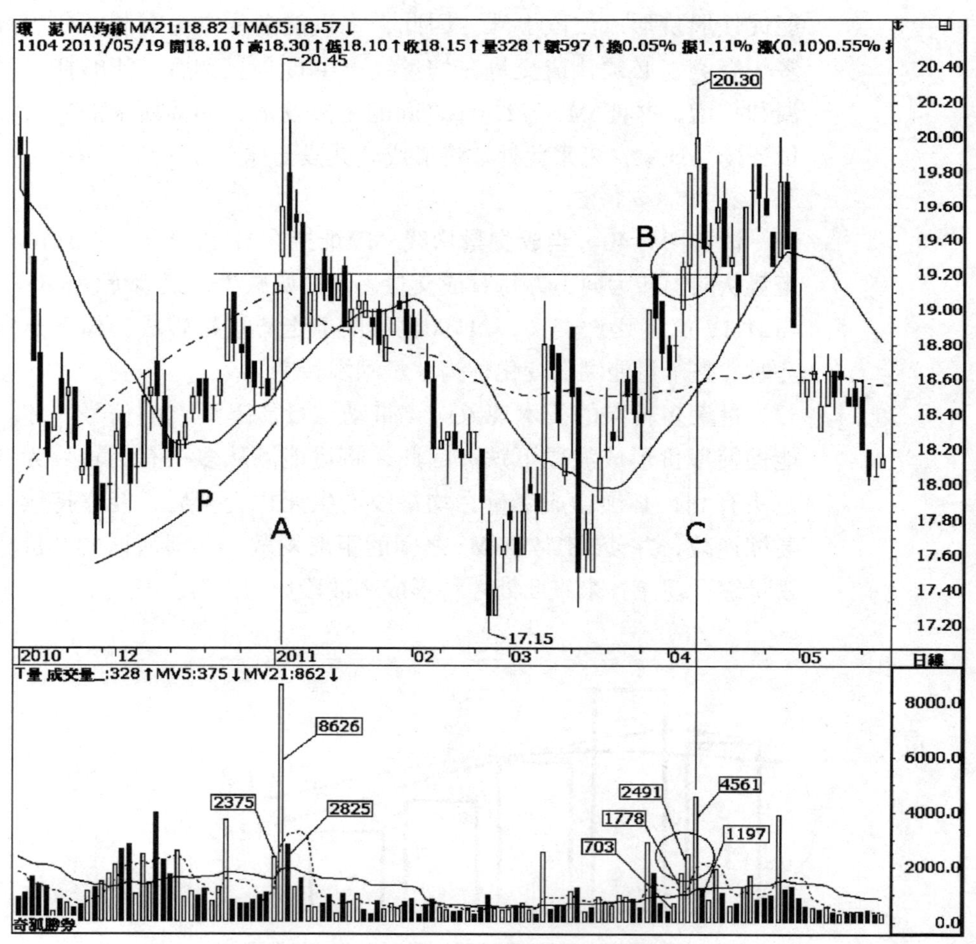

图1–41 量暴增图例一(资料来源：奇狐胜券)

当股价破底后再度从17.15元开始反弹时，成交量从703手增加到1778手，量比是1778 ÷ 703 = 2.53倍，属于量暴增走势，K线为中长阳日出，短线上仍视为多头攻击，攻击结束与否则观察量能是扩增还是缩减，如果持续扩增则多头有机会继续反弹，缩减则定位反弹将告结束。

接着成交量从1778手增加到2491手，量比是2491 ÷ 1778 = 1.4倍，属于量增走势，K线维持中长阳日出，代表股价持续攻坚(即标示B)；当成交量从2491手增加到4561手(即标示C)，量比是4561 ÷ 2491 = 1.83倍，属于量急增走势，K线为实体较小且带有长上下影线的十字螺旋线，已经有变盘的味道。

而标示C隔一日的成交量从4561手减少到1197手，量比是1197 ÷ 4561 = 0.26倍，属于量急缩走势，K线为日落长阴，暗示股价攻击到20.3元后已经结束，成交量从703手→1778手→2491手→4561 手为滚量上攻，属于特殊的“滚量出货盘”，盘势在执笔时修正到12.75元才暂告一个段落。

请看图1–42。天仁股价经由测量定位，从49.5元开始上涨的这段极有可能属于末升段拉高，标示A的量比是312 ÷ 75 = 4.16倍，属于量暴增走势，虽然K线的上影线略长，但在起涨区出现时，可以视为突破短期压力后出现的短线卖压。

标示B的量比是414 ÷ 312 = 1.33倍，属于量增走势，K线并未创前一日新高，属于多头走势停滞，只是K线形态尚且维持对多头有利，而在标示B的隔一日，量比是354 ÷ 414 = 0.86倍，属于量微缩走势，K线创高但实体较小且带有上影线，暗示走势遭前波压力，但仍能维持多头上涨力道。

标示C的量比是615 ÷ 413 = 1.49倍，属于量增走势，K线为中长阳日出，是量能温和递增的攻击盘，目的是为了挑战既定的目标区；标示D的量比是966 ÷ 615 = 1.57倍，仍然属于量增走势，K 线为中长阳攻击，不过K线幅度已经小于标示C，投资人应注意是否已经接近或是已经满足目标区。

标示E的量比是929 ÷ 966 = 0.96倍，属于量微缩走势，K线为中长阴日出收低，已经具备短线止涨的雏形，接着在标示E的隔一日量比是497 ÷ 929 = 0.53倍，属于量缩走势，K线是下跌十字转机线，如果没有出现股价转强再创高的技术现象，则短线多头有机会暂告一个段落。而从标示A到标示E，可以将整体量能潮视为“趋势量增盘”，投资人宜注意是否为“诱多出货”，事实上在61元止涨后，量能急速退潮，果然使股价中短期多空趋势发生易位。

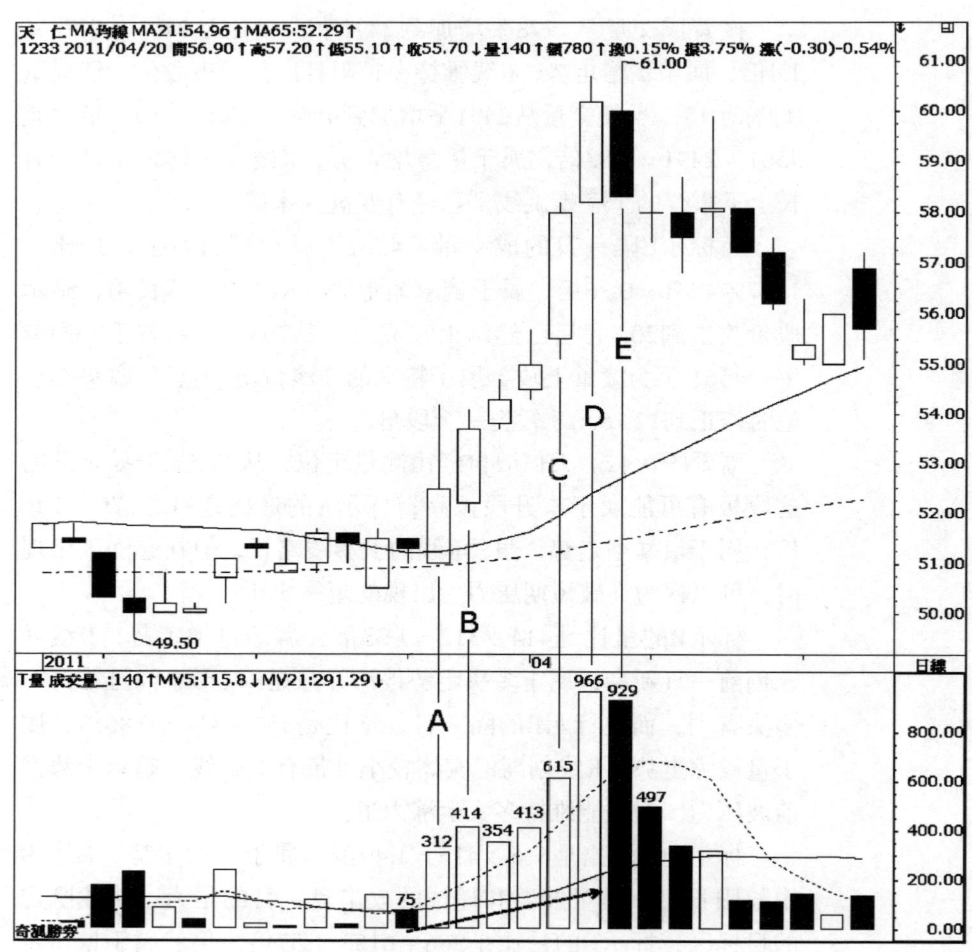

图1-42　量增图例二(资料来源：奇狐胜券)

请看图1-43。华硕股价在标示A的量比是7594 ÷ 2702 = 2.81倍，属于量暴增走势，K线为长阳日出收高的多头攻击线型，在起涨区时，暗示该股具有业绩或炒作题材，所以能吸引市场目光进行追逐，而这一根K线往往具有支撑的意义。

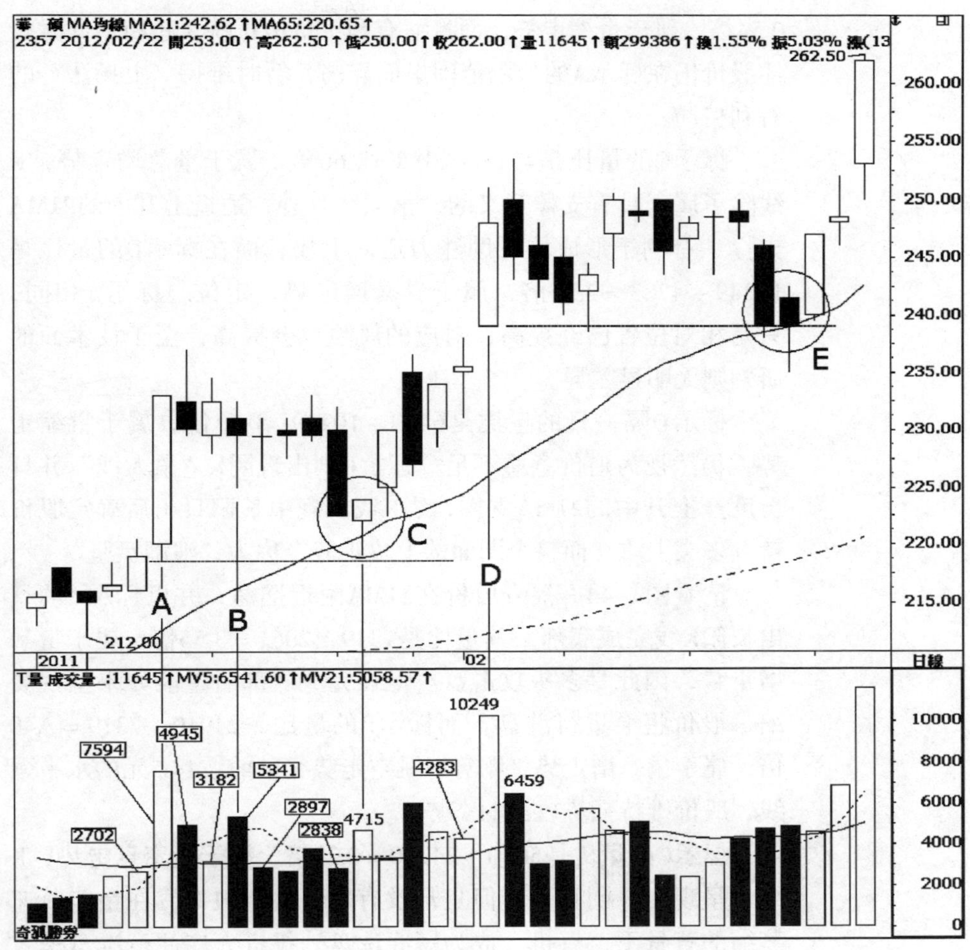

图1-43 量缩图例(资料来源：奇狐胜券)

然而该股在标示A隔一日的量比是4945 ÷ 7594 = 0.65倍，属于量缩走势，代表追价意愿不足，K线也呈现实体较小的阴K线日出，未来如果量能持续萎缩，则股价将进行短期拉回修正走势，只是多头中的量缩有助于股价进行止跌。因此标示A的隔两日成交量萎缩到3182手，K线也呈现日落走势，是合理的短线股价波动行为。

标示B的量比是5341 ÷ 3182 = 1.68倍，属于量急增走势，但是K线并未呈现多头攻击，看好该股盘势者，最多仅能视为市场上有尝试低档承接的意图。标示B隔一日的量比是2897 ÷ 5341 =

0.54倍，属于量缩走势，而量缩有利于价格止跌、止稳，此时整体股价仍在标示A的长阳范围里面震荡，暂时维持“上扬法”的有利格局。

标示C的量比是4715 ÷ 2838 = 1.66倍，属于量急增走势，K线除了属于具有支撑意义的“吊人线”外，适逢上升中的21MA支撑，有利于形成均线助涨力道而上攻；而在标示D的量比是10249 ÷ 4283 = 2.39倍，属于量暴增走势，定位与标示A相同，只是相对位置已经提高，对应的风险也会提高，至于技术面的研判则无明显差异。

标示D隔一日的量比是6459 ÷ 10249 = 0.63倍，属于量缩走势，仍然视为追价意愿不足，标示E则出现阴K“吊人线”并且再度逢上升中的21MA支撑，当K线呈现中长阳日出后确定股价持续多头上攻，而整个图面的上攻走势，称为“浪潮盘坚”。

请看图1–44。福寿股价在21MA附近摆荡，并以标示A的日出长阳K线完成底部，其量比是7319 ÷ 2061 = 3.55倍，属于量暴增走势，因此是多头攻击盘。但在完成底部后量能如果呈现萎缩，股价将会进行洗盘，而标示B的量比是24910 ÷ 7319 = 3.40倍，属于量暴增走势，顺势以跳空走势突破前波14.5元的水平颈线，股价维持强势攻击的态势。

标示C的量比是5650 ÷ 24910 = 0.23倍，属于量窒息走势，K线也呈现中长阴日落，但是却没有填补跳空缺口，在量能急速萎缩的背景下，有机会成为短线洗盘，投资人应注意洗盘模式结束后的多头再攻击信号。因此，标示D的长阳日出K线，配合量比是11701 ÷ 5650 = 2.07倍的量暴增走势，确定多头再度攻击。

标示E的量比是4936 ÷ 10090 = 0.49倍，属于量急缩走势，K线为长阴日落，并没有跌破标示D的长阳K线，因此仍有机会利用量缩做出有利于多方的止跌盘。标示E隔一日的量比是9097 ÷ 4936 = 1.84倍，属于量急增走势，K线属于“阳母子”子线收高的组合，对多方有利，虽然标示F以日出长阴创高稍显弱势，但仍未破坏多头结构。

而标示F的量比是26373 ÷ 9097 = 2.90倍，属于量暴增走势，创高的K线暴量收阴，属于多头弱势的征兆，如果想要维持多头的气势不坠，那最佳的做法必须是价格持续攻击，成交量增减均可，但是以萎缩为佳，如图1-44中所呈现的走势即为对多头最有利的状况。

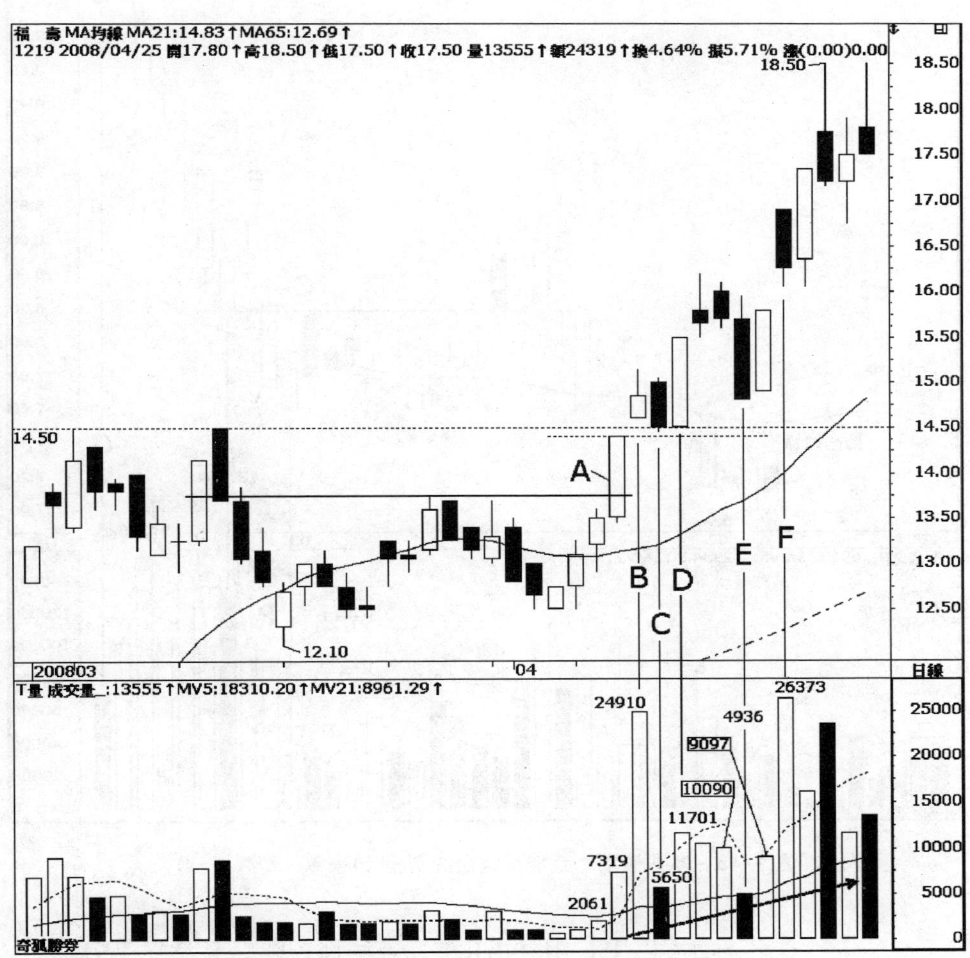

图1-44 量窒息图例(资料来源：奇狐胜券)

请看图1-45。联电股价在突破季线后于标示A回测季线，接着在标示B进行第二次的测试，此时股价虽然落在21MA之下，但是逢季线支撑，且21MA与65MA均已经开始走扬，标示B的低点也高于标示A的低点，形成高档第二只脚的形态，而标示B的量比是17523 ÷ 32566 = 0.54倍，属于量缩走势，逢均线支撑时，有利于第二只脚做止跌。

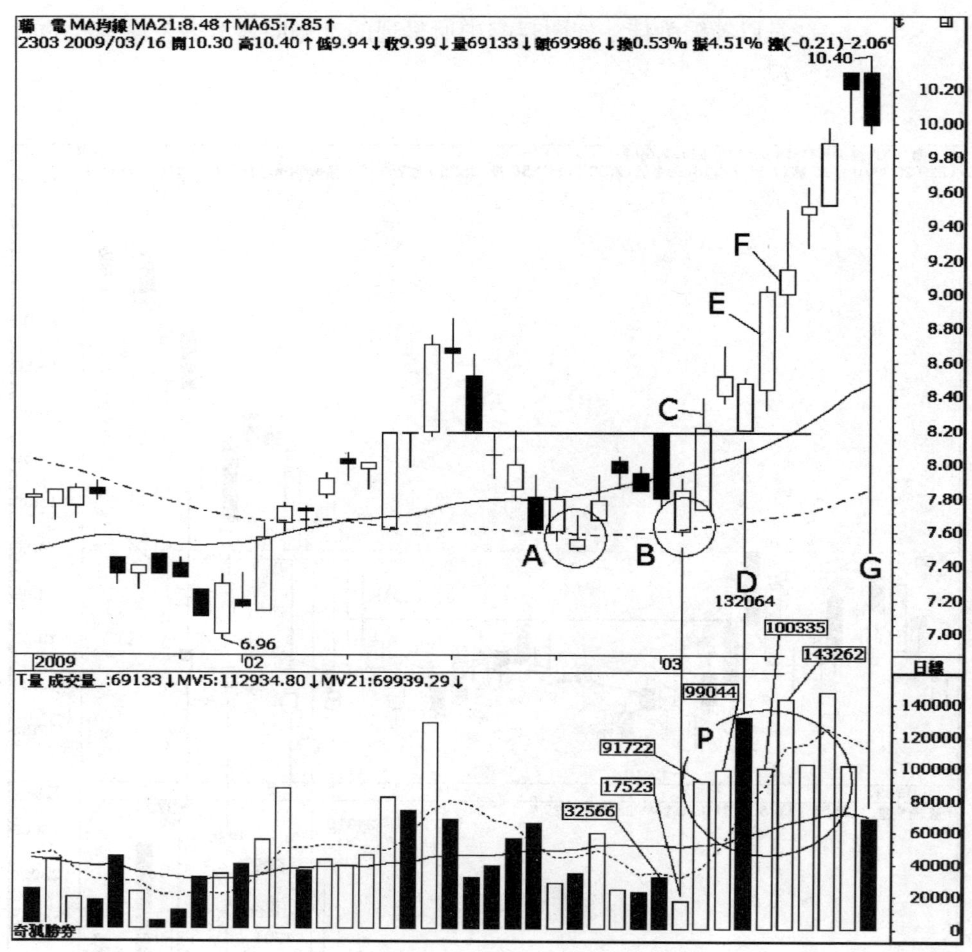

图1–45　多头量潮之趋势量增盘图例(资料来源：奇狐胜券)

标示C以中长阳日出K线突破底部颈线，其量比是91722 ÷ 17523 = 5.23倍，属于量暴增走势，因此视为底部完成信号，股价进行多头攻击，但是成交量扩增太快可能会造成筹码凌乱，因此多头必须维持有利的上攻模式，由于本只股票的股本较大，不适合以“量轧空”模式进行上攻，如果以连续量增的“滚量盘”或“趋势量增盘”则较为适合，而整个标示P的范围，即为多头中的趋势量增盘。

标示D是中阳日落K线，其量比是132064 ÷ 99044 = 1.33倍，这种以量增走势且利用K线呈现低开走高盘态进行测试颈线的手法，颇有压低进货再拉高攻击的含义在内，等到标示E以长阳日出再度做出多头攻击时便可以确定，其中标示E的量比是100335 ÷ 132064 = 0.76倍，属于量微缩走势，更可以认定标示D有特定人士进行补货的行为。

标示F的量比是143262 ÷ 100335 = 1.43倍，属于量增走势，K线为“类十字转机线”，多头攻击态势尚未转坏，而呈现多方较为弱势的线型，除了反映“空头抵抗”的技术效应外，遭逢前波压力也是原因之一。标示G则是在明显上攻后，成交量急速萎缩到21MV之下，暗示上攻量能不济，K线则为“阴子母”组合，因此有趋势量增盘结束，且短线上涨暂告一个段落的含义在内。

请看图1–46。扬博股价沿着65MA上攻时，于21MA附近摆动并盘出一个相对高档的底部形态，其中标示A为量暴增走势，随后股价拉回做出第二只脚，因此从11.9元开始上涨的这个小波段，可以定位为短线的初升段走势，而第二只脚的量缩行为则属于短线洗盘。

标示B再度出现量暴增走势，K线为阳K日出攻击，由于尚未突破底部颈线，因此视为第二只脚成立信号，等到标示C以中长阳突破底部与经过14.65元的颈线时，则确认底部成形并发动过关卡的多头攻击，由于当时量比是6365 ÷ 4676 = 1.36倍，属于量增走势，符合最起码的多头攻击量，整体量价结构对多头有利。

如果对整个量能结构进行观察，那么可以看出，从标示B到标示D的范围，由于成交量逐次递增，均量线明显上扬且呈现发散走势，所以属于多头中的“趋势量增盘”。而从标示E之后，成交量逐次递减，使5MV往21MV靠拢，但21MV维持向上走势，因此整体量能结构属于多头中的“趋势量缩盘”。

正常情形下，多头中的“趋势量缩盘”会促使股价拉回修正，然而本案例却让股价维持震荡走高，代表该股操盘主力积极，或是市场认同度高，有“该回不回”的作价企图。在走势细节中，观察标示D的量比是10231 ÷ 10796 = 0.95倍，属于量微缩走势，K线呈现短线止涨，标示E的量比是6920 ÷ 10231 = 0.68倍，属于量缩走势，K线属于十字转机线，却是当时股价修正低点，后续的股价也未再破此K线低点，多头企图心在此表露无遗。

等到标示F以中长阳创高攻坚，再度确认多头攻击的意图，由于标示F的量比是11317 ÷ 6429 = 1.76倍，属于量急增走势，标示F隔一日的量比是2453 ÷ 11317 = 0.22倍，属于量窒息走势，在量急增后再量窒息，且K线走势为涨停封死一价到底，代表股价正进行主力积极控盘的“量轧空”上涨，至于标示G的暴大量收“T字线”现象，将有机会形成多头行进间的“换手盘”。

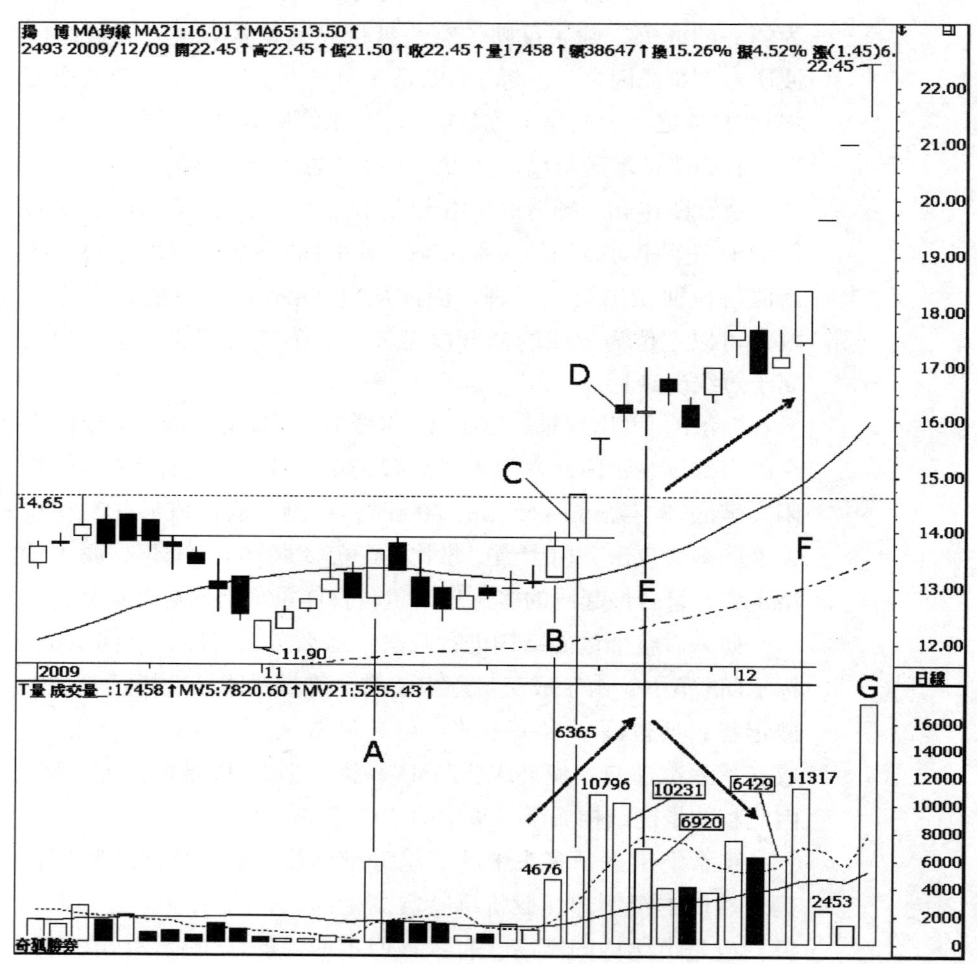

图1–46　多头量潮之趋势量缩盘图例(资料来源：奇狐胜券)

请看图1–47。仲琦股价在标示A满足以3.45 ~ 7.5元为初升段计算黄金螺旋的5.236倍后，回档到21.25元为颈线，并反弹到23.85元成立第二头的过程中，观察从标示B到标示C的成交量走势，5MV已经落在21MV之下，且21MV也向下，但是成交量却增加使5MV与21MV间的距离呈现收敛，5MV也转折向上，因此属于空头量潮的“趋势量增盘”。

虽然量潮产生趋势量增的技术现象，但是并未让均量形成“波段起涨”，因此会使第二头成立的可靠度增加，而标示C的量增走势将被定位为拉高出货，当股价跌破经过21.25元的水平颈线后，代表头部成形，且修正幅度以形态学测量计算，应在$21.25 \times 2 - 23.85 = 18.65$元，实际走势是穿越后才出现另一波短线反弹。

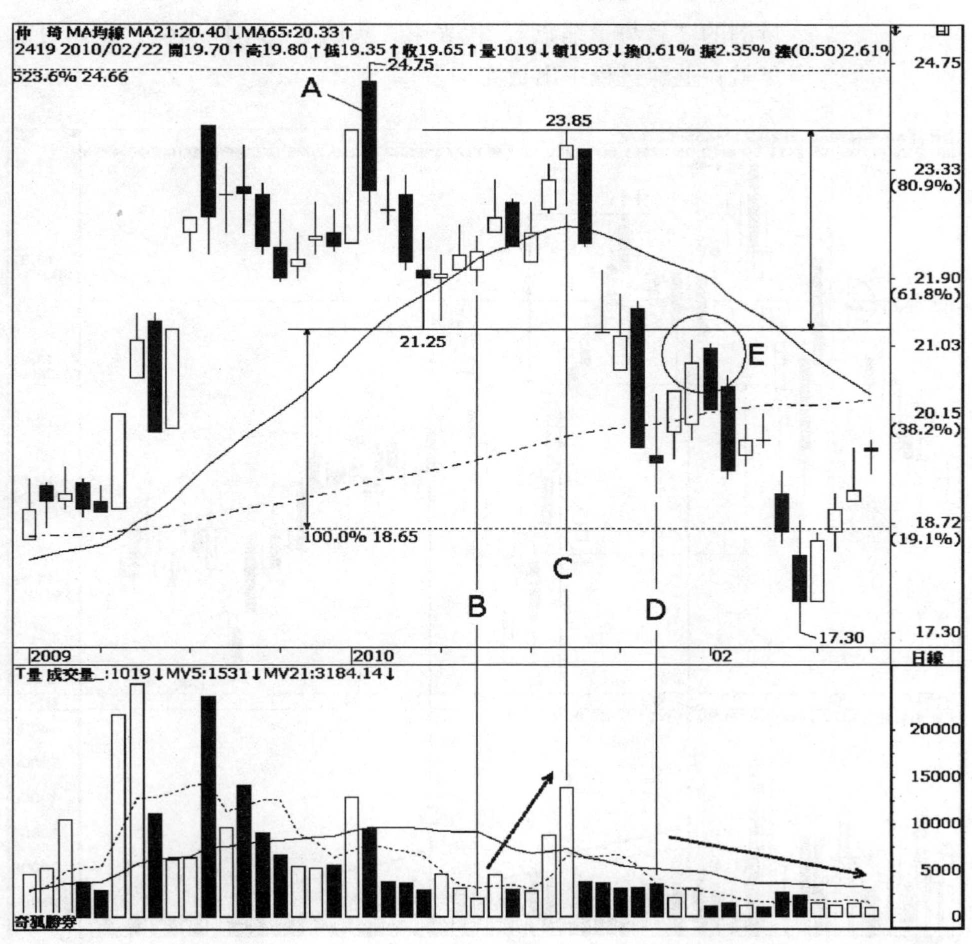

图1-47 空头量潮之趋势量增盘图例(资料来源：奇狐胜券)

从标示D开始，成交量呈现空头量潮之“趋势量缩盘”，即5MV在21MV之下，两条均线量向下且彼此间的距离持续扩大，由于成交量萎缩的速度相当快，均量线的趋向会变得比较不易观察。如果从股价走势的变化来看，从标示D开始反弹到标示E，则属于跌破头部颈线后，反弹回测颈线的技术性动作，俗称“回抽”或“后抽”。在量能无以为继的背景下，很容易产生相对弱势的反弹，使股价回复到继续下跌的走势。

请看图1–48。台中银股价在标示A满足以4.87～6.94元为初升段计算黄金螺旋的4.236倍后，再创高止涨回档到标示L为颈线，并反弹到标示H成立第二头的过程中，成交量走势属于空头量潮的“趋势量缩盘”，代表第二头属于技术性反弹，主力可能早就在上涨过程中出货完毕。

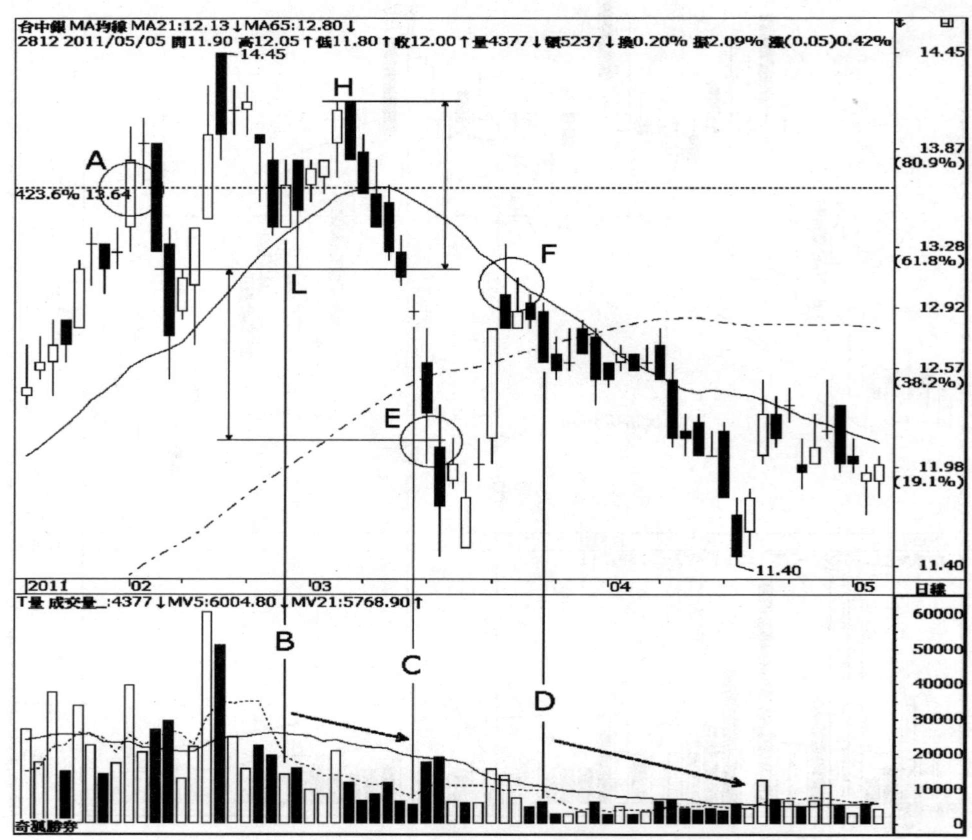

图1–48 空头量潮之趋势量缩盘图例(资料来源：奇狐胜券)

趋势量缩盘的现象直到标示E才趋缓，当股价在标示E满足头部目标时，却连续两日量增，暗示有人进场承接，但以技术线型而论，无论承接者的目的为何，投资人应该将出现的上涨视为短线反弹。而股价开始出现反弹后，量能并没有随之放大，让均量线扭转成对多头有利，因此走势是属于反弹无疑，当标示F触及下降中的21MA，应该注意均线助跌的力道。

在标示D之后成交量的变化，21MV持续向下，5MV除了向下外也和21MV之间的距离扩大，亦即维持属于空头量潮的“趋势量缩盘”，股价在没有成交量支撑的情形下，自然会呈现破底走势了。

请看图1–49。彰银股价在反弹整理过程中，标示A前一日的成交量从15534手增加到69189手，量比是69189 ÷ 15534 = 4.45倍，属于量暴增走势；标示A的成交量从69189手增加到143506手，量比是143506 ÷ 69189 = 2.07倍，也属于量暴增走势。连续量暴增在反弹走势中出现，通常被定义为拉高出货盘。

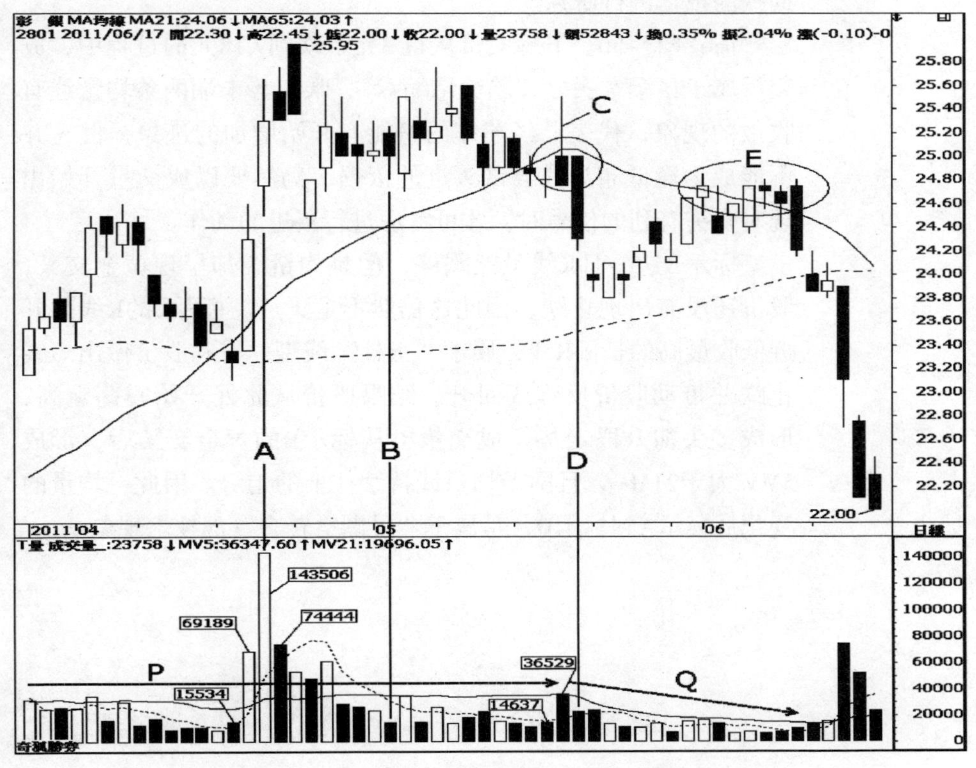

图1–49 量潮多转空图例(资料来源：奇狐胜券)

接着成交量从143506手减少到74444手，量比是74444 ÷ 143506 = 0.52倍，属于量缩走势，股价上涨走势也呈现停滞，即反弹走势临近末端，标示B则是均量线呈现死亡交叉。在此之前，观察整个21MV的走势(如标示P)已经趋于平缓，死亡交叉将会带动整个均量线持续向下，形成空头量潮之“趋势量缩盘”。

标示C的成交量从14637手增加到36529手，量比是36529 ÷ 14637 = 2.50倍，属于量暴增走势，K线则为带长上影线的“类避雷针”，并且无法站上21MA，等到标示D跌破头部颈线时，成交量走势依然维持5MV在21MV之下，标示Q的成交量趋势大致上也维持空头量潮之“趋势量缩盘”，因此从标示A到标示Q整个成交量的变化，属于“量潮多转空”走势。

在空头量潮之“趋势量缩盘”背景下，股价出现的反弹不应视为出货盘，而是属于技术性的“反弹逃命”。因此，当股价反弹到标示E的位置时，正逢已经转折向下的21MA，应以均线助跌的技巧进行研判。

请看图1–50。卜蜂股价从11.3元下跌到7.18元的过程中，成交量属于量潮空头之“趋势量缩盘”，唯走势末端两条均量线有收敛的现象，代表已经萎缩的量能有开始增加的迹象，但这并不能成为逢低布局或尝试买进的依据，仍然要以成交量开始出现对多头有利的信号时，才可考虑进行买进的动作。

标示B这一日K线虽然跌停，但是均量线却呈现黄金交叉，股价还没有出现止跌，因此这仍然不是买点。标示C的K线是开近低收最高的长阳K线，属于“玉柱”线型，有利股价做出短线止跌并带动股价反弹或回升。结果股价从此处开始震荡走高，形成多头初升段走势，成交量也从标示B的黄金交叉后，形成5MV 大于21MV，且两条均量线持续往上的走势。因此，均量的变化从标示A到标示D，是属于“量潮空转多”的技术现象。

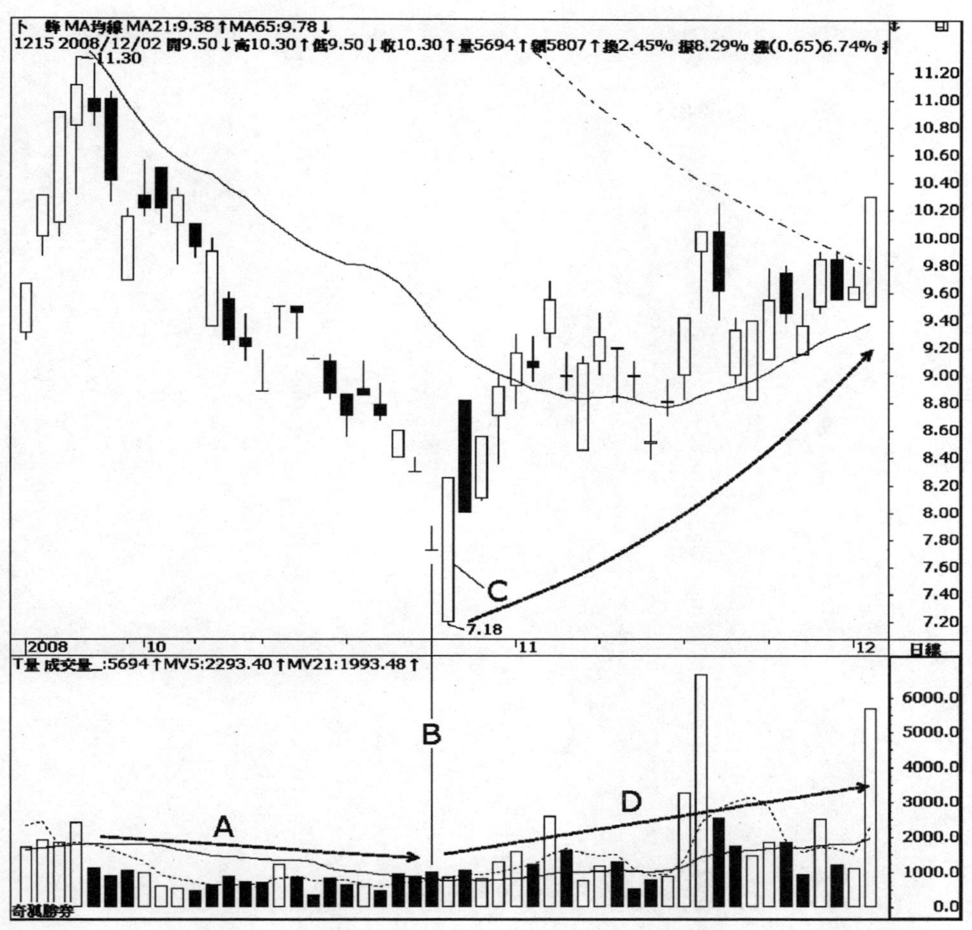

图 1–50 量潮空转多图例(资料来源：奇狐胜券)

第二章 量价结构解析

本章将为读者介绍三日量价形态、成交量与波浪的关系判定。其中关于三日量价形态的研判方法，可以结合第一章描述的两日“量能解析与定义”合并运用，也可以单独在操作过程中使用，彼此间有相辅相成的效果，却不会产生研判上的冲突。至于以成交量研判波浪走势，本书则是缔造坊间书籍创举，相信在许多实际操作课程上，也不曾有人愿意详细说明。由于内容比一般书籍深入，各位读者在研读过程中，势必需要多花点儿时间，也请大家海涵。

三日量价形态

当K线走势所代表的价格形态不同，其对应的成交量所代表的含义也会不同，因此K线形态的强弱与成交量的增减，彼此间搭配研判的变化也跟着无穷。本单元仅列出短线多头走势中常见的三日K线组合与成交量的关系，供读者参考。而在短线空头走势中，无法像多头走势能够统计出有规律的量价变化。虽然图例没有包罗万象，但已经具有“三日定乾坤”的效用，对于短线操作者在研判走势时，有决定性的帮助。另外，要提醒读者注意，K线形态并非得全然符合图示说明不可，只要吻合说明中之重点即算同类。

量增后再量增

在图2–1中的案例(A)，连续三日量增时，K线形态如果均为中长阳的多头攻击形态，且这三根K线实体不重叠，仅留有极短的上下影线或收最高，那么未来的第四根K线，无论量增或是量缩，通常还有高点可以期待。

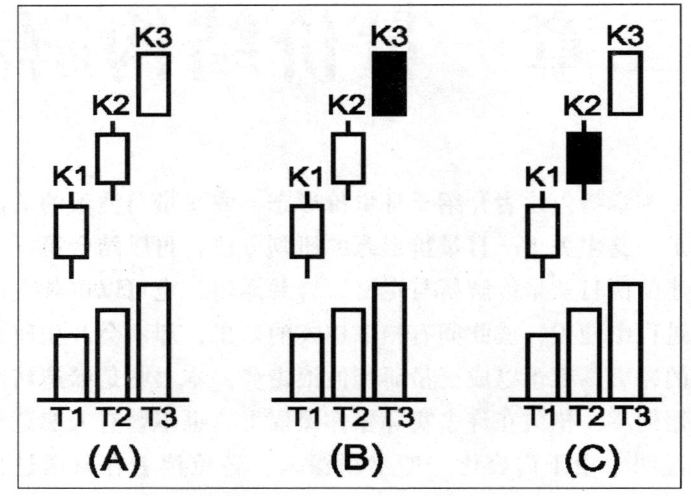

图2-1　量增后再量增(一)

在图2-1中的案例(B)，如果第三根K线形成中阴日出，或是其他弱势K线形态，如避雷针、十字转机线等等，则代表第三根的量增已经有短线出货或是换手的意图，属于多头弱势的组合，而第四根K线就不一定创高。因此，必须在盘中观察走势路径后定夺，往往股价低开后不走高形成日落，而高开后须形成量增收阳盘才能维系多头。

在图2-1中的案例(C)，连续三日量增时，如果第二根K线收日出阴K线，第三根以日出长阳表态，则代表先转弱再攻击，已经有换手的味道，但是第四根K线强弱却难以预料，通常无法再量增，短线盘势就会产生停滞。

在图2-2中的案例(A)，连续三根量增时，虽然都是中长阳日出的多头攻击形态，但是这三根K线实体重叠，攻击的力道显然较弱，可能位处于盘底期或盘头期，未来的第四根K线不一定会延续攻击，需视其相对位置决定，通常只要高开后于即时盘维持对多方有利的走势，且当日呈现量增，就可以维持多头攻击态势。

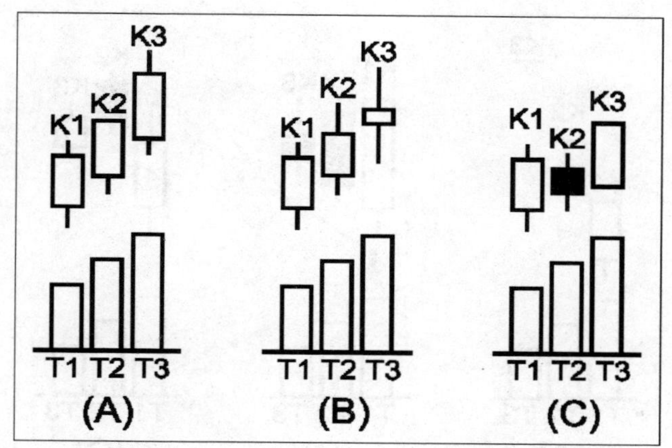

图2–2　量增后再量增(二)

在图2–2中的案例(B)，第一与第二根虽然看似强势，但是实体重叠，如果第三根是弱势K线形态，只要第四根量缩，走势通常会呈现日落拉回，但量缩后价格却呈现强势上涨，则应该当成惜售行为的表现。

在图2–2中的案例(C)，第一根与第二根形成“收敛”组合，第三根以中长阳日出格局突破第一根K线高点，由于连续量增，属于有效突破格局，通常第四根K线尚有高点可期，此形态又称为“内困三日翻红”。

量缩后再量缩

在图2–3中的案例(A)，连续三根量缩时，K线出现强势上涨攻击，代表出现“惜售”的极强行情，通常第四根K线尚有高点可期，并与其量能增减无关。

在图2–3中的案例(B)，连续三根量缩时，K线如果呈现连续“收敛”组合，或是高点无力创高，但却能维持低点一路垫高，则是属于多头走势中的“停滞”行情，虽然属于多头弱势，只要第四根以阳K日出表态就可以形成多头行情，反之亦然。

在图2–3中的案例(C)，连续三根量缩时，第二根K线已经呈现止涨弱势，第三根K线为实体较小的日落K线，如果走势尚未满足，则代表进入短线休息的位阶，此时须以第四根的量价结构判断未来短线多空的走向。

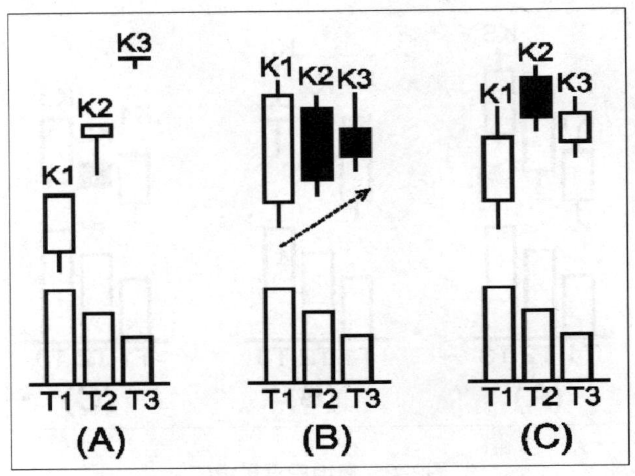

图2-3　量缩后再量缩

量缩后再量增过前量

在图2-4中的案例(A)，第一根与第二根形成“收敛”组合，且成交量递减，第三根成交量较前两根还要大，且K线呈现中长阳日出格局，代表洗盘结束后的多头攻击，或是短线整理后的拉高出货，通常第四根K线尚有高点可期，并与其量能增减无关，此形态又称为“内困三日翻红”。

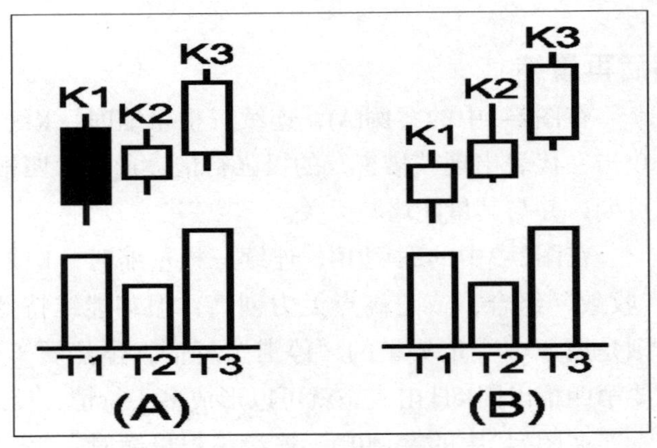

图2-4　量缩后再量增过前量

在图2-4中的案例(B)，第一根与第二根形成多头弱势的攻击

K线，第三根成交量较前两根还要大，且K线呈现中长阳日出格局，如果第四根K线转弱，比如形成子线或是日落K线，则属于拉高出货格局。

量缩后再量增未过前量

在图2–5中的案例(A)，连续三日都是实体较小，且上下区间幅度不大的K线组合，属于走势“停滞”的现象，少部分会做出“母子”组合突破，但是否是属于有效攻击，却难以在当时论定。在高档区，尤其已经满足测幅时，通常定位是属于不利多头的组合，所以第四根K线形态与量能增减，将具有决定性的关键，需在即时走势中进行研判。

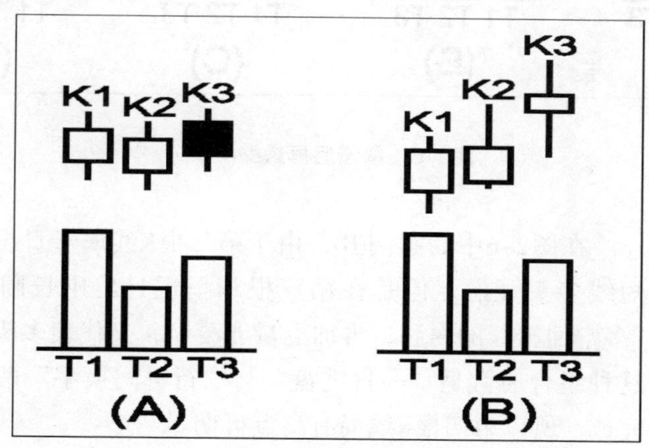

图2–5　量缩后再量增未过前量

在图2–5中的案例(B)，连续三日都是实体较小的日出格局，不是属于多头强烈攻击的K线组合，须提防下一日止涨或是反转，因此通常会将研判重点移动到第四根K线与量能的组合。

量增后再量缩

在图2–6中的案例(A)，由于第二根K线实体较小但量能扩增，短线已经有多头转弱疑虑，而第三根如果量缩价跌，则代表短线转弱且有进入修正之可能。反之，如果第三根量缩但是价格却呈现多头气势上涨，则代表第二根K线已经完成短线行进间换手，第三根K线是属于惜售行为，通常第四根尚有高点可期。

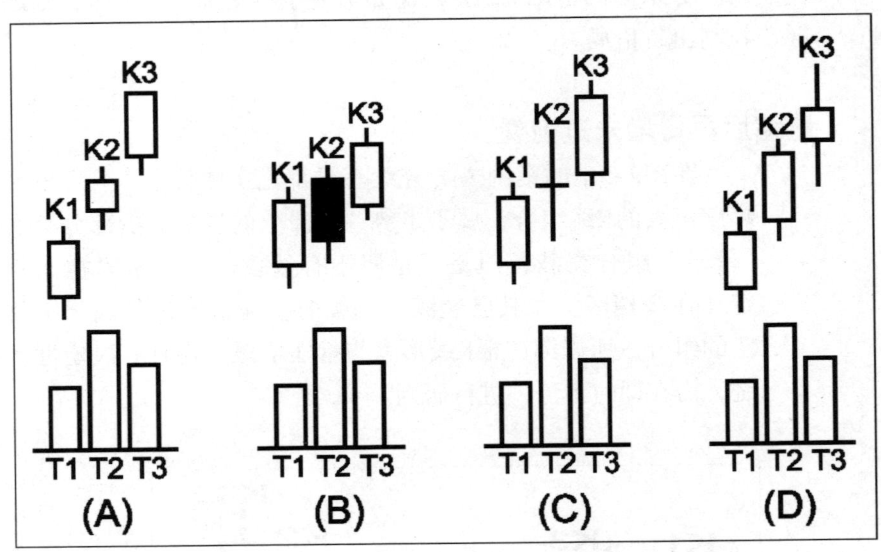

图2-6 量增后再量缩(一)

在图2-6中的案例(B)，由于第二根K线属于日出中长阴，为短线多头疑虑，但是在第三根却呈现日出中长阳，已经具备“多空回转”的内涵，再加上量能萎缩，又代表多头惜售，因此这种组合通常是“一日洗盘”与“行进间换手”两种行为同时完成，所以第四根K线尚有高点可期。

在图2-6中的案例(C)，与案例(B)的内涵大同小异，第二根K线通常是“一日洗盘”与“行进间换手”这两种行为同时完成，在第三笔多头量缩攻击之后，第四根K线往往尚有高点可期。

在图2-6中的案例(D)，第一根与第二根K线均呈现多头攻击气势，第三根虽然维持日出阳K线，但由于留有较长的上下影线，暗示多头上涨气势已经受阻，因此这种组合属于转机线型，唯较偏向多头有利，所以只要第四根K线高开续攻，仍可以维系多头涨势。

在图2-7中的案例(A)，第一根与第二根K线均呈现多头攻击气势，第三根呈现日出阴K线，而且留有较长的上下影线，属于“类十字转机线”，暗示多头已经转弱，此时应以第四根K线盘中走势强弱来决定未来短线多空走向。

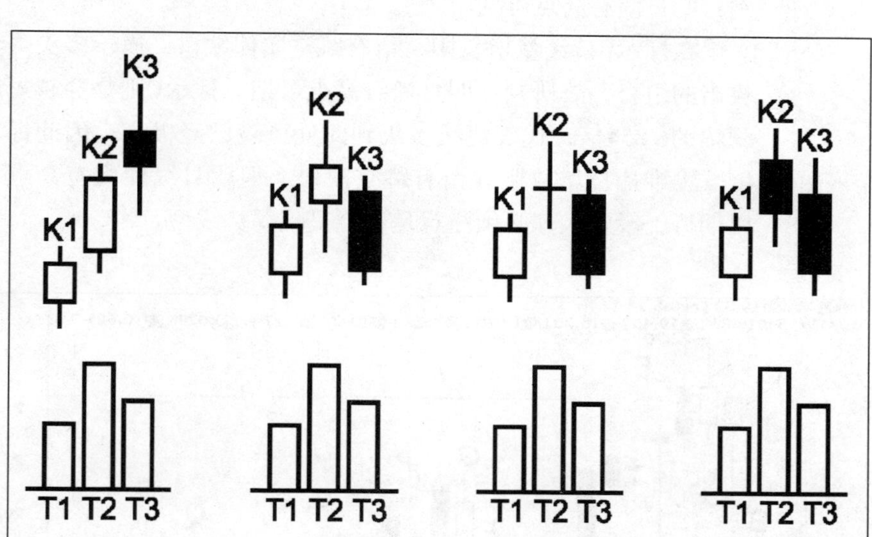

图2-7 量增后再量缩(二)

在图2-7中的案例(B)、(C)、(D)，第一根K线尚维持多头上涨气势，第二根K线量增，但K线走势对多头而言，气势已经呈现停滞或是明显的转弱，在第三根呈现长阴日落格局时，短线上通常定位多头确定转弱，且第二根已经有短线出货的疑虑，未来在无法再创新高的前提下，应假设走势已经进入修正格局。

实例说明

在本单元所述之案例中，是属于连续的运用说明，每个标示号代表三日K线组合的第三根，所以读者在阅读时，应自动将标示号的前两根K线与成交量一并与标示号共同思考研判。同时，所有K线组合的判断，均架构于股价维持在21MA之上，或股价刚突破21MA，或21MA仍维持向上的过程，其余情境并不在本书讨论范围之内。

请看图2-8。环泥股价在21MA之上震荡，并盘出短期底部后上攻，在标示A属于连续量增的攻击走势，且与前一根K线留有实体缺口，代表多头极为强势，在当日收盘结束后可以立即研判：明日尚有高点可期。

在标示B持续量增长阳，留有跳空实体缺口，属于多头强势攻击的组合，故研判：明日尚有高点可期。标示C则是穿越短期测幅的6.854倍，代表短线多头到此处风险已经极高，因此标示C虽然维持量增收阳并留有跳空缺口，但明日纵使尚有高点可以期待，投资人却必须注意是否会呈现弱势线型。

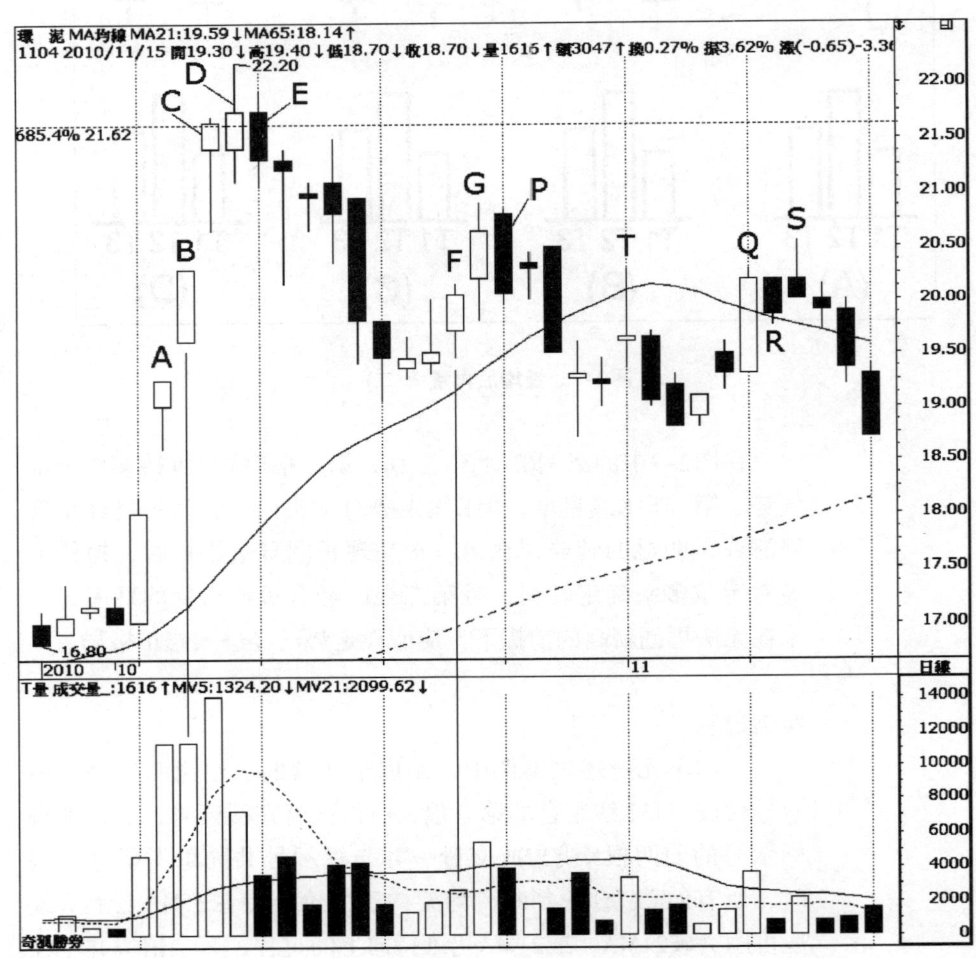

图2-8 三日量价形态实战案例之一(资料来源：奇狐胜券)

标示D的走势为阳K日出，K线实体相较于上下影线，属于多头上涨气势受阻的线型，隔一日的走势最好是高开走高，才能维持多头气势。但是标示E却是开平后走低，形成中阴日落K线，连续量缩的弱势K线组合，再配合短线目标已经满足的背景下，股价走势将不是上涨过程中的休息站，而是有相当高的机会将正式进入修正。

标示F是股价在测试上升中的21MA所呈现的反弹，连续量增的结构，配合母子组合与弱势线型的突破，暗示走势正式进入反弹格局。标示G属于连续量增的阳K日出，也留下实体缺口，只是上下影线较长，影响到反弹走势的强度，再加上量增三日的涨幅没有明显扩大，又逢前方日落长阴的压力下，标示P呈现量缩中阴K线格局，仍属合理走势。

标示T的量价结构原本就属于弱势、走势停滞的组合，又出现在21MA下方并反弹逢均线压力，因此下一日呈现日落压回属正常反应。标示Q则呈现阳阴阳连续量增格局，同时穿越已转成向下的21MA，原本这种组合在下一日就多空难料，在穿越代表压力的均线后，如果涨势呈现停滞则应视为正常，标示R就有这样的含义。

标示S虽然创反弹新高，却没有办法呈现量增过前量、价格以中阳日出格局表现多头攻击气势，而是呈现“类避雷针”的K线结构，代表多方无法针对“阴母子”做有效突破，此时投资人应认定21MA属于压力，股价如果回到向下的修正走势，则应属正常的波动表现。

请看图2-9。味王股价在标示A时，呈现连续量增之强势上涨走势，但是标示A这一日涨停未能一价到底，相较于前两日气势已经减弱，同时又出现量能暴增现象，意味着下一笔如果无法维系量能扩增，则价格走势将有转弱之虞，接着标示B高开收阴呈现日出中阴，量能呈现萎缩，即代表追价意愿不足，因此呈现短线止涨走势。

股价在逢21MA支撑后，出现标示C之连续量增中阳格局，且留有实体缺口，因此标示D仍有高点可期，但是标示D却呈现连续量增，且为量暴增格局，K线为阴K日出，已经属于走势停滞，如果要维系多头，则必须维持量增收阳格局，结果标示E量缩日落，代表短线又是止涨拉回修正走势。

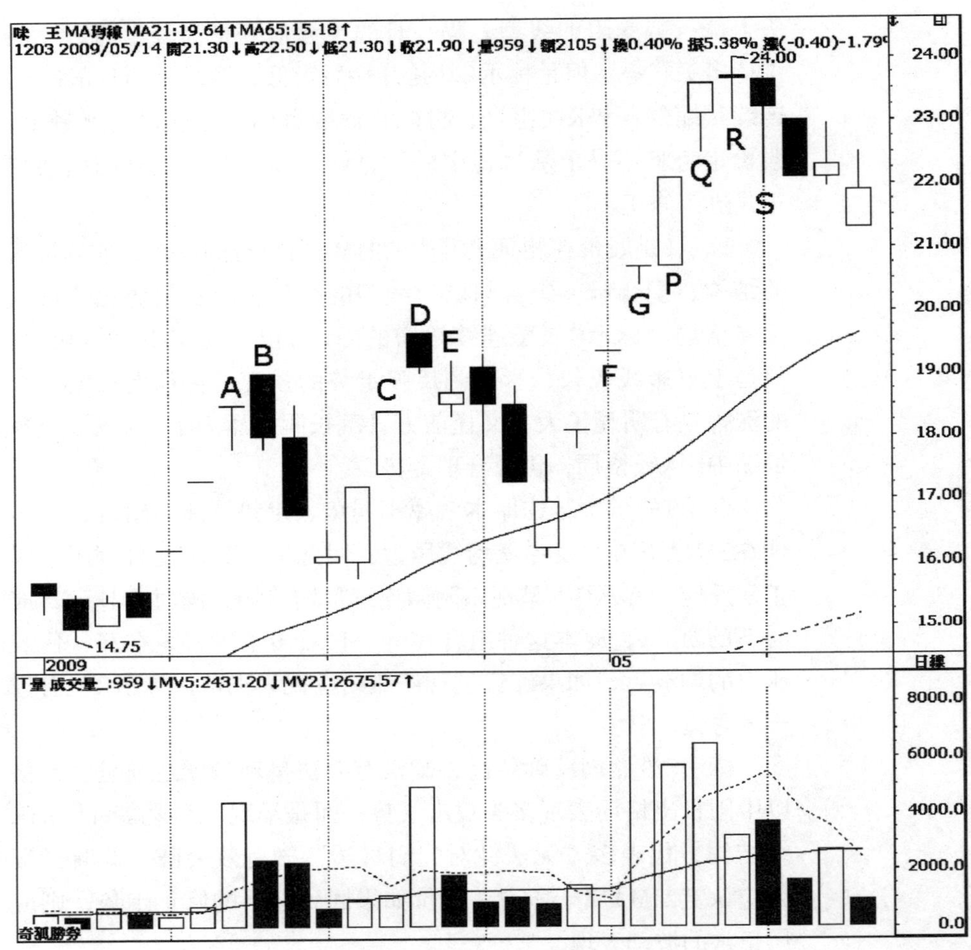

图2–9　三日量价形态实战案例之二(资料来源：奇狐胜券)

标示F则是逢21MA支撑后的多头攻击走势，因为量价结构代表当时已经呈现“惜售”的行为，因此下一日交易仍有高点可期。标示G则是量暴增、价格强势上涨收高，如果要维持多头走势，则必须呈现量增价收高的盘势，或是量再缩的惜售格局，而标示P即为惜售，同时暗示下一根K线仍有高点可期。

标示Q果然再创下走势高点，但是成交量呈现量增未过前量格局，以量价结构观察，量能表现对多方略为不利，价格走势尚称强势，因此不排除下一日还有高点，但也必须注意是否出现反转走势。结果标示R虽然创高，但却是收阴十字线，再加上量能缩减，属于多方容易转弱的量价结构，应以下一根K线的盘中走势定夺。因此，如果标示S开平后走低，呈现量缩日落K线格局，则代表短线多头走势暂告一个段落。

请看图2-10。台积电股价在标示T呈现“阳子母”突破，且成交量为连续量增，故属于有效突破，下一根K线仍有高点可以期待。标示A维持连续量增，但是K线的上影线太长，属于多头弱势线形，因此下一根K线走势不一定创高。标示B开高走低形成量缩日落长阴，短线多头确定转弱。

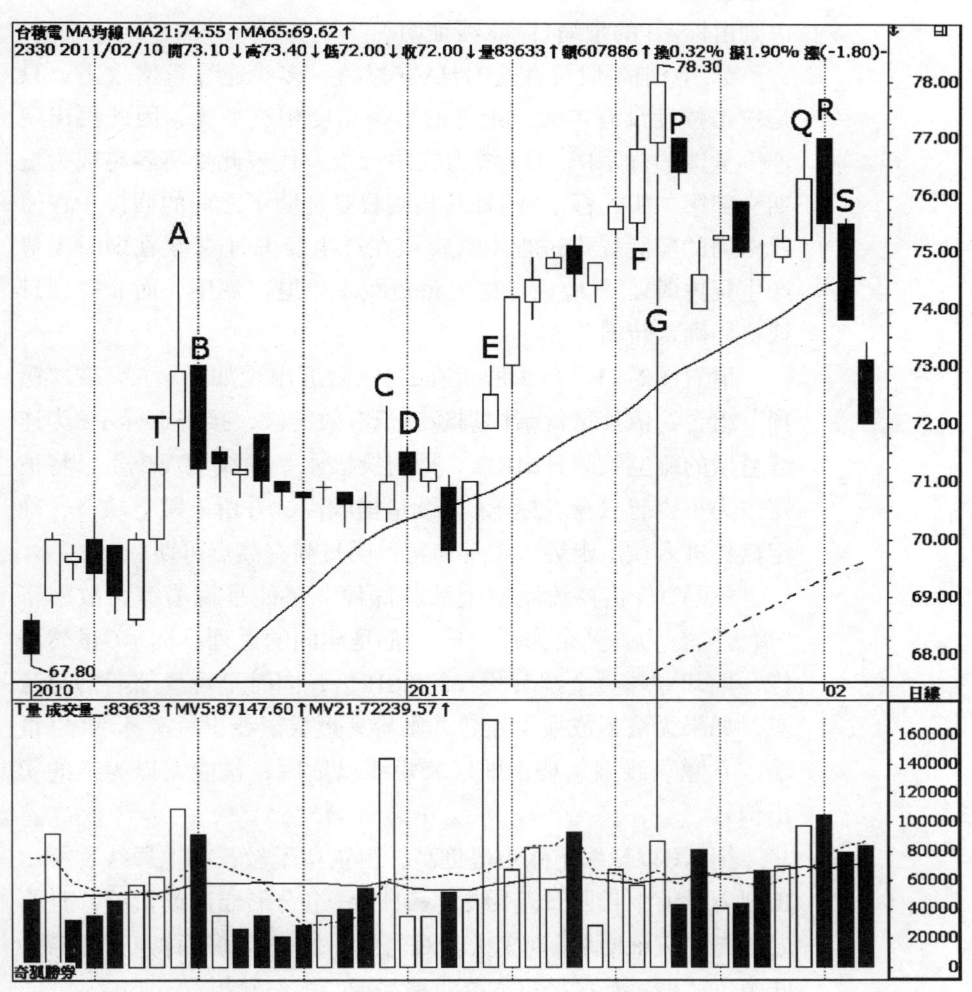

图2-10　三日量价形态实战案例之三(资料来源：奇狐胜券)

标示C虽然逢上升中的21MA支撑，且为连续量增格局，但价格却呈现停滞，尤其是标示C的上影线很长，下一根K线的多空走向就不容易预料。而标示D的量能急速萎缩，K线属于子线格局，走势再度陷入停滞，直到标示E量增过前量，留下跳空缺口突破“阳母子”形态，在逢均线支撑的背景下，将被视为有效的多头突破。

标示F以母线表态，其量价结构尚属对多头有利，因此不排除下一根K线仍有高点可期。标示G创高且为“阳子母”突破，其量价结构在相对高档的背景下，将有短线出货的疑虑。此疑虑则由标示P的量缩日落K线证明。

标示Q则是股价在逢21MA支撑后，多头连续量增攻击，只是攻击幅度没有扩大，走势的上扬角度相对平缓，因此再出现连续量增的标示R，且K线为收阴母线，代表此处将容易成为短期头部第二头，标示S的日落长阴只是证明了之前的假设。在短线格局的实际操作过程中，应该在产生疑虑时(甚至在即时走势产生疑虑时)，就应该考虑先将短线多单退出观望，而非等到日线格局确定转弱。

请看图2-11。台荣股价在21MA附近出现如标示A突破“镊顶”组合，依其量价结构判断属于有效突破，接着在标示B为连续量增的跳空长阳日出K线，同时突破水平颈线呈现攻击，将被定位为短线起涨盘。标示C持续量增收高，并留下跳空缺口，确定盘势进入攻击走势，正常而言，明日尚有高点可期。

标示D价格持续跳空上涨收涨停，量能呈现萎缩，故属于“惜售”行为，其余如标示E、F都是相同的道理。标示G虽然涨停，但却穿越黄金螺旋测幅的2.618倍，同时呈现量缩后的暴量盘，如果无法形成换手走势，则容易形成短线出货。标示P以量缩“吞噬”线型呈现，即代表短线出货后，量能无以为继的卖出信号。

标示Q以量缩上涨走势创高，可惜留下较长的上影线，标示R 则为量缩中长阴日落K线，三日K线组合形成连续量缩，且第二根与第三根K线呈现多头相对弱势，代表走势有休息、停滞的味道，亦即走势已经进入修正格局或是多空转折。

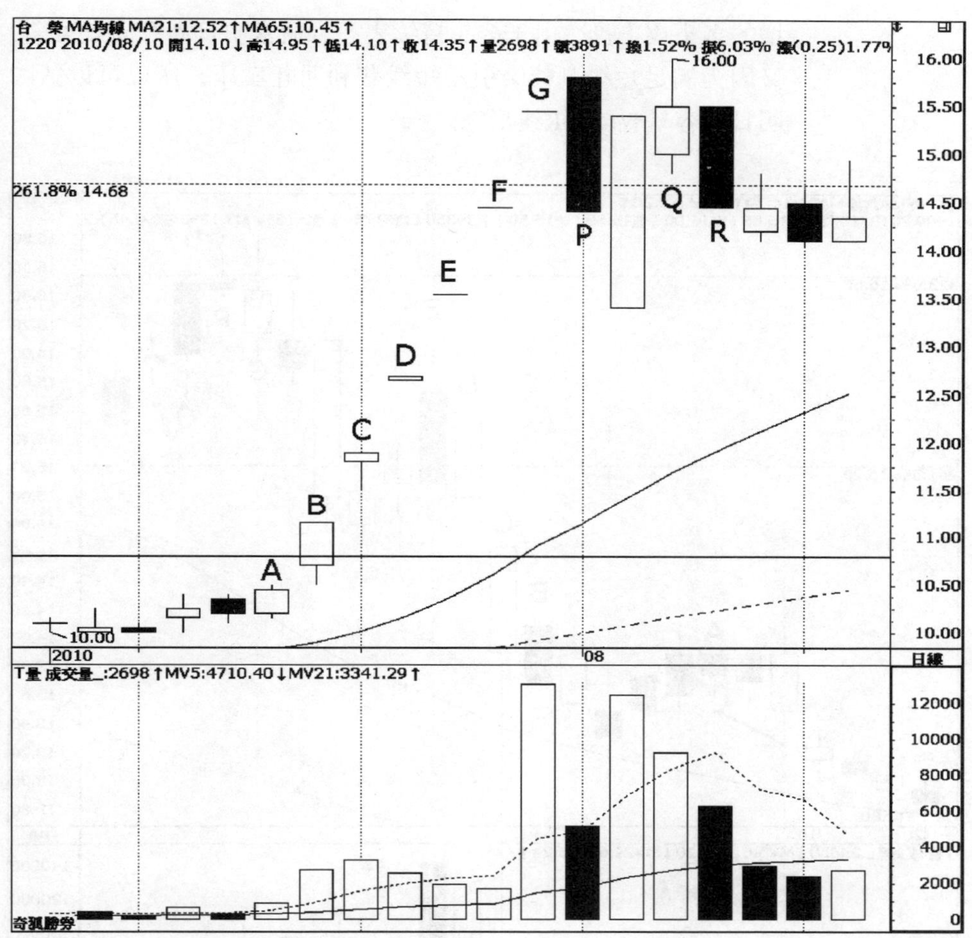

图2-11　三日量价形态实战案例之四(资料来源：奇狐胜券)

请看图2-12。新纤股价在标示A形成连续量缩，且K线属于低点逐渐垫高的连续收敛组合，代表多头走势停滞，当隔一日出现收阴母线时，为空头表态，因此短线压回测试21MA支撑应视为正常走势。接着股价在测试21MA后，标示B为中阴日出，属于多头弱势格局，唯一的优点是量能急速萎缩，因此多头只能期待下一日再出现攻击，如果能顺利化解目前所呈现的多头疑虑，则此时标示B的结构将被视为“洗盘”。

标示C以量增过前量的长阳日出做多头表态，代表股价持续攻坚，标示D穿越2.618倍的测幅，并留下跳空缺口，属于连续量增的多头攻击盘。由于多头持续表态，通常明日尚有高点可期，又因为满足短线测幅会引动短线获利回吐卖压，所以可以猜测明日将容易收弱势K线形态。

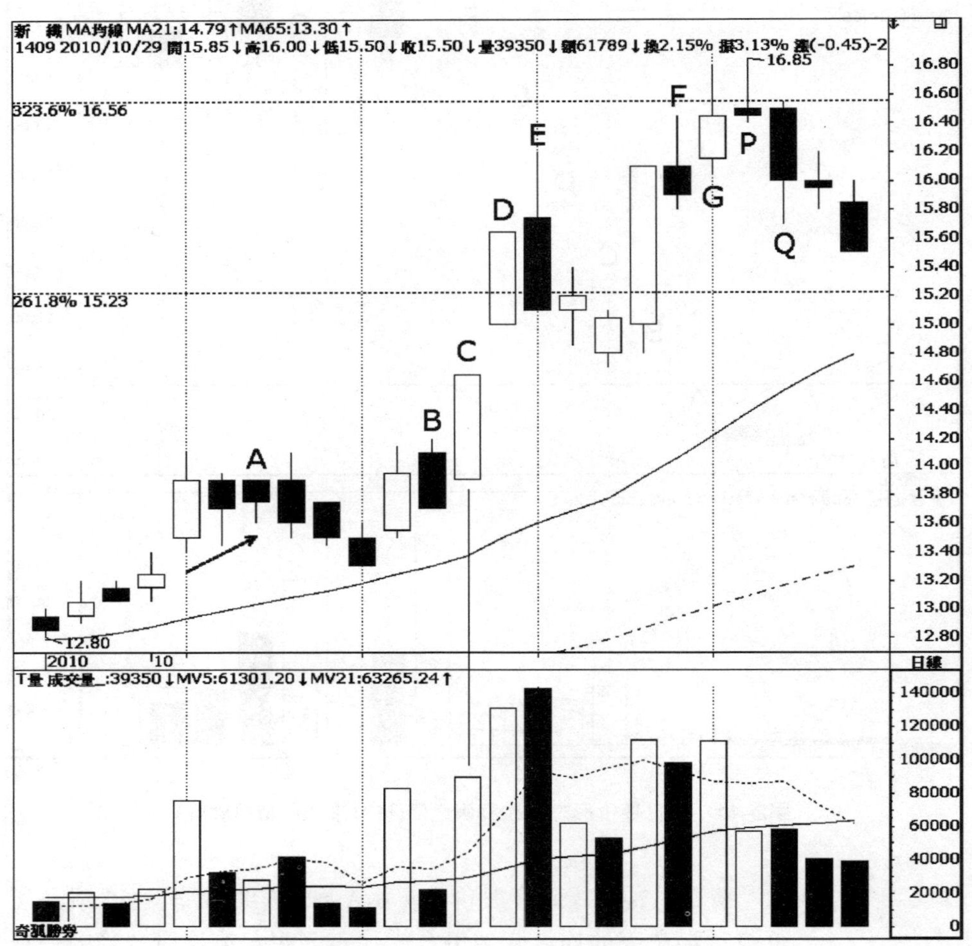

图2-12　三日量价形态实战案例之五(资料来源：奇狐胜券)

标示E果然创高且呈现日出中阴的多头弱势格局，由于量能持续扩增，在第三日收阴的情形下，隔一日不一定会创高，往往会以日落K线来表示短线多头止涨。在标示F则是连续两根阳K 线后量缩收阴，属于多头弱势格局，但标示G量增收阳K线日出再攻，就化解标示F对多头不利的现象，然而标示G穿越3.236

倍的测幅，暗示明日又会出现短线卖压。

接着标示P收“类避雷针”线型，短线多头再度转弱，此时投资人可以运用比较法则观察，标示F三日与标示P三日的量价结构雷同，但是价格上涨幅度显然是标示F较为强势，而标示P这一日却已经满足测幅，因此下一日能否出现如标示G的多头表态化解标示P的疑虑？

正常情形均会假设不容易出现，所以在标示Q这一日，于盘中即时走势只要呈现弱势盘，短线多头应趁机退出，不能等到即时走势结束，日线收阴且日落时才惊觉短线转弱。当然，这是短线进出操作者的操作思维，波段操作者就不一定需要用到这样的技巧。

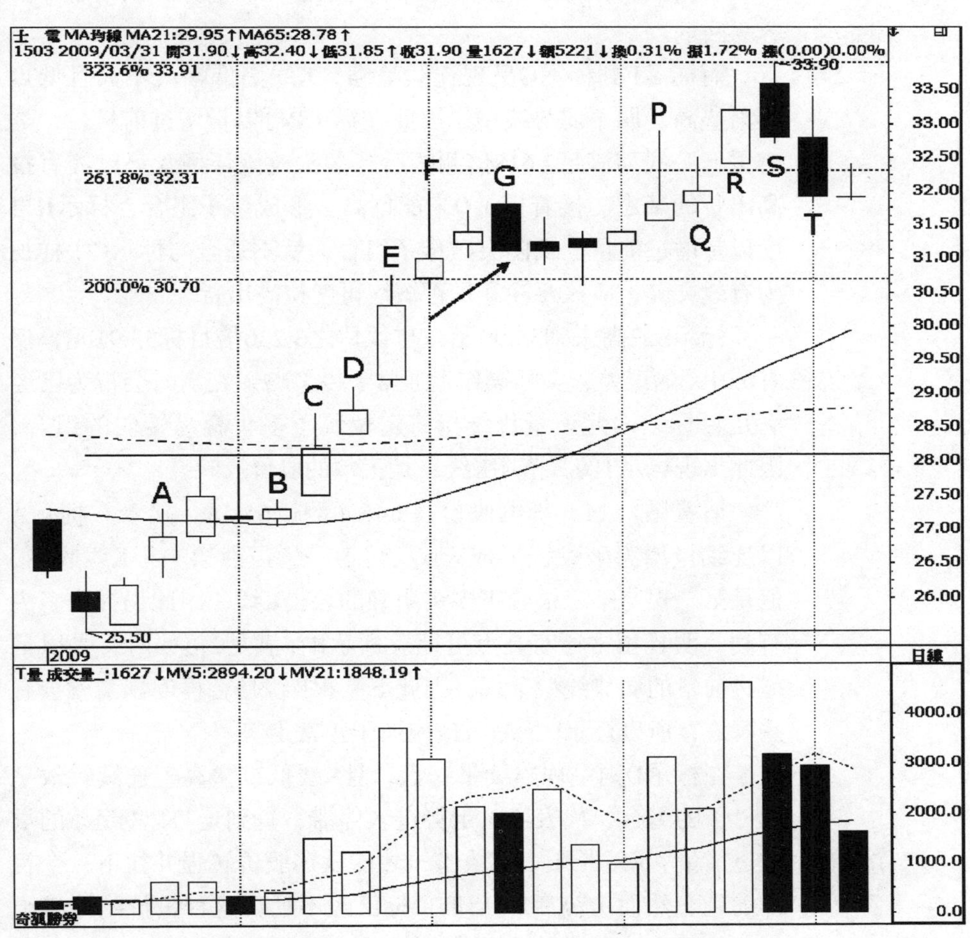

图2-13　三日量价形态实战案例之六(资料来源：奇狐胜券)

请看图2-13。士电股价在标示A出现量增过前量的现象，K线形态属于“阳母子”突破，由于当时还在21MA之下，是否属于有效突破，需要再以更明确的走势认定。等到股价站上21MA后，出现如标示B的停滞走势，接着再以标示C的连续量增盘，突破母子组合，因此视为均线支撑成立的有效突破，暗示明日尚有高点可期。

标示D量缩创高，B、C、D三日所呈现的量能与K线组合，虽然属于弱势线型，但实体之间留有缺口，再加上股价才刚站上21MA 呈现攻击，因此研判仍有利多头再攻。标示E则是开高走高且量增过前量，同时满足2倍幅目标，这种组合通常交给下一日决定强弱，标示F呈现量缩“类避雷针”走势，则暗示多头容易转弱。

而标示F到标示G呈现连续量缩，K线高低幅度不大且低点逐渐垫高，属于弱势线型，因此在标示P再以量增过前量、“类避雷针”线型满足2.618倍测幅后，多头应该怀疑盘势已经有拉高出货的疑虑。接着标示Q未能创高，形成母子组合，标示R再度以量增过前量、长阳突破母子组合，就不适合与标示C一样视为有效突破，应该要注意是否短线再度拉高出货。

标示S最高来到33.90元，与评估之3.236倍目标33.91元，仅有0.01元的误差，实际操作上通常予以忽略，在当时会视为已经满足目标，因此该量价结构将定位属于多头容易转弱的组合，因此出现标示T的日落阴K线，是正常的股价反映。

请看图2-14。华电股价在8.46元测试65MA，接着在标示A以连续量增突破颈线形成V形反转走势，虽然第一根K线收阴，但是第二根与第三根属于多头明确的攻击K线，因此仍视为多头有利，明日正常还有高点可期。标示B在满足2倍幅时，是以量增过前量的弱势线型呈现，因此下一根K线是否再度创高就会有些疑虑，所以标示C量缩收敛应属于正常走势。

在标示D则呈现连续量缩盘，且K线低点垫高，连续收敛呈现母子的组合，代表当时走势进入停滞，直到走势以标示E的量增过前量、K线长阳表态攻击，才能认定股价转强并往下一个目标前进。然而走势离2.618倍目标已经不远，这种量价结构必须怀疑短线上已经有拉高出货的可能，只是出货的目的不一定是让股价反转而已。

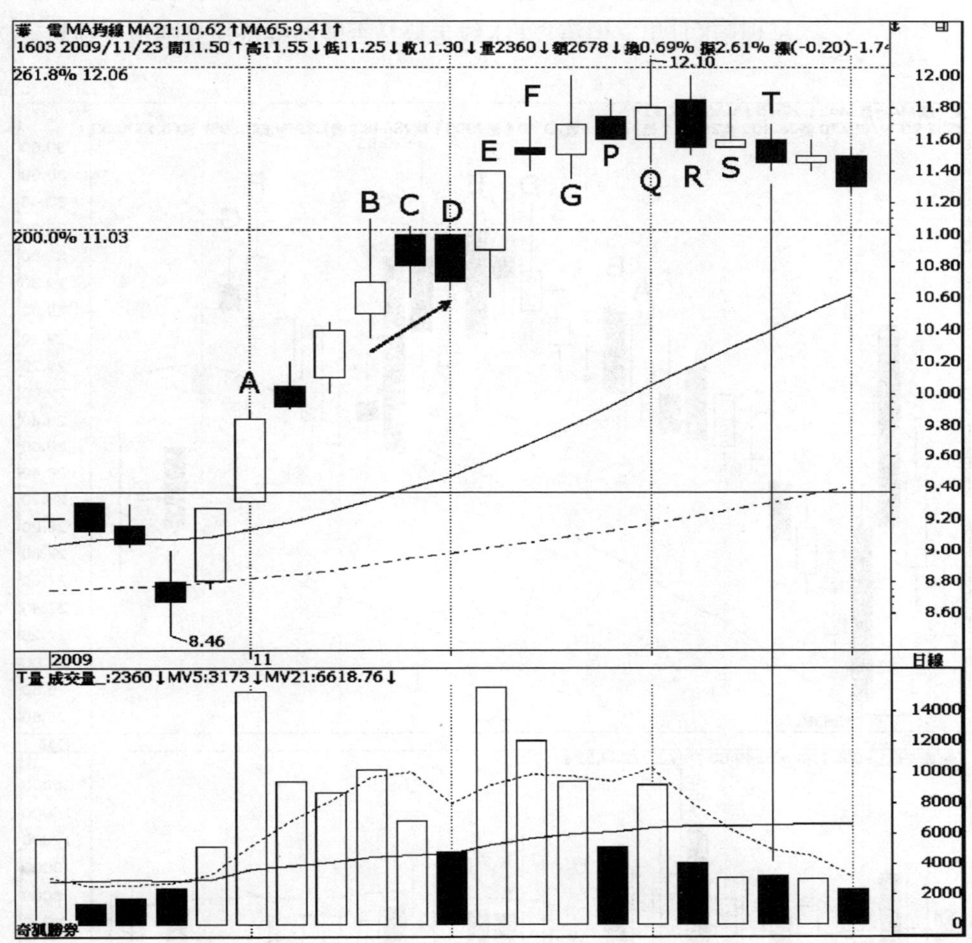

图2-14 三日量价形态实战案例之七(资料来源：奇狐胜券)

标示F的量缩“类避雷针”线型，是另一个走势有机会转弱的信号，其他如标示G、P、Q、R、S、T的K线幅度没有拉开，呈现狭幅震荡走势，又在接近或满足2.618倍目标的背景下，短线多头可以考虑先退出观望。其中标示Q、R、S这三日量价结构与标示B、C、D这三日雷同，只是后者以长阳突破，因此属于续多走势，前者则以日落阴K线表态，所以属于短线修正走势。

请看图2-15。友讯股价从26.6元低点测试21MA后开始上涨，走势以阳阴相间逐渐垫高盘势，直到标示A共花了8个交易日才将两根长阴克服，显见这样的多头走势相当孱弱，因此标示A虽然呈现阳K日出，但第二日K线走势是否能够维持强势则难以预料。

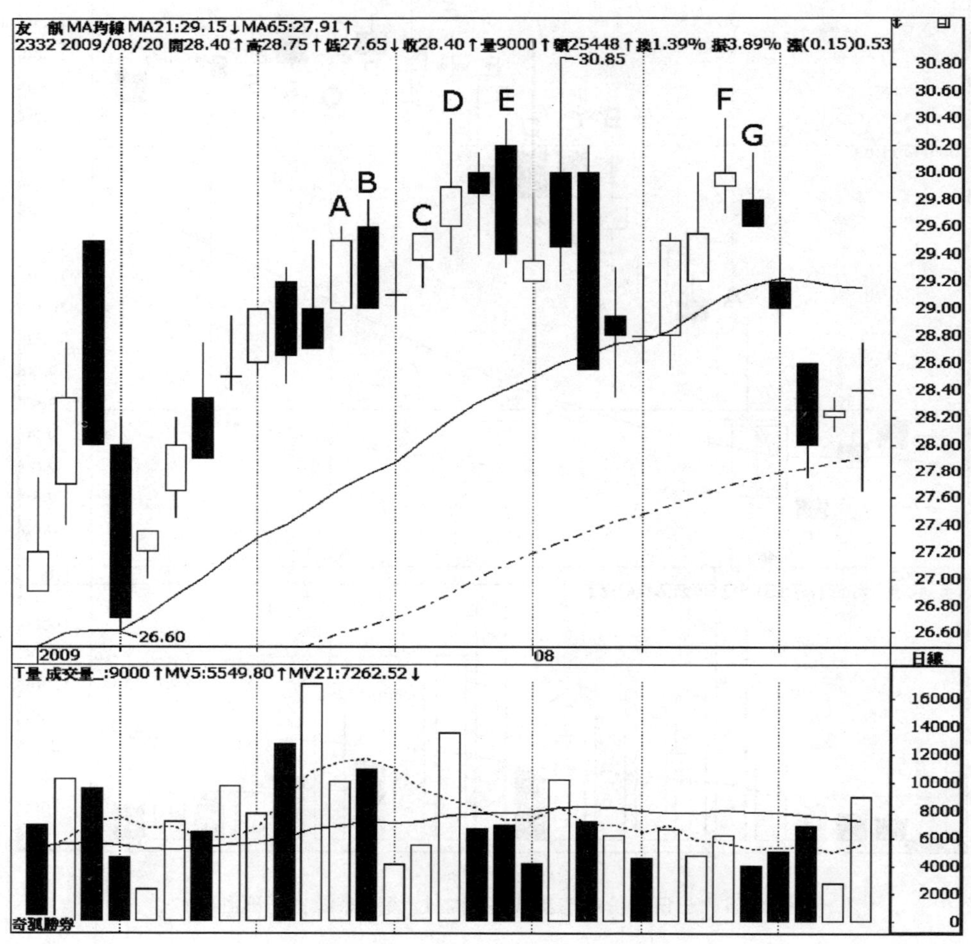

图2-15 三日量价形态实战案例之八(资料来源：奇狐胜券)

标示B为日出阴K线量增，属于不利多头走势，隔一日量能急速萎缩创低，可视为量缩价稳的结构。标示C的量增收阳日出即为短线攻击，可惜没有能够一举突破标示B的高点，等到标示D过标示B的高点时，呈现连续量增，但K线收长上影线，代表多头攻击力道不足，反而只是证明多头弱势罢了。

因此，在标示D的隔一日与标示E的收阴形成“吞噬”，即为多头走势转弱的延续。等到股价再度测试21MA后的上涨，在标示F 的量价结构，是属于“宜防短线止涨或反转”的弱势线型，紧接着标示G以日落阴K线呈现短线多头弱势，也证明了标示F是反转点。所以，投资人必须注意，此处是否会形成短期头部第二头的技术现象。

请看图2–16。台中银股价在标示A以长阳穿越4.236倍的目标，量能则连增三日，由于第一、二根K线形态并不强劲，因此纵使第二日产生高点，也容易属于弱势线型。果然标示B以量缩十字线呈现，属于弱势组合，故为短线卖点。

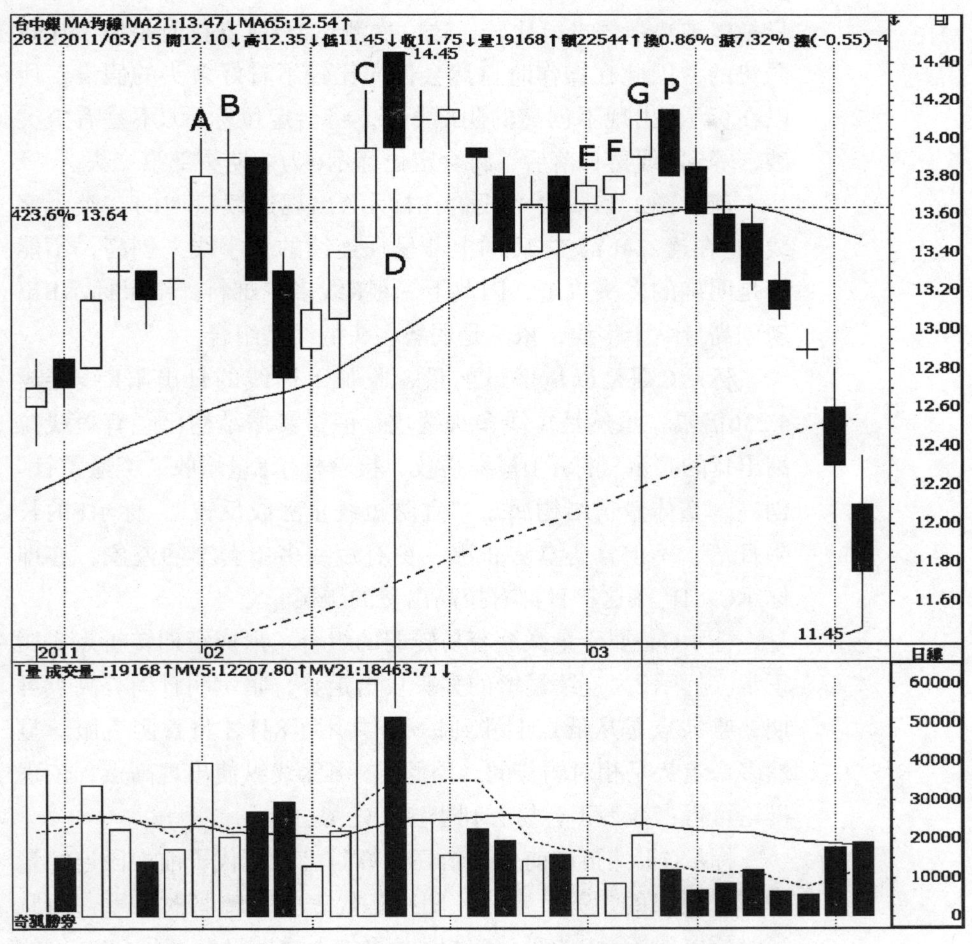

图2–16　三日量价形态实战案例之九(资料来源：奇狐胜券)

在标示B形成转折后，股价迅速测试21MA形成支撑后上涨，标示C为突破母线的连续量增盘，通常下一根K线仍有高点可期，只是相对位置与量能暴增现象会使人有短线拉高出货的疑虑，因此下一根K线应在即时盘注意走势变化。

标示D量微缩收阴，量价结构暗示多头容易转弱，隔一日未能创高即证明上述假设正确。从标示D拉回再度测试21MA形成支撑后上涨，但是标示E、F的量价结构呈现停滞，已经不如上一次测试21MA支撑后的强势，接着标示G突破镊顶组合(与突破母子组合雷同)、量能为量增过前量，如果不是有效突破，即为短线拉高出货。

至于是哪一种组合，往往会以下一根K线走势来加以认定，只是以走势强弱进行比较，这一次测试21MA支撑时是属于比较弱势的，因此在操作时自然会偏向比较不看好多头的假设，所以在标示P出现不创高的阴K线时，将会定位标示G不是有效突破，等到K线再日落后，将会定位标示G为短期头部第二头。

请看图2–17。台产股价在标示A出现连续量增的“类十字线”，在逢21MA支撑后的上涨呈现连续的十字线来创高，不能算是明确的多头攻击，因此下一根K线多空难料。结果标示B出现创高量缩十字线，依然是弱势多头的线型组合。

标示C则是以量增过前量、收长上影线的日出阳K线穿越4.236倍幅，虽然是短线多头续攻，但量暴增结构已经有短线拉高出货的暗示，标示D量缩再攻，接着标示E量增收“类避雷针”创高，整体量价结构属于“宜防短线止涨或反转”，标示F的长阴日落，不但宣告盘势止涨，更有短线多单套牢的迹象，亦即标示C、D、E这三日都有拉高出货的嫌疑。

标示G是属于量微缩容易转弱的组合，形成短期转折点实属正常。标示P为连续量增的多头攻击走势，暗示明日尚有高点可期，唯缺点是从低点上涨到标示P共用了8日才将长阴克服，显然多头走势是相对弱势的。因此下一根K线纵使出现高点，依理推论可得：线型不容易有利于多头走势。

标示Q果然再创前一日新高，算是已经交代了前一段连续量增三日收阳的走势。走势收阴则是代表多头转弱的信号，因此当股价出现标示R的日落K线时，再加上之前已经满足4.236倍的目标，标示Q应视为短期头部第二头，并假设未来股价将针对上涨走势进行修正。

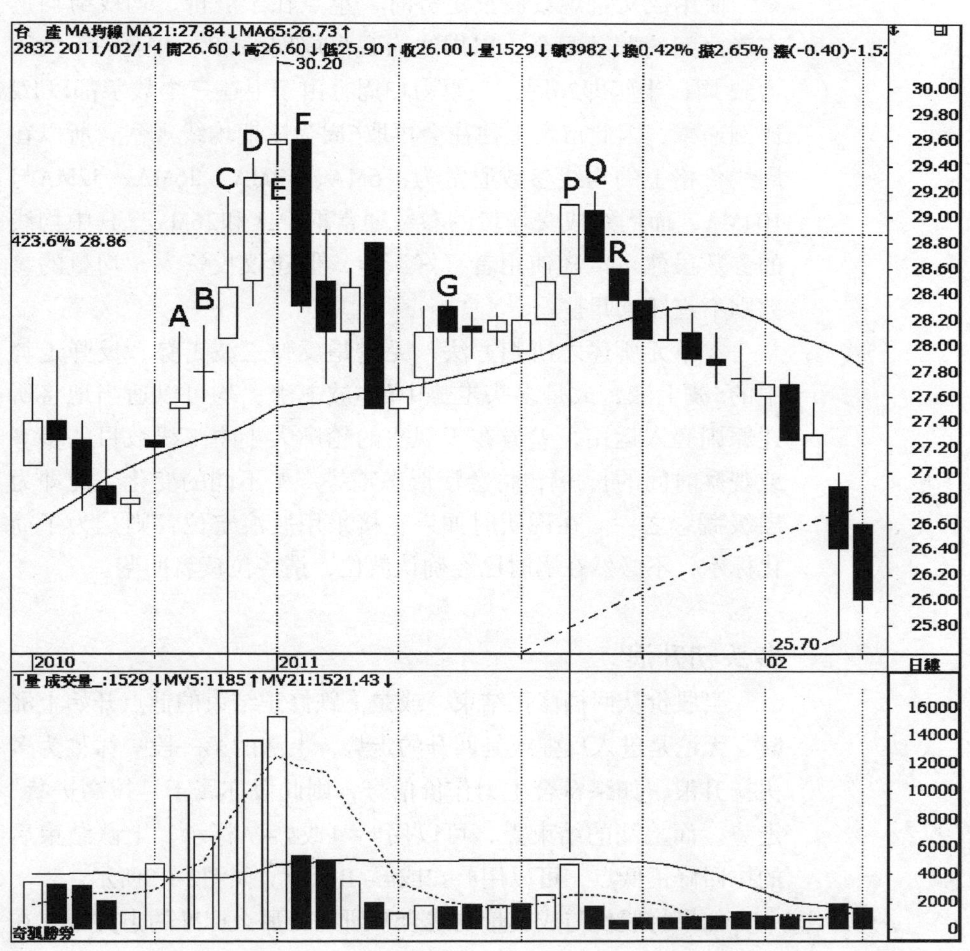

图2–17　三日量价形态实战案例之十(资料来源：奇狐胜券)

量能与波浪走势

本单元将利用成交量作为研判波浪走势的辅助指标，同时为了方便投资人能迅速进入研判要诀，在此采用周线格局为观察周期。相同的方法只要经过使用者调整后，也可以仿此运用在月线、日线或分时线等不同周期上，唯本单元所列出的形态是属于容易研判之量能组合，亦无法将所有走势全数纳入，以免本书内容过于繁杂。

使用成交量观察波浪走势时，重点在于股价、均线与均量三者之间的摆动配合。以周线为观察周期而言，由于一年大约为52 周，半年即26周，一季为13周，由于上述三个数字都以1/2比例递减，因此市场上往往会再取6周为短期均线观察，所以在周线价格上的均线参数通常为：6MA、13MA、26MA、52MA与104MA，而周线成交均量的参数通常取6MV和26MV。其中均线的参数虽然可以随使用者喜好调整，但建议投资人，均量的参数则不宜任意调整。

本单元所述之研判方法，无论是反弹三波走势、反弹走势中的5波上涨，或是多头走势中的5波上涨，均可以适当地将所述原则套入运用，差异在于观察的轮廓大小(指K线数目的多寡或观察时间的长短)，将会使形态走势产生不同的变化，此即为层级概念之一。在说明时如果直接采用波浪定位，则是为了简化标示，不必然在当时已经确认波位，请各位读者明鉴。

多头初升浪

当股价从回档修正结束，或是下跌修正结束的低点开始上涨时，无论是进入反弹或是回升的走势，上涨的第一段一律称为多头初升浪，如果符合主力作价信号，则此段亦属于“拉高进货”走势。而上涨的结束点，可以用# – 1或# – A标示，上涨结束后的拉回修正低点，可以用# – 2或# – B标示。如图2–18所示。

如果将股价与成交量均线合并研判，那么标准的走势中，在初升浪上涨时，6MV与26MV应会发生黄金交叉的信号，如标示A。少部分的走势其黄金交叉信号会发生在初升浪之前。当初升浪结束后的回档修正，6MV与26MV应会发生死亡交叉的信号。如标示B。此时26MV已经从向下趋势转为逐渐走平，成交量也随着股价拉回呈现递减，正常情形下会萎缩到26MV之下。如标示C。

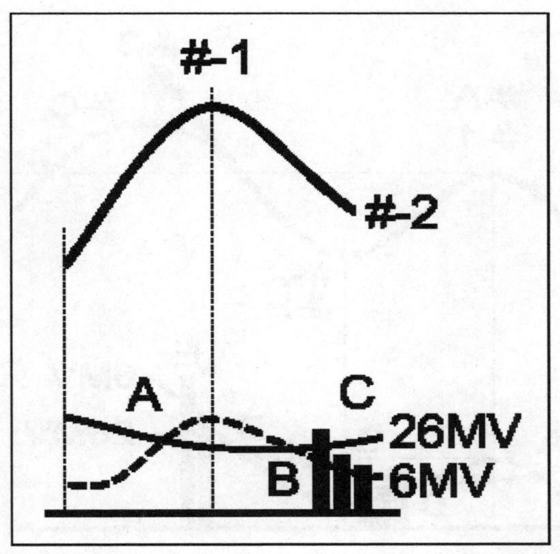

图2-18 多头初升浪量价模型图

多头主升浪

当股价从初升浪止涨并拉回修正结束后，应注意多头表态的攻击信号，此时应该会出现“量价齐扬”的走势，使股价上攻并穿越经过标示# – 1的水平颈线，如图2–19所示。这时候6MV与26MV 应会发生黄金交叉的信号，且6MV与26MV之间的距离会呈现明显的发散，如标示D，成交量与6MV也会创下从最低点至今的新高量，如标示E。

主升浪上涨的幅度若以黄金螺旋计算，则应取初升浪为测量计算基准，最基本的上涨幅度应达到1.618倍以上，才有机会将主升浪标示为# – 3。同时，在压回修正时必须符合波浪的两个铁律：第一、四浪不重叠且第三浪不是最小浪。如果股价上涨仅突破颈线且测幅未达1.618倍，那么上涨结束点仅适合标示为# – C，且止涨后的拉回走势将会跌破颈线。

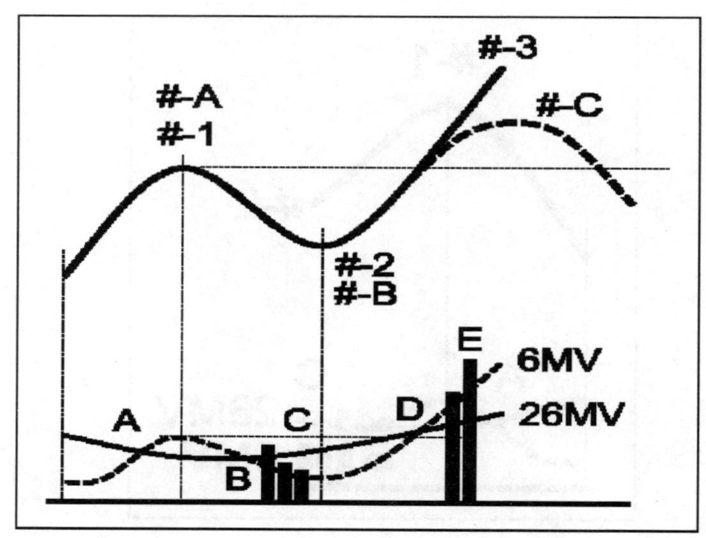

图2-19　多头主升浪量价模型图

标准五浪上涨

当股价上涨超过初升浪(# - 1)幅度的1.618倍以上时，代表走势有机会定位为主升浪行情，以波浪走势而言，主升浪的涨幅越大越好，尤其是目标的满足区，为重要的黄金比率数据。这样的优点是当进行# - 4的修正时，多头防守的空间较大，有利于走势不破坏铁律，进而促使第五浪(末升浪)的上涨。

请看图2-20。当股价进入第四浪修正时，成交量会随着拉回走势而递减，往往会缩减到26MV之下，才能有利于盘势止跌，如标示F。但是标准的第四浪修正，6MV虽然走势转为向下，却不会与26MV产生死亡交叉，如果6MV与26MV产生死亡交叉，则代表多头疑虑，必须以“价破量”的做线技巧化解。

当量价走势没有出现多头疑虑时，股价出现多头攻击信号，投资人应设定走势进入末升浪上涨，而末升浪的上涨目标，可以利用下列三种方法进行评估：

(1)利用初升浪为计算幅度，取尚未完成的黄金螺旋目标为参考。

(2)取末升浪中的初升浪计算黄金螺旋目标。

(3)利用《股价波动原理与箱型理论》书中的取箱原则。

无论使用哪种方法，进行末升浪走势目标的评估时，最起码的末升浪涨幅，也应是股价必须超越主升浪的高点，同时量价结构的标准现象是产生“量价背离”，即成交量或6MV不创前量新高，或是成交量与6MV均不创新高(此为“双背离”信号)。如标示G。

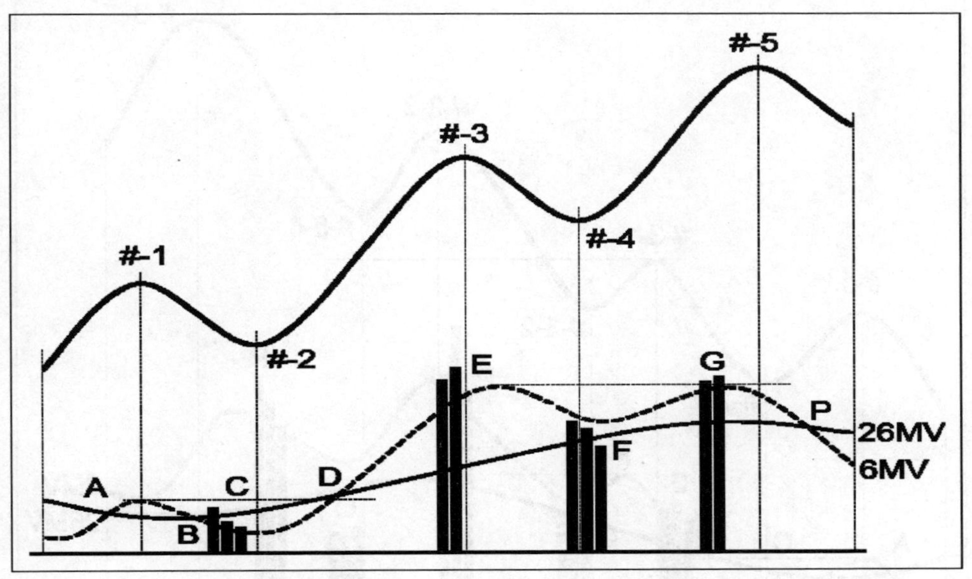

图2-20　五浪上涨标准量价关系图

少部分走势会让量价关系同时到顶，亦即股价创高、成交量或6MV也创前量高。部分技术分析研究者认为，这种现象利于股价出现延伸走势，其实并非事实。请参阅后续说明。如果走势出现“双背离”的技术信号，则代表走势完成五浪上涨的标准度高，未来出现的修正形态也会相对标准且完整。

当末升浪走势结束之后，股价拉回修正的过程，必定会使6MV 与26MV产生死亡交叉，如标示P。当时除了6MV走势从向上转为向下外，26MV也会从向上走势转为向下走势，形成“量能退潮”的现象。

主升浪延伸

主升浪走势如果要出现延伸，那么其标准走势是股价在创高止涨的拉回修正，即从图2-21中标示#－3－1止涨后的拉回，到标示#－3－2为止，成交量必须萎缩到26MV之下。但是6MV与26MV却不会产生死亡交叉，如标示G。其中标示#－3－2是否与标示#－1产生重叠，并非主要的关键观察点。

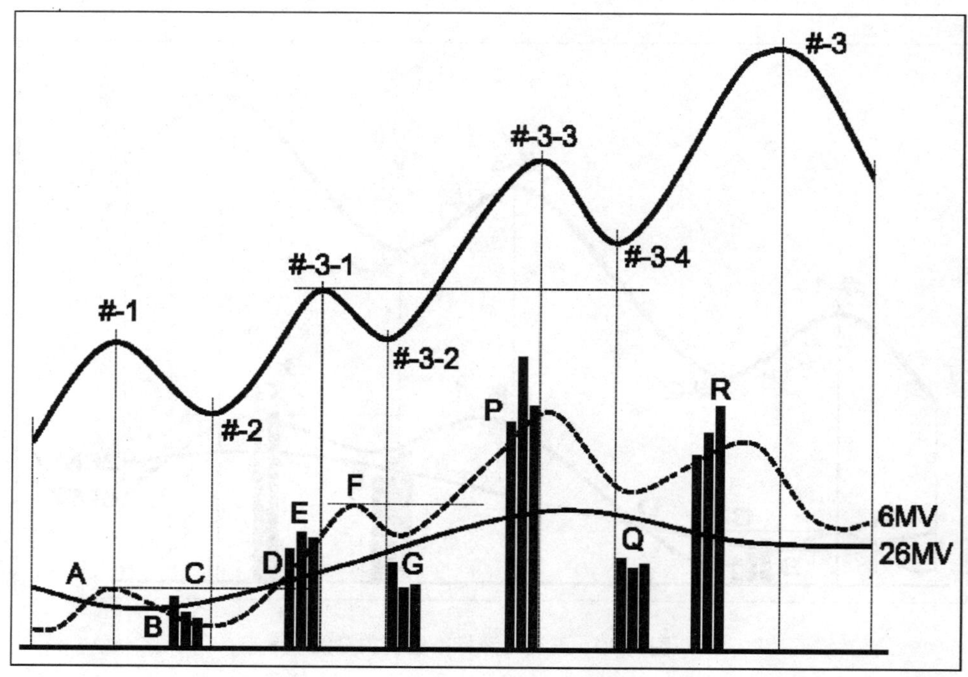

图2-21　主升浪延伸量价关系图

当标示#－3－2的量价结构符合预期时，并出现多头攻击信号后，即可以定位股价将持续上涨，并突破前浪高点(指#－3－1)，此时暂时先假设股价正在进行#－3－3的上涨。与此同时，投资人必须观察行进过程中量价变化是否符合主升浪延伸的要求。如下所述：

(1)上涨必须满足重要的黄金螺旋测幅，测量基准段以标示#－1为辅，以标示#－3－1为主。

(2)成交量与6MV必须超越图中标示F的高点，亦即成交量与均量都要创新高。

(3)股价走势多以长阳日出呈现，甚至带有跳空缺口。

当延伸走势中的主升浪走完后(即标示#－3－3)，股价进入标示#－3－4的回档修正时，则必须符合波浪铁律的要求：第一、四浪不重叠且第三浪不是最小浪。不重叠是指不与标示#－3－1 重叠。当时成交量的变化则是萎缩到26MV之下，但是6MV与26MV 不会产生死亡交叉。如标示Q。这样才能让#－3－5浪顺利完成创新高的上涨，此时整个浪动应该标示为#－3。至于从标示#－3止涨后的回档修正，请参阅图2–19和图2–20的说明。

第五浪上涨失败

本处所述之第五浪上涨失败，是指投资人以为会有第五浪的上涨，结果实际走势并未出现，反而呈现回档更深的修正。这与波浪理论中所描述的“失败第五浪”完全不同，请各位读者切勿混淆。

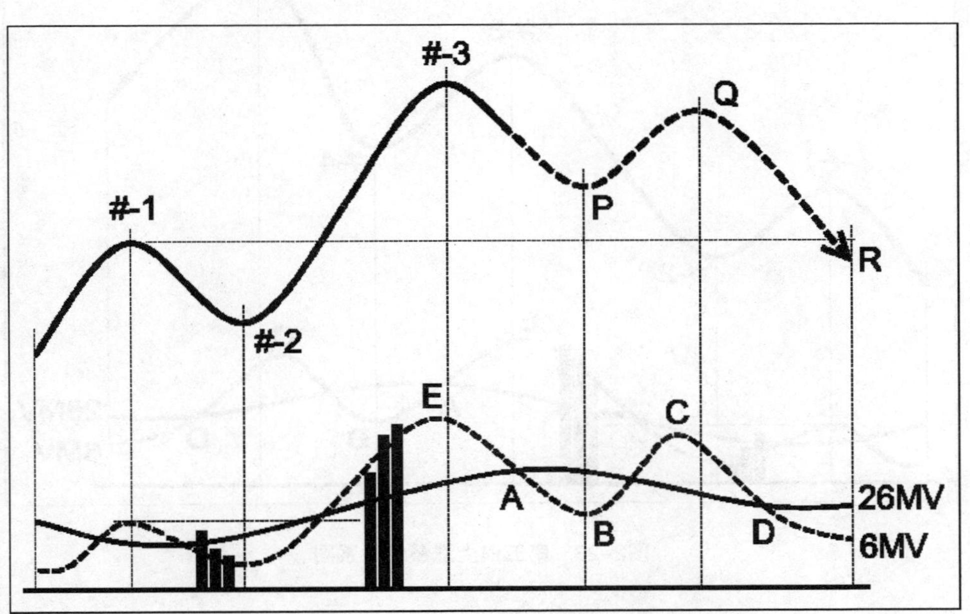

图2–22　第五浪上涨失败量价关系图

请看图2–22。当股价上涨模型从最低点到标示#－3时，一切都与主升浪上涨的描述相当吻合，而股价从标示#－3开始拉回到标示P的修正，6MV与26MV产生死亡交叉，此为多头疑虑，亦即股价有可能会再创高，也有可能不再创新高。

然而，大多数的投资人会忽略这种信号所暗示的风险，仅看见在标示P之后多头的表态，就积极介入多方操作。当时均量也会呈现黄金交叉信号，但实际走势则是上涨到标示Q之后，股价就产生折返，不但均量再度发生死亡交叉，而且股价回档时也与经过#－1的颈线产生重叠，破坏了五浪上涨的架构，如标示R。类似这种走势模型，即为第五浪上涨失败。

第五浪变异

本处所述之第五浪变异，是指在非标准走势下，多头产生上涨疑虑后，股价依然走出第五浪的上涨。请看图2–23。

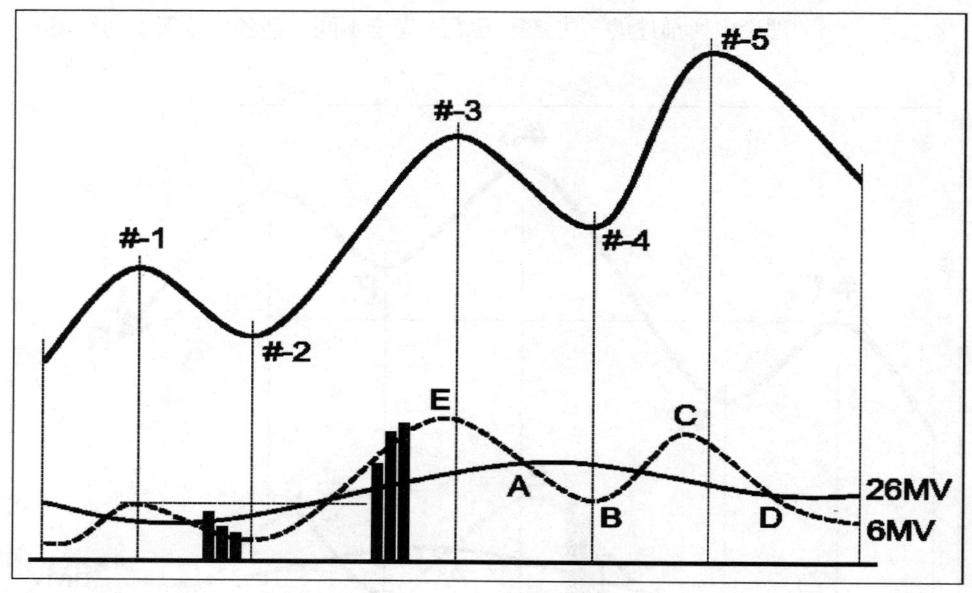

图2–23　第五浪上涨量价关系图

仔细观察本图例中成交量的变化，与图2–22并无差异，然而股价却仍续创新高完成第五浪上涨，关键在于价格的变化。这种无视成交量疑虑，价格却能够持续上涨的做线技巧，称为“价破量”走势。通常可以归纳出几个常见手法：

(1)利用其他指标做出支撑信号，并据此产生多头攻击盘。

(2)盘出底部形态，且底部完成后维持真突破的上涨走势。

(3)利用强势反弹后的再轧空，将#－3产生的套牢化解。

除此之外，也可以配合成交量的洗盘信号进行研判。相关指标的整合与判断，则有赖投资人自行验证。

第五浪延伸

股价上涨后，当有机会将主升浪定位为# – 3时，如果股价进行# – 4的回档修正，让成交量产生多头上涨疑虑，则必须依赖图2–23所述第五浪变异的上涨模式，才能让股价创下新高。而创新高过程中，会不会使第五浪产生延伸走势，可以利用成交量的变化协助研判。

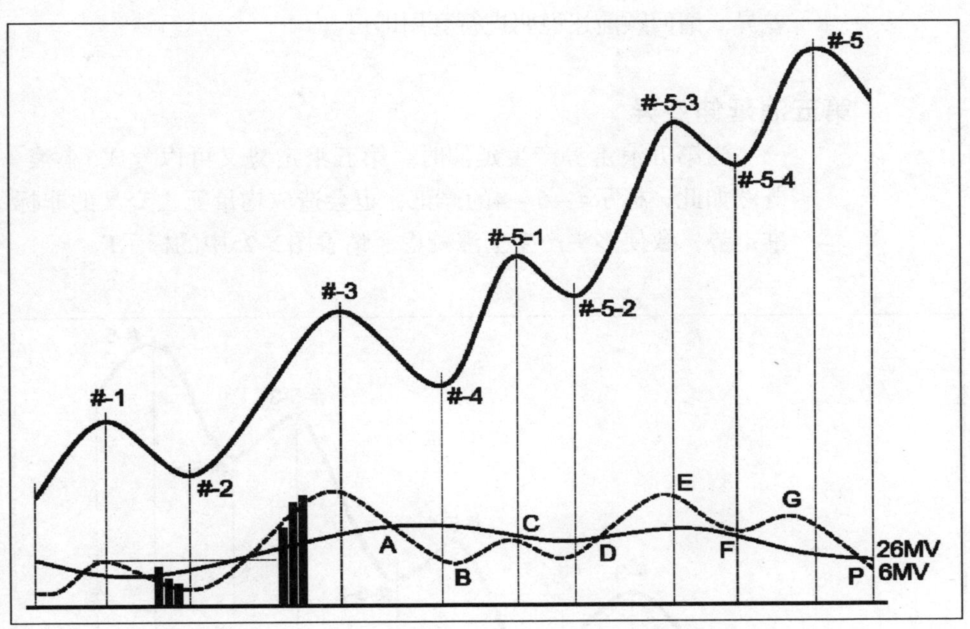

图2–24　第五浪延伸标准量价关系图

以价格走势而言，标示# – 5 – 1不一定会比标示# – 3还要高，但是正常的情形下是# – 5 – 1会比# – 3还要高，图2–24即以这种走势为案例进行了说明。就成交量变化而言，价格进行# – 5 – 1浪时，6MV会产生转折向上的走势，但与26MV往往却不会产生黄金交叉。如标示C。

若成交量没有出现多头走势迹象，价格却创下新高，则会使市场人士认为这是严重的“价量背离”信号。当股价从标示#－5－1的止涨高点拉回时，从技术面角度看坏者将大幅增加，进而导致融券操作者积极进场，走势却在价格呈现止跌后，出现“量价齐扬”的技术面，不但轧空单也轧空手，均量如标示D产生黄金交叉，股价也呈现主升浪的攻击走势。

至于第五浪上涨的测量，可以利用最原始的初升浪(即#－1)为测量基准，也可以利用第五浪上涨的初升浪，即标示#－4至标示#－5－1为测量基准。若无意外，虽然计算时所采用的黄金螺旋比例数字不同，但却会有数据相当接近的现象。而后续#－5－4 的修正与#－5－5的上涨，其研判方法与一般的五浪上涨并无差异。请回顾前述说明进行套用即可。

第五浪延伸变异

当第五浪走势产生延伸时，第五浪走势又可以分成5小浪。既然如此，标示#－5－4的修正，也会造成均量死亡交叉的非标准走势，致使多头产生上涨疑虑。请看图2–25中的标示F。

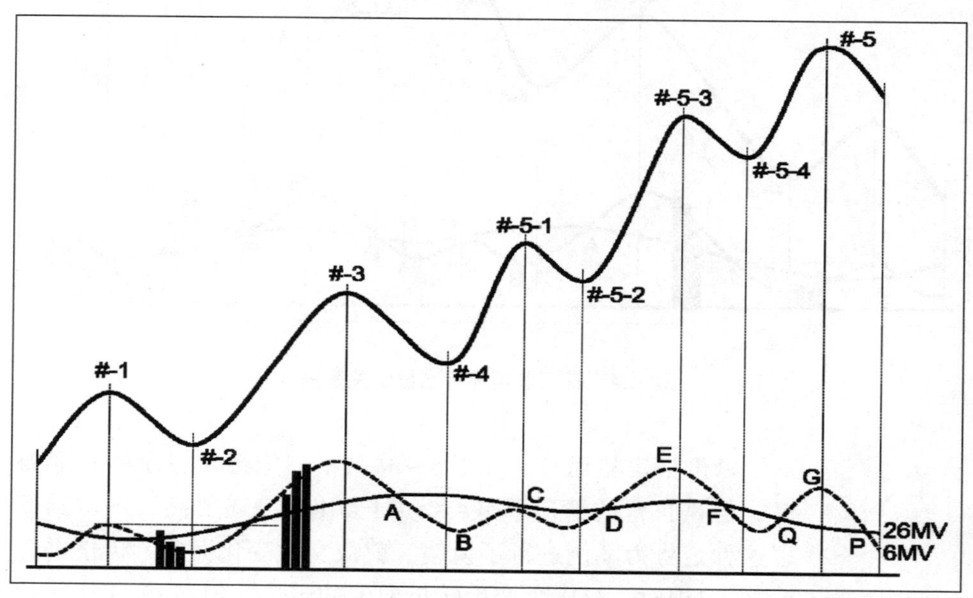

图2–25 第五浪延伸变异量价关系图

若让股价完成如图中标示# – 5 – 5的上涨，则必须依赖“价破量”走势，亦即：①利用其他指标做出支撑信号，并据此产生多头攻击盘；②盘出底部形态，且底部完成后维持真突破的上涨走势；③利用强势反弹后的再轧空，将# – 5 – 3产生的套牢化解。

修正走势延长

请看图2–26。股价走势从低点上涨完成标示1、2、3的走势后，已经具备初升浪与主升浪的雏形，在正常情形下，股价进入修正后，投资人会期待是否产生第四浪修正结束的买点，结果实际走势却进行时间较久与回档空间较深的修正。如标示3到标示S。

所谓回档时间较久，是将标示3到标示S的时间，与标示1到标示2的时间进行比较；所谓回档空间较深，是针对标示2到标示3 进行黄金分割观察，最起码要到0.5倍的坐标以下，通常会回到0.382倍的坐标以下。而回档修正的低点S是否和标示1的高点重叠虽然不是观察重点，但是如果能维持不重叠，则整体轮廓对多头而言会相对更为有利。

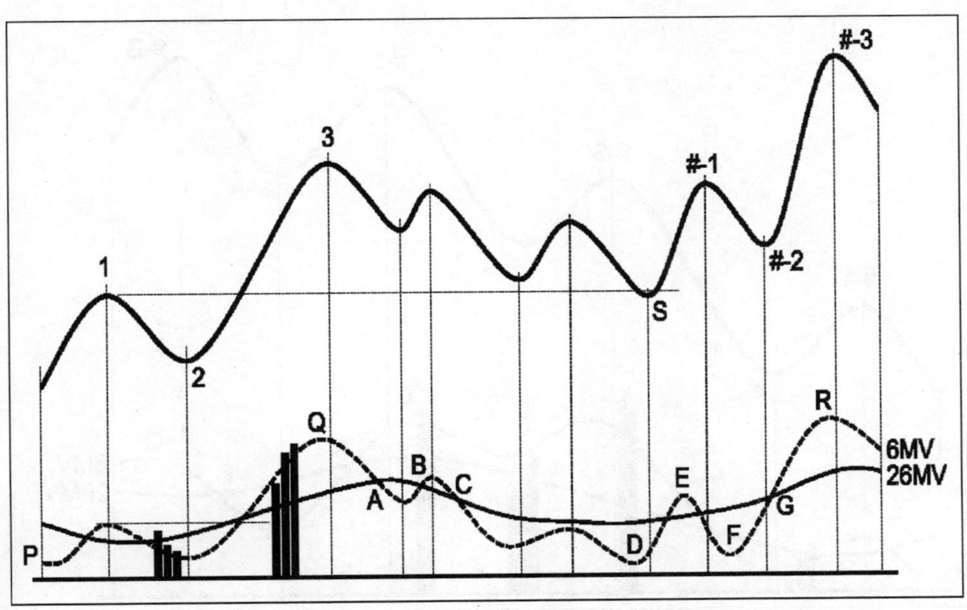

图2–26　修正走势延长量价关系图

至于从标示3开始回档的走势，其均量会出现死亡交叉，如标示A所示。后续股价尝试反弹，有可能带动6MV转折向上，甚至产生黄金交叉信号(如标示B)，但是并未使股价形成“波段起涨”，最后如标示C再度死亡交叉，确定走势呈现“量能退潮”。

当走势已经如上述进行一个段落后，投资人必须从标示S开始，将走势当成全新的阶段进行观察，亦即要先有股价的止跌信号，接着观察是否出现初升浪走势，即标示S到标示# – 1。至于走势所对应的成交量变化，只要将本单元从图2–18开始所述之说明，依实际走势逐次套入运用即可。请读者自行回顾，于此不另再赘述。

五浪上涨后再创高

当股价走势出现五浪上涨之后，如果再度创高，那么，投资人难免会认为进入延伸走势，此时必然利多频传，新闻媒体也会大力推荐，然而股价却也有可能进行多头骗线，其目的是为拉高出货，因此在技术面上将会形成“假突破、真拉回”。此即为波浪走势中的“非常态修正”，也是主力控盘手法中的“诱多形态”。

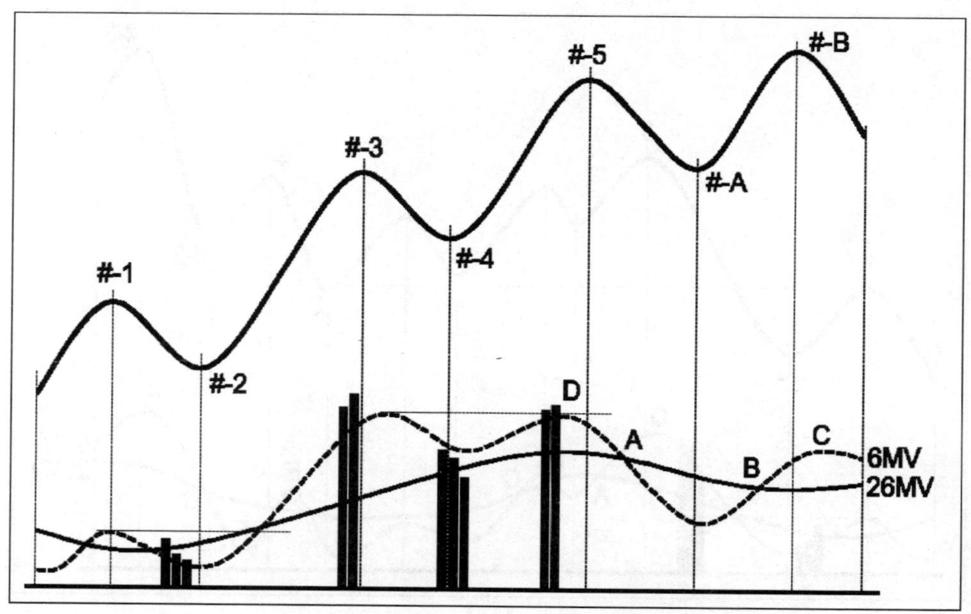

图2–27　五浪上涨后再创高量价关系图

请看图2-27。分辨股价是进行延伸走势还是非常态修正，其关键仍在量价结构。以价格走势而言，浪动要出现延伸，第一种情形是原始标示#－3的位置，应调整为#－3－1，标示#－4要调整为#－3－2，标示#－5要调整为#－3－3，标示#－A要调整为#－3－4，既然如此，原始标示的#－A就不可以与#－3重叠，或是原始标示#－4至#－5的幅度，不得小于原始标示#－2至#－3的幅度。

第二种情形是原始标示#－5的位置，应调整为#－5－1，标示#－A要调整为#－5－2，标示#－B要调整为#－5－3，既然如此，当股价从原始标示#－B开始回档时，其低点就不可以与#－5重叠，或是原始标示#－A至#－B的幅度，不得小于原始标示#－4至#－5 的幅度。

假设上述两种价格走势的定位没有疑义，则对应的成交量走势变化，应该符合所定位的浪动，如果两者不互相吻合，则为多头上涨疑虑，那么在行进间只要出现价格转弱信号，投资人就应该要提高做多警觉。另外，在进入可能是非常态修正的诱多出货盘时，价格走势往往呈现阳阴相间，或是两阳一阴的拉抬模式，使投资人产生“拉回找买点”、“逢回档低点介入”的误解，最后在价格创高后并未能持续轧空，反而呈现止涨拉回修正。

实例说明

请看图2-28。爱之味股价周线图在标示A时6MV与26MV产生黄金交叉，所以从标示L开始上涨的段落为初升浪，当股价从标示H止涨拉回时，正常情形下，6MV与26MV将产生死亡交叉，如标示B所示。而在评估拉回修正低点时，通常会针对标示L～H进行黄金比例分割，或是以K线研判有效支撑点，而在支撑成立后，仍需多头表态信号出现，才能假设修正已经结束。

接着股价进行到标示C时，均量再度黄金交叉，同时股价穿越经过#－1的水平颈线形成多头攻击，此时技术面只要维持“真突破”信号，则操作者应进行可能满足目标的评估。以黄金螺旋为例，取标示L～H计算2.618倍＝13.06元，穿越后便止涨拉回，由于这一段攻击幅度已经放大，符合铁律中第三浪不是最小浪的规定，因此接下来观察的重点就放在“一四不重叠”上。

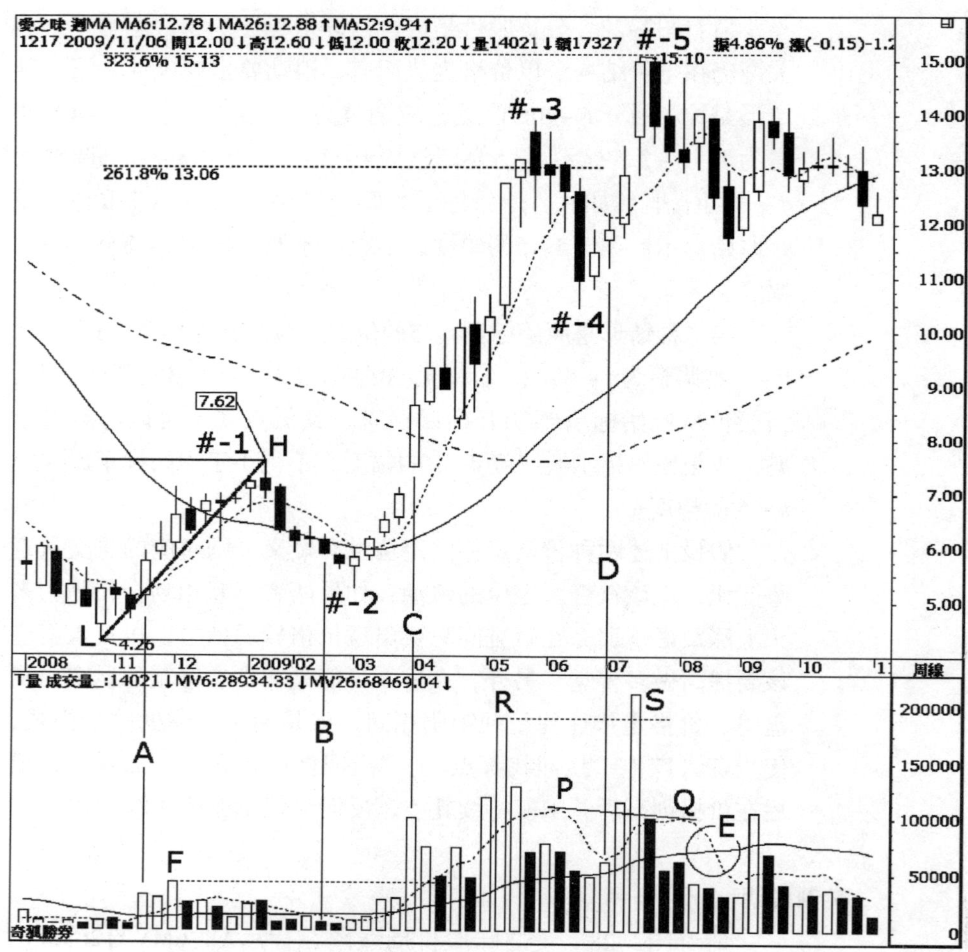

图2–28 量能与波浪走势案例之一(资料来源：奇狐胜券)

当股价进行#－4的修正时，成交量迅速萎缩，6MV也跟着从向上转为向下，这是修正过程中的常态，只要维持6MV在26MV之上就行了，投资人无须过度担忧。在标示D时开始量增价涨，接着再使6MV转折向上，此时盘势就暗示股价将有机会进行#－5的上涨。

最后股价创高于15.1元止涨，与计算黄金螺旋的3.236倍＝15.13元目标虽然有些许误差，但是在实际操作过程中将被忽略不计，反而应该专注在价格已经临近目标区时，是否出现“多头错误”或是“该涨不涨”信号。又因为当时股价已经创高，所以可以定位该段上涨为末升浪，即波浪理论中的第五浪。

就当时成交量变化而言，虽然标示S的大量高于标示R的成交量，但是标示Q与标示P的6MV却形成背离走势，因此标示S的大量在#－5波的背景下，应视为出货量，直到标示E时，6MV与26MV 产生死亡交叉，则确认五浪上涨走势结束，股价进入修正周期。

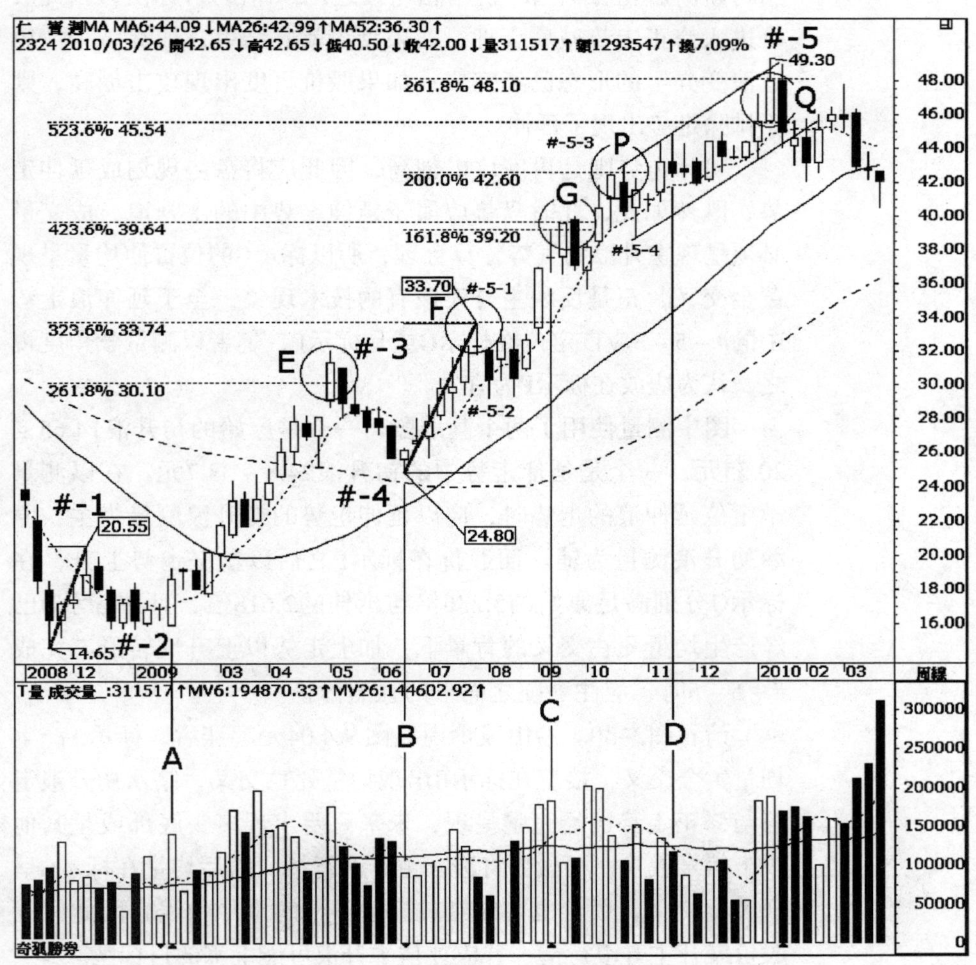

图2-29　量能与波浪走势案例之二(资料来源：奇狐胜券)

请看图2-29。仁宝股价周线图从14.65元上涨时，均量呈现黄金交叉，并形成初升浪14.65～20.55元，从标示#－1拉回修正后，直到标示A均量再度产生黄金交叉，暗示盘势有机会展开主升浪的多头行情，接着股价沿着6MA上攻，在标示E满足以初升浪计算黄金螺旋的2.618倍后，股价进入修正，并使均量在标示B产生死亡交叉信号，形成“多头疑虑”。

化解多头疑虑最好的办法就是多头攻击。在标示B时，股价适逢26MA与52MA支撑，接着以连续阳K线上涨，于标示F再创当时新高后止涨，当时价格相当接近3.236倍的目标值，因此股价进入修正走势诚属合理。如果盘势就此结束，那么一个“第五浪变异”的形态已经完成；如果股价再度出现攻击创高，则不排除走势出现了延伸。

实际走势则是再度攻击创高，因此应将盘势规划成延伸走势，既然如此，此时盘势应属于延伸走势中的主升浪，成交量必须呈现主升浪的气势才算合理，所以标示C的位置使均量呈现黄金交叉，正是反映主升浪该有的技术现象，至于延伸浪走势中的# – 5 – 3应该定位在标示G或是标示P，笔者以测量学角度视之，认为应放在标示P为宜。

图中测量使用了两个基准段，一个是原始的初升浪14.65 ~ 20.55元，一个是延伸走势中的初升浪24.8 ~ 33.7元。在以测量学定位延伸浪的走势时，应以延伸走势的初升浪测量为主，原始初升浪测量为辅。而股价在标示P之后以盘坚走势上升，在标示Q分别满足原始的5.236倍与延伸的2.618倍，且在标示D已经产生均量死亡交叉的背景下，加上走势以上升反转形态完成# – 5 – 5时，应注意随之而来的强烈修正。

请看图2–30。泰山股价周线图从4.04元起涨后，标示A产生均量黄金交叉，接着在标示B出现均量死亡交叉，暗示初升浪走势与修正走势已经完整呈现，未来只要出现多头底部或是其他攻击信号成立，则盘势将进入主升浪行情。随后均量在标示C呈现黄金交叉，股价也突破经过标示# – 1的水平颈线，因此假设股价展开主升浪行情，并应评估主升浪可能上涨的目标区。

在主升浪攻坚过程，投资人只要利用“移动式停利”观察法则判断即可，直到穿越目标价呈现止涨时，才可考虑退出或是继续持股。这部分的观点请参阅拙作《股价波动原理与箱型理论》。股价在标示E时穿越黄金螺旋的2倍，止涨后进入三浪修正走势，其中在标示D呈现均量死亡交叉，已经产生多头上涨疑虑。

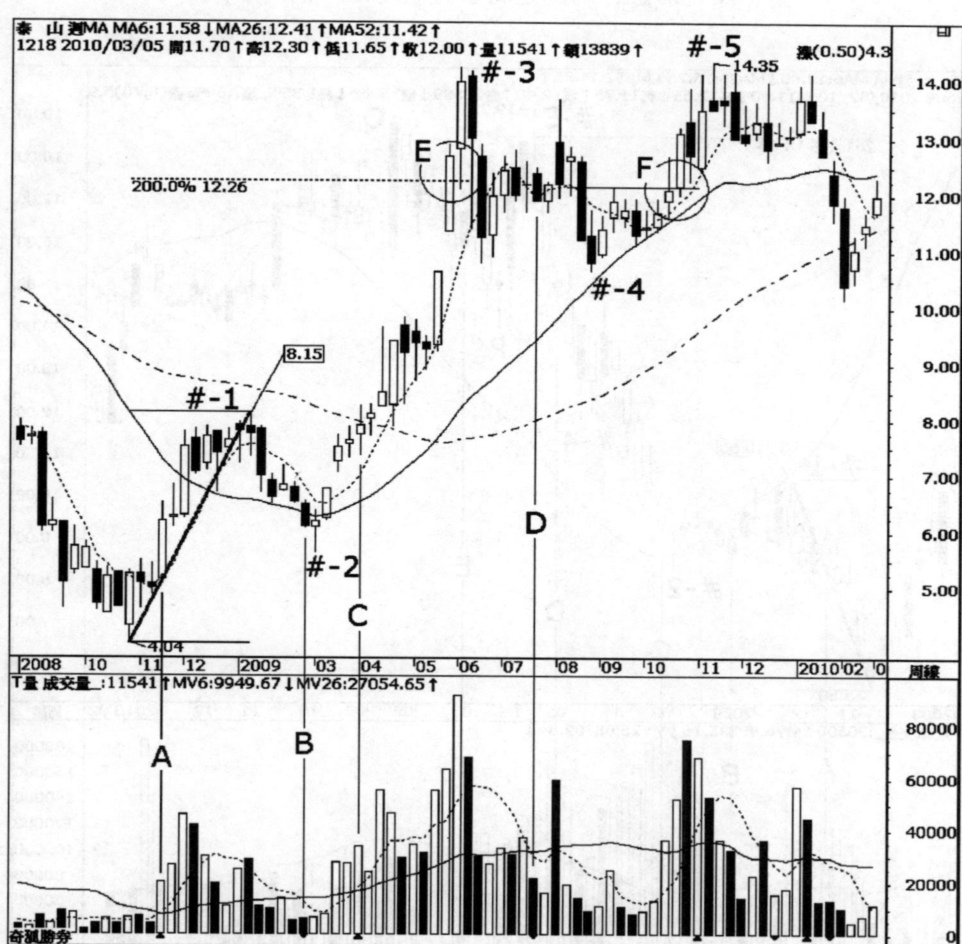

图2-30　量能与波浪走势案例之三(资料来源：奇狐胜券)

在标示#－4的位置时，逢上升中的26MA助涨，且在标示F形成相对高档底部信号，因此判断多头有机会化解疑虑，进行#－5 波的上攻。然而股价在过前高后就于14.35元止涨，属于最弱势的第五浪上涨模式，后续股价在盘头后进入修正。

请看图2-31。国产股价周线图从5.5元上涨到10.5元，均量在标示A出现黄金交叉，故此段定位为初升浪无疑，标示B所呈现的均量死亡交叉，是让走势形态更完整的证明。标示C的日出阳K线虽然尚未将底部完成，但是已经呈现均量黄金交叉与“晨星”反转形态，因此是属于有效的K线攻击信号。

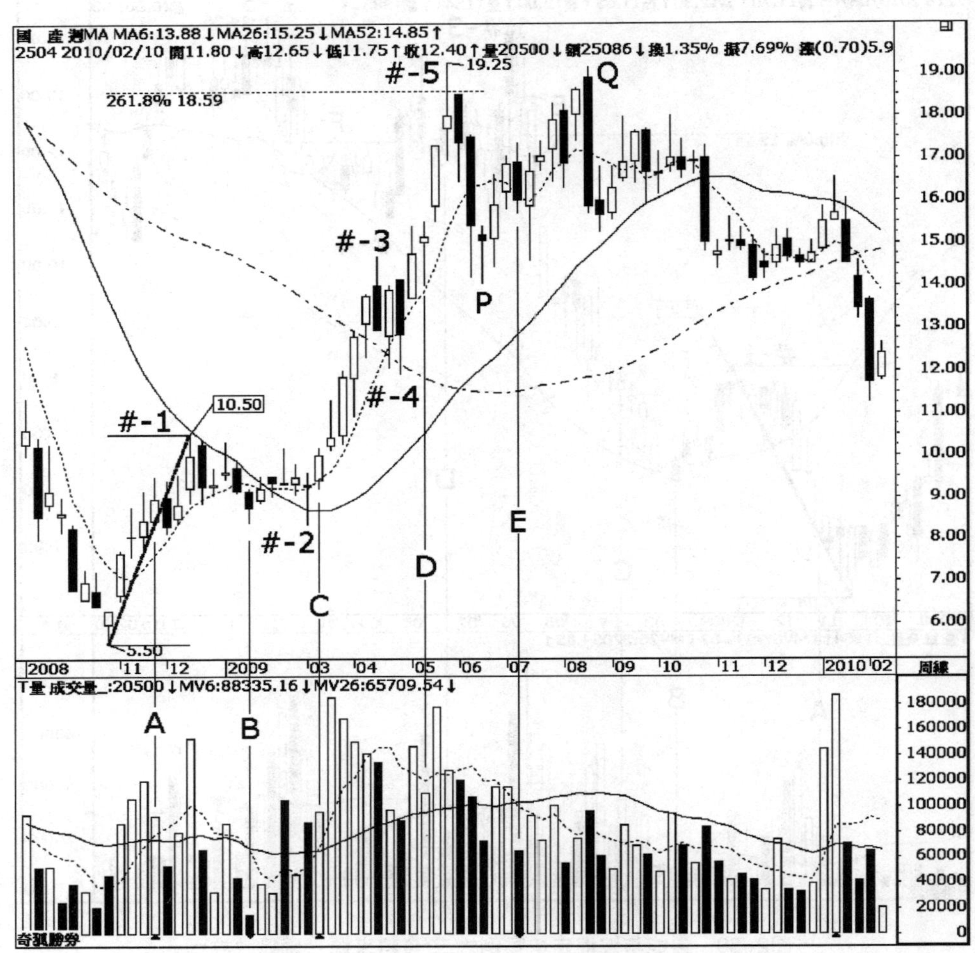

图2–31 量能与波浪走势案例之四(资料来源：奇狐胜券)

由于股价上涨后，6MV出现明显的回折，因此在价格转折处先标示# – 3，当股价再创新高后其转折低点先标示# – 4，直到6MV 均量转折向上且K线呈现攻击时，才能够确认进行假设中的末升浪。在实际操作过程中，进出场的动作与策略往往是随着“假设”而进行着，只有部分情况需要等待“确认”信号。

图中标示D属于6MV的转折点，标示# – 5正好穿越初升浪的

2.618倍，接着股价在标示P的转折点后，均量出现如标示E的死亡交叉信号，产生多头上涨疑虑，如果投资人将标示#－5假设为#－3，标示P假设为#－4亦可，那么此时产生的多头疑虑现象，必须被多头走势破坏，然后让股价再创新高，如果没有出现如此的技术现象，代表假设是错误的，应该调整为如图面上所标示的定位。

实际走势在标示Q就产生股价的回折，因此波浪走势的定位应该调整如图面所示。投资人可能会担忧，万一波位假设错误是否会严重影响操作绩效？有所影响是难免的，但是随着技术能力的增加，对盘势判断的能力也会提高，进出的操作策略拟定也会灵活许多，纵使会出现误判，导致操作上的损失通常可以控制在容许范围之内。

请看图2-32。华泰股价周线图在标示A产生均量黄金交叉信号，标示B则出现均量死亡交叉信号，确定初升浪在2.52～6元，同时针对当时股价转折高低点分别标示#－1与#－2，在标示C则再度出现均量黄金交叉，当时底部形态为"V形反转"，因此应假设股价将进入主升浪的上涨行情，当在标示E穿越初升浪的2.618倍之后，6MV也产生转折向下，因此在当时股价高点便可以先标示为#－3。

在标示D则出现均量死亡交叉的信号，属于多头上涨疑虑，股价再度上涨后未创新高，形成第五浪上涨失败，这时候投资人必须要有做多警觉，盘势的推动可能不是先前所假设的五浪上涨结构。细看走势，在原始初升浪可以分成5小浪上涨，在原始主升浪可以根据标示P、Q、R的成交量，对应到K线走势的转折，区分出5个上升浪。所以原来标示#－1、#－2、#－3的位置，应调整为#－A、#－B、#－C，亦即从2.52元上涨到12.7元属于5－3－5的三浪上涨模式。

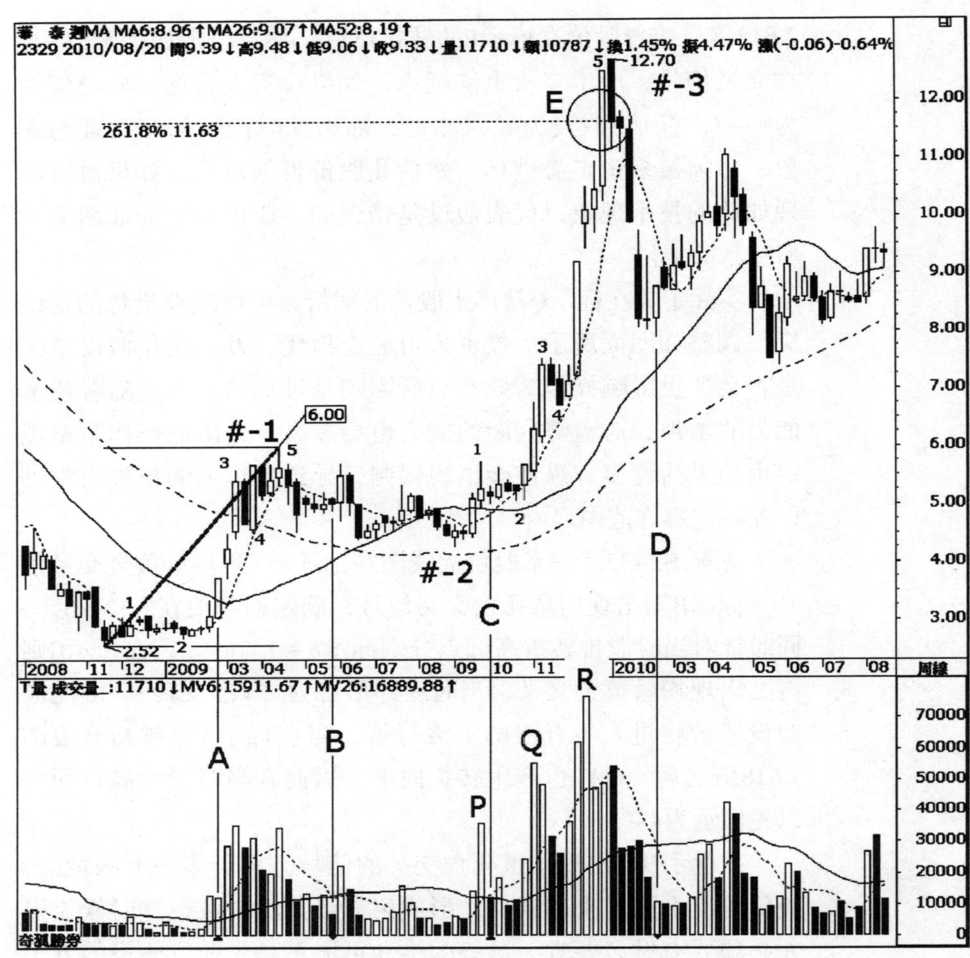

图2-32　量能与波浪走势案例之五(资料来源：奇狐胜券)

请看图2-33。卜蜂股价周线图在标示A、B分别出现均量的黄金交叉与死亡交叉，当在标示C均量又黄金交叉时，便可以定位主升浪已经展开，而股价在标示#－3满足初升浪的2倍测幅，随后6MV产生转折，使股价创高止涨，定位为#－5后，走势进行明显的拉回修正。

当然，有的投资人会认为，标示#－5应为#－3，而标示P的最低点12.75元没有与12.6元重叠，可以标示为#－4，后续的上涨则标示#－5会更恰当。然而，在本案例没有这样标示的理由，在于股价上涨到#－5时的量价结构已经很完整了，况且，标示D

后的均量死亡交叉，与标示E所呈现的量能退潮现象，与修正到12.75元的时间、轮廓，相较原始第二浪来比，既无法对应，也不符合自然律，因此笔者倾向如图面所标示较为妥适。

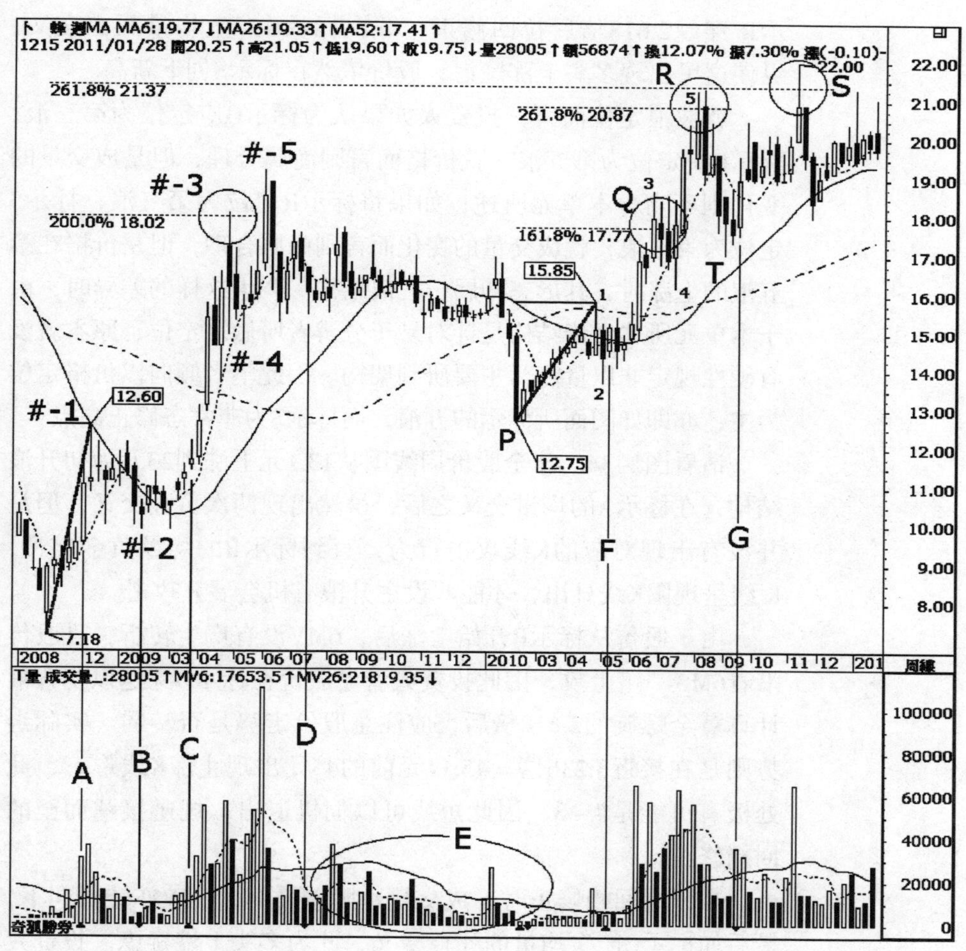

图2-33 量能与波浪走势案例之六(资料来源：奇狐胜券)

其实，只要能够分辨最基本的涨跌方向，无论以哪种方法定位浪位，都无碍于操作者对于买卖的执行。因此，投资人切勿执着于此，应该从能够分辨基本的涨跌结构为首要努力学习的目标。又由于修正时间的拉长，在标示F的均量黄金交叉之后，并未出现死叉，股价就直接出现攻坚，在操作时是可以被认可的信号。如果投资人对此信号有疑虑，那也可以考虑换股操作。

如果将走势从标示P(12.75元)上涨到15.85元，假设为修正后的初升浪，那么据此计算的黄金螺旋目标于标示Q满足1.618倍，算是最起码的攻击，短线修正后未产生“一四重叠”，最后在标示R 穿越2.618倍后拉回修正，并在标示G产生均量死亡交叉，纵使这里出现多头上涨疑虑，股价依然在标示S创下新高。

就波浪定位而言，投资人如果认为标示Q应定位为第三浪，标示R应定位为第五浪，就价格而言则尚属合理，但是成交量的变化则不吻合本单元所述；如果将标示R定位为第三浪，标示S定位为第五浪，就成交量的变化而言则尚属合理，但是价格在第五浪的上涨时，其形态却属于三浪结构。产生这样的差异时，由于本单元所述量价结构是针对易于分辨者所做之定位，原本就没有硬性规定非以量能为主要研判架构。因此笔者倾向以价格定位为主，亦即如图面所标示的五浪，而标示S为非常态修正高点。

请看图2–34。味全股价周线图从13.1元上涨到23元为初升浪结构，在标示A的均量交叉之后，虽然出现两次黄金交叉，但是并没有出现对应的K线攻击行为，直到标示B的均量黄金交叉，K 线呈现阳K线日出，才能假设主升浪有机会展开攻击。

由于股价从标示B开始上涨后，6MV没有产生转折，且股价沿着6MA一路上攻，因此投资人看见股价在标示D穿越以初升浪计算黄金螺旋的2.618倍后，应注意股价走势是否转弱。实际走势则是在接近3.236倍 = 45.14元前的45元出现止涨K线形态，此处极有可能是# – 3，因此短线可以伺机退出，规避接踵而至的回档修正。

当股价回档修正时，成交量也随着萎缩，6MV亦转折向下，最后如标示C产生均量的死亡交叉，此为多头上涨疑虑。投资人是否持续积极操作此股，或是考虑换股操作，或是将手中波段持股趁着上涨(可能创高或不创高)伺机出脱，全靠操作者视实际情形斟酌，并无标准答案。

实际股价走势从标示# – 4开始上涨后，于标示E创下波段新高点，股价并未呈现强而有力的攻击态势，却以盘坚走势逐渐垫高，量价结构虽然偶尔有大量长阳的表现，唯均量未能形成黄金交叉。因此上涨的# – 5，将被定位是“上升反转形态”。

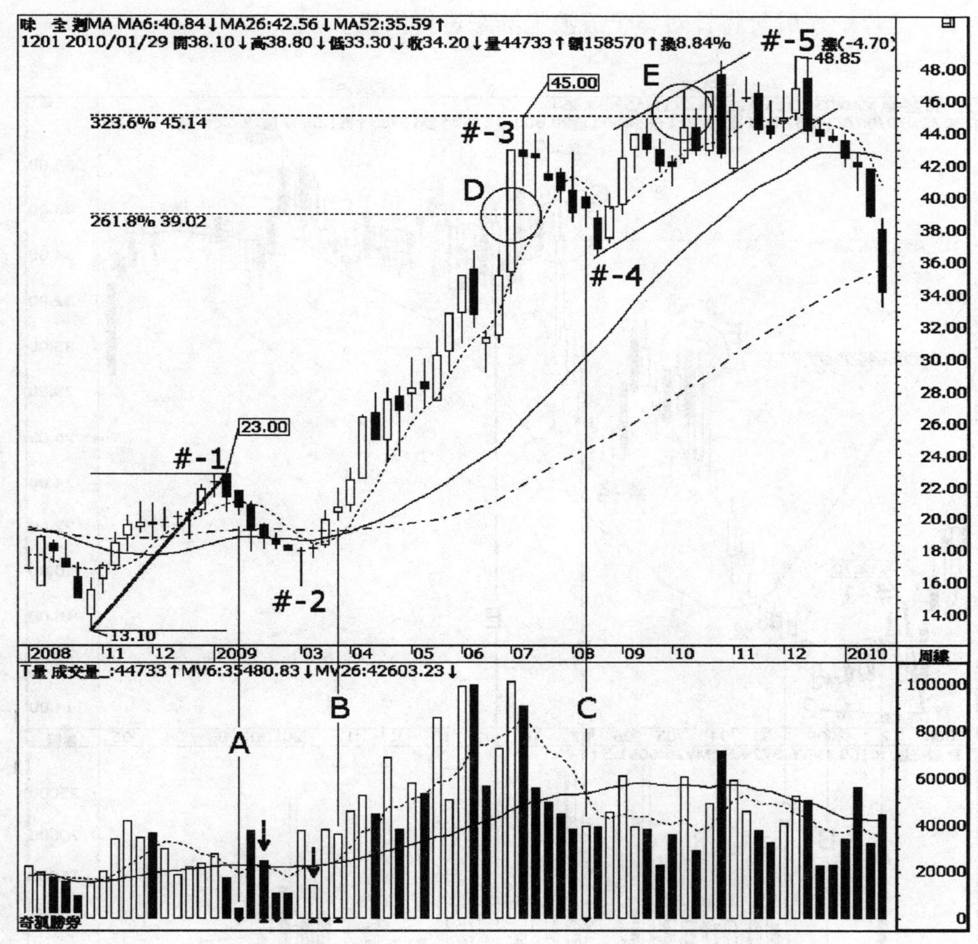

图2–34　量能与波浪走势案例之七(资料来源：奇狐胜券)

请看图2–35。精元股价周线图在标示A、B分别出现均量的黄金交叉与死亡交叉，因此从13.75～18.7元为初升浪行情。而标示C的均量又黄金交叉时，便可以定位主升浪已经展开，在攻坚过程，股价沿着6MA上涨，直到在标示F满足初升浪的3.236倍测幅后止涨，6MV也产生转折向下。因此在当时的高点可以标示为#－3。

当股价修正到标示#－4时，适逢52MA支撑，在标示D均量虽然产生死亡交叉，但随即又黄金交叉，并使股价续涨且在标示G 穿越4.236倍，形成#－5，接着在标示E的死亡交叉，应定位股价将针对整个五浪上涨来进行修正。

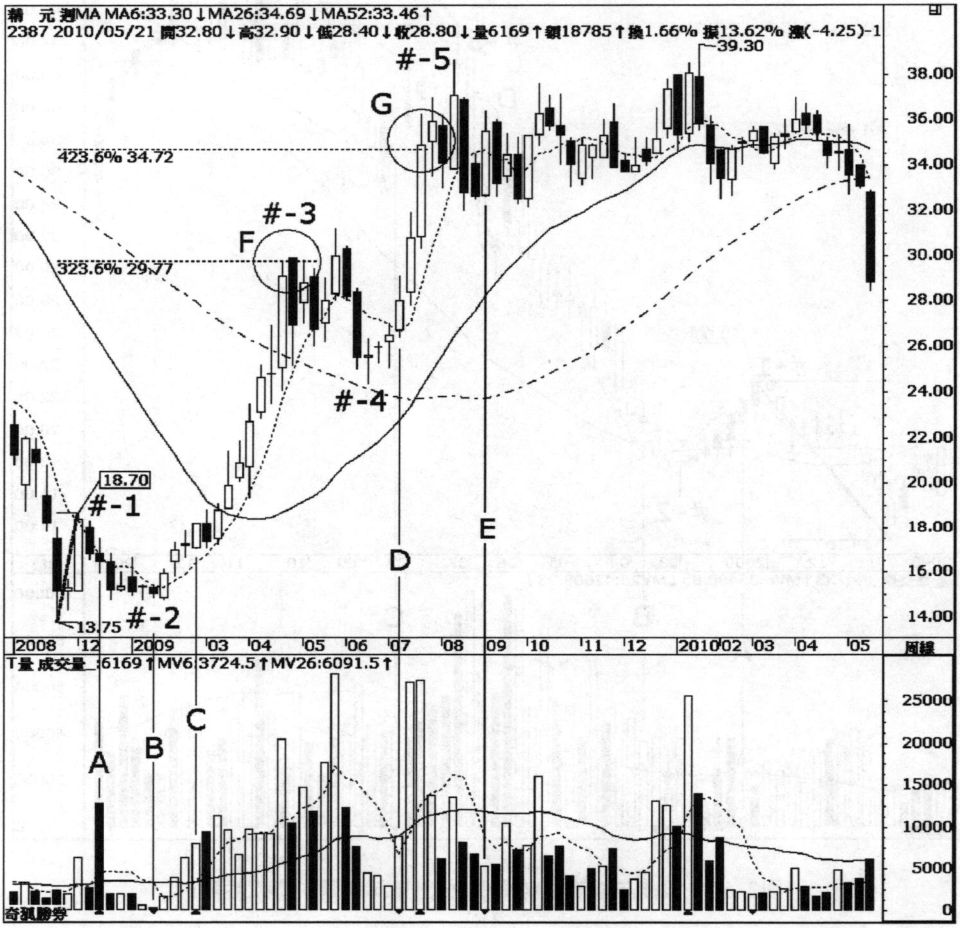

图2-35　量能与波浪走势案例之八(资料来源：奇狐胜券)

然而，股价却在阳阴相间的震荡走势中逐步垫高股价，最后创高于39.3元止涨，行进间并未呈现多头气势，因此这个高点将被定位为非常态修正，亦即此处的创高为“假突破、真拉回”，后续股价将会进行明显的修正走势。

请看图2-36。汉唐股价周线图在标示A、B分别出现均量黄金交叉与死亡交叉的信号，因此从20.2～26.3元为初升浪行情，而23.5元低点正巧逢52MA支撑，随即K线以日出长阳创高，多头已经有展开攻击的态势。但是均量却迟迟在标示C才产生黄金交叉，与突破颈线攻击的K线产生了5周的差距。

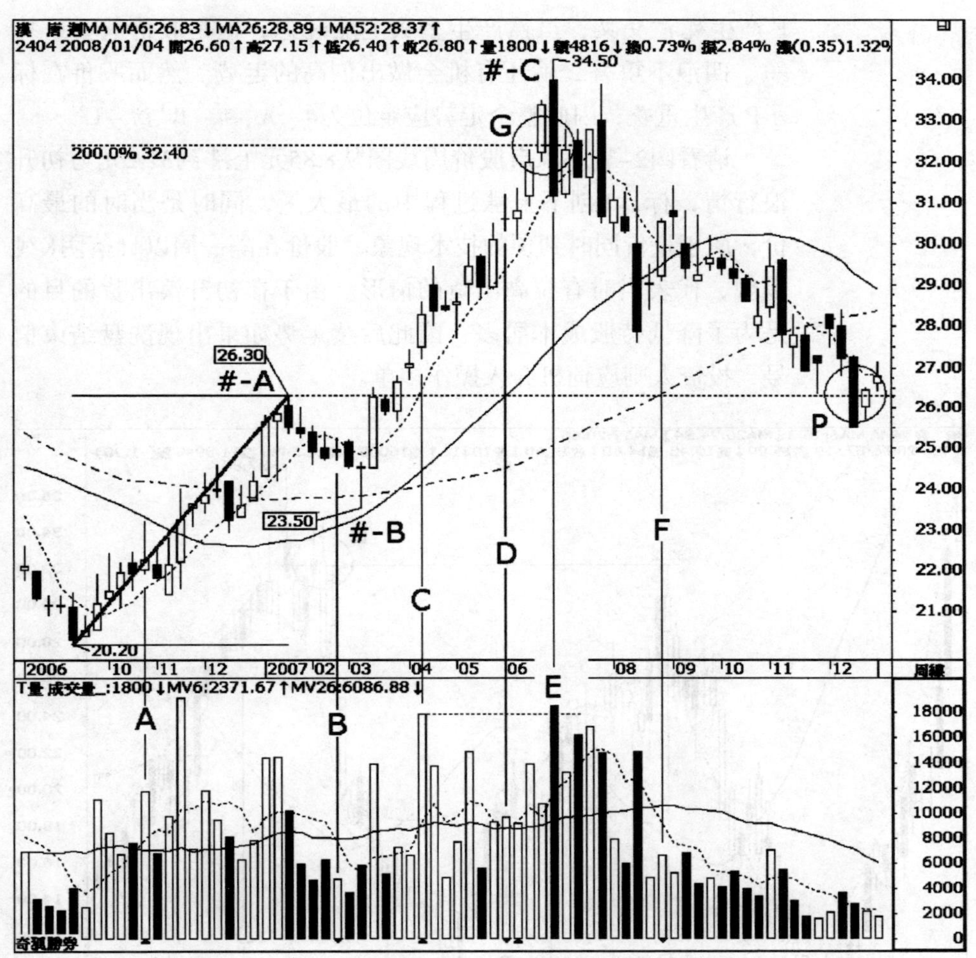

图2–36　量能与波浪走势案例之九(资料来源：奇狐胜券)

从23.5元上涨到34.5元的这一段行情，虽然股价沿着6MA上涨，但是成交量结构却非常的不稳定。首先是单周成交量反复增减，6MV也呈现上下转折，但是股价却因为不符合第三浪不是最小浪的铁律，而无法区分成另一个浪潮的段落，甚至在标示D还出现均量死亡交叉的现象，而观察修正时间，也没有一个段落与标示#－A到标示#－B能够对应的上。

所以，以股价上涨满足初升浪黄金螺旋测量的2倍幅后，即标示G的位置，才算一个与初升浪匹配的段落，同时呈现“量价同时到顶”的技术现象。而股价从34.5元开始回档，均量于标示F产生死亡交叉，虽然产生多头上涨疑虑，但是股价只要维持一、四浪不重叠，就还有机会做出创高的走势。然而股价在标示P产生重叠，因此整个走势应定位为# – A、# – B与# – C。

请看图2–37。承启股价周线图从8.85元上涨到32.2元为初升浪行情，标示P创下上涨过程中的最大量，同时是当时的最高价，属于量价同时到顶的技术现象，股价在隔一周以日落阴K线呈现，代表当时有拉高出货的情形。由于在初升浪出货的目的是为了降低持股成本居多，因此后续走势如果出现洗盘结束信号，投资人则应伺机介入操作多单。

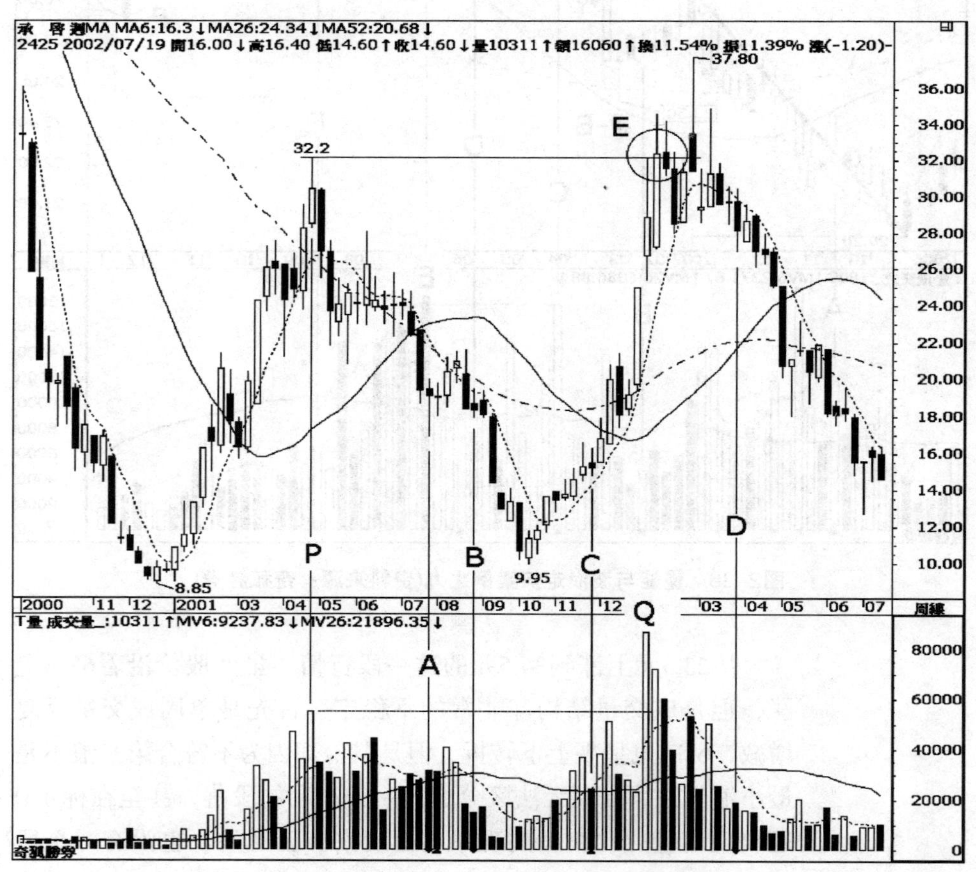

图2–37 量能与波浪走势案例之十(资料来源：奇狐胜券)

均量在标示A曾经产生反复黄金交叉与死亡交叉的信号，对照股价走势，与成交量未萎缩到26MV之下，应断定不具有洗盘意义，直到均量在标示B的死亡交叉信号，才可以认定走势形态的完整，在此之后应注意底部，或是K线形成的多头攻击信号。

由于回档最低点9.95元已经非常接近8.85元，但并未破底创下新低，所以仍保有多方趋势的力道，接着K线走势一路呈现日出，直到均量在标示C产生黄金交叉信号，暗示多头已经完成整军，而股价的确也沿着6MA持续上涨，直到最高价37.8元的隔一周才跌破6MA。

在上涨过程中，标示E突破前高，标示Q的成交量也创当时最大量，整个态势颇有持续攻击的意图，可惜在创下37.8元的高点后，震荡压回使股价与经过32.2元的颈线重叠。至此，投资人应警觉到这种走势是一个三浪上涨，不是多头攻击浪的模型，等到标示D的退潮信号出现后，这样的疑虑将被确认，实际走势也在后续形成破底，修正到3.64元才告一个段落。

请看图2–38。承启股价周线图从1.78元上涨到7.57元为初升浪行情，这当中还包含了一次减资，在标示A与标示B，分别出现均量黄金交叉与死亡交叉，确定了初升浪走势与波段修正的可靠性，当标示C出现均量黄金交叉信号后，股价也突破平台颈线呈现多头攻击，因此判断主升浪走势将有机会展开。

后续股价的确沿着6MA上攻，在标示S的高点是16.85元，非常接近以初升浪计算黄金螺旋2.618倍的16.94元，标示D则是穿越2.618倍，创下17.4元的高点后回档跌破6MA。在这段上涨过程中，由于标示D的“双背离”信号，辅以价格破均线观察，投资人可以将17.4元当成主升浪上涨的波段结束点，不过在实际操作上，笔者可能在标示S的K线出现后，就先行出场观望了。

至于标示P的成交量呈现反复增减、均量也呈现反复的转折现象，这应是主升浪走势中，出现了短线延伸之故。而在标示E成交量萎缩到26MV之下，K线为母子组合，隔一周则是中阳日出且6MV转折向上，股价不排除进行末升浪上涨。标示Q以长阳穿越3.236倍目标，标示R则穿越4.236倍目标，同时暴出如标示F的大量形成止涨，因此末升浪定位在此结束，股价拉回修正后，在标示T呈现均量死亡交叉确定趋势转空，后续的均量黄金交叉则属于反弹波的推动。

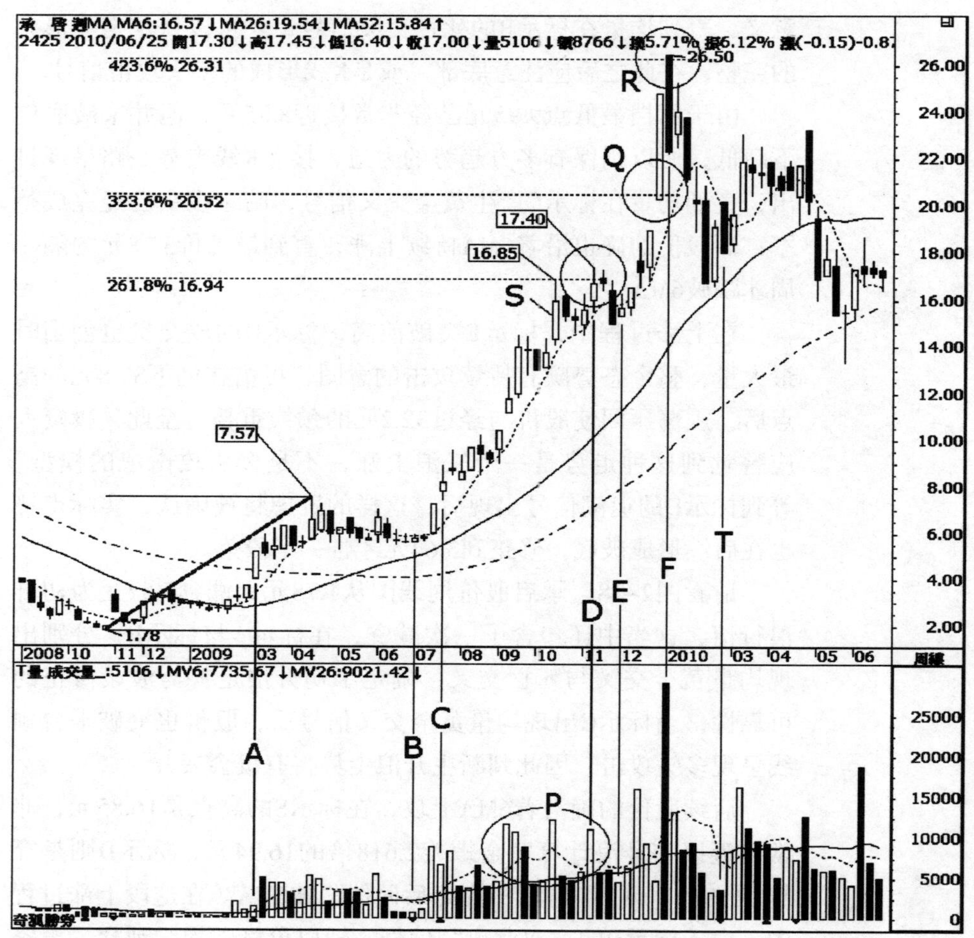

图2-38　量能与波浪走势案例之十一(资料来源：奇狐胜券)

请看图2-39。伟诠电股价周线图从10.2元上涨到16.5元为初升浪行情，在标示A与标示B，分别出现均量黄金交叉与死亡交叉，确定了初升浪走势与波段修正的可靠性，只是从16.5元开始的修正，时间拉得很长。由于在初升浪之后的修正走势，攸关主升浪上涨的力道，酝酿的越久其爆发的力道越强，如果没有足够的耐心，那么将会错失这只股票的主升浪行情。

在标示C均量呈现黄金交叉，股价随后也盘出底部起涨，以黄金螺旋计算初升浪，其2.618倍幅度在标示G满足，但是从标示C 的均量黄金交叉到标示D的均量死亡交叉，股价走势可以区分为五浪上涨结构，成交量也区分出三个量丛，并对应到三个上涨波段，其中标示P与标示Q的“双背离”信号，更可以证明标示G 是主升浪中的第五小浪的满足情形。

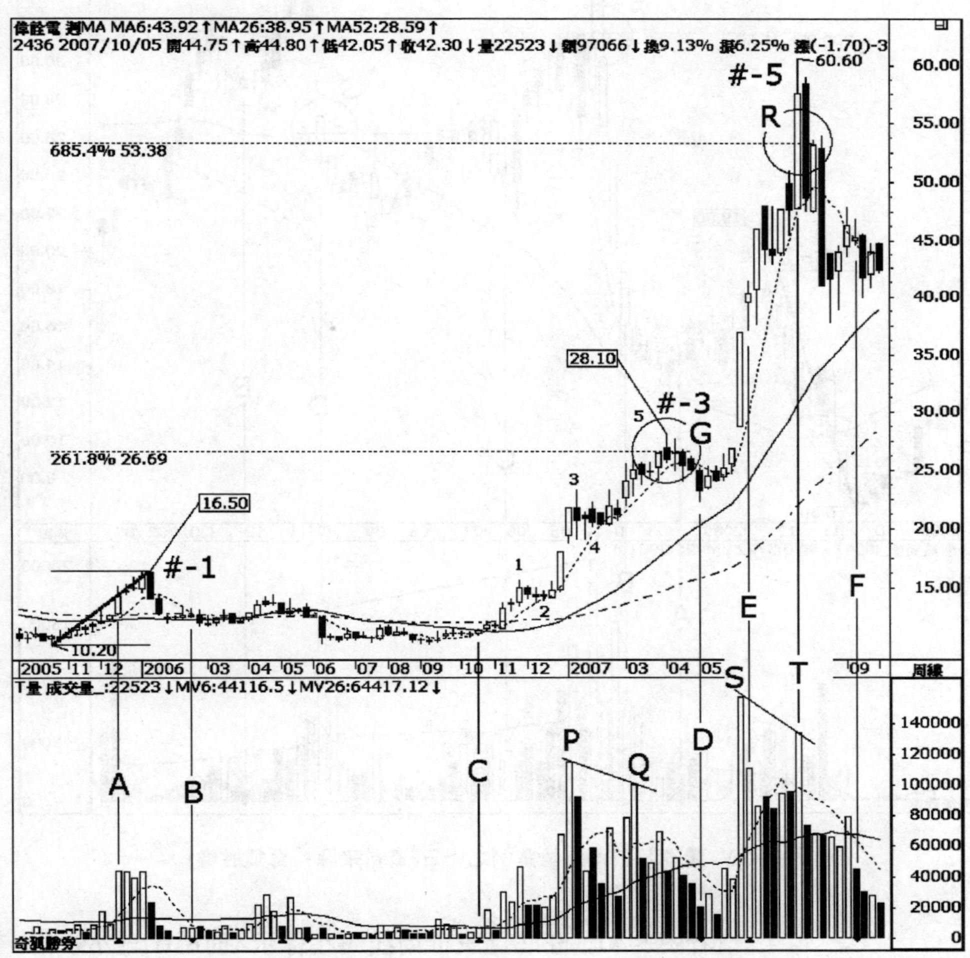

图2-39　量能与波浪走势案例之十二(资料来源：奇狐胜券)

在标示E再度出现均量黄金交叉，前一周即标示S则暴大量以长阳突破28.1元的高点，因此视为末升段的攻击走势。标示T出现成交量背离信号，股价则是在标示R满足初升浪测量的6.854

倍后止涨，形成# - 5上涨的定位，标示F的均量再度死亡交叉，将属于修正走势确定的退潮信号。

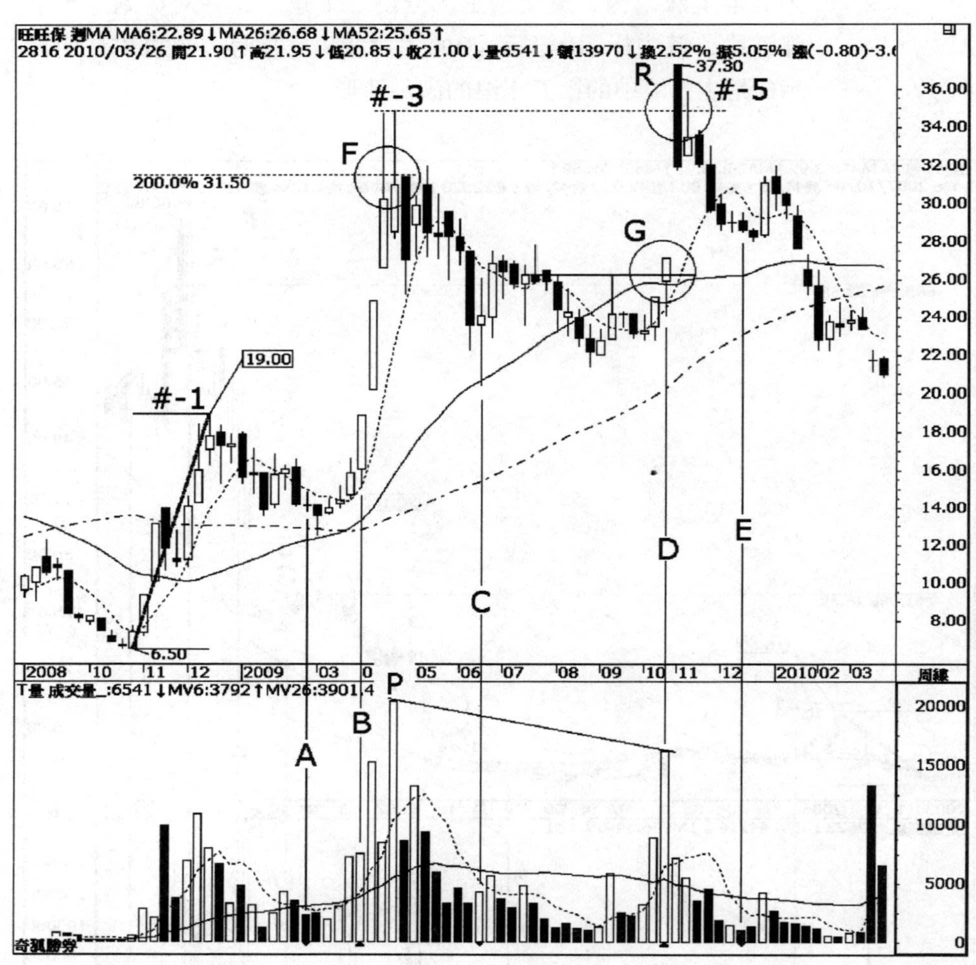

图2-40 量能与波浪走势案例之十三(资料来源：奇狐胜券)

请看图2-40。旺旺保股价周线图在标示A时6MV与26MV产生死亡交叉，所以从6.5元上涨到19元为初升浪，从19元开始向下修正逢26MA与52MA支撑，在标示B以长阳日出、均量黄金交叉形成多头攻击信号，最后在标示F穿越以初升浪计算黄金螺旋的2 倍目标，完成主升浪上涨走势。

在标示C则是出现均量死亡交叉，产生多头上涨疑虑，但是在标示G完成底部形态，暗示走势将有机会进行末升浪的上涨。只是在当时股价将进行减资的动作，因此投资人纵使看懂股价波动，仍应暂时规避减资所造成的不确定因素。因此末升浪走势仅为技术研究之探讨，并非要进行实际操作。

以成交量变化而言，标示D呈现量增、均量黄金交叉信号，随即量缩于减资后创高，代表已经形成量价背离，接着在标示E出现均量死亡交叉，形成量能退潮，代表多头走势已经告一个段落。所以，在价格研判上，因为标示R创新高，可以当成末升浪。然而，在实际界定波浪位置时，由于末升浪走势以三浪上涨呈现(包含减资缺口)，是否可以当成#－5浪应该会引起不少论战。不过，笔者对于事后波浪定位精确与否较不在意，对于走势行进间能否分辨涨跌方向，则关系到操作利润，岂能不多费心。

请看图2–41。第一保股价周线图由于标示A、B的均量信号，可以让操作者定位10.05~14元为初升浪，因此只要在标示#－2之后出现可靠的多头信号，即可以进行买进动作。标示C则是呈现均量黄金交叉信号，暗示主升浪已经开始，实际走势果然沿着6MA 上攻，从标示C到标示D之间，量丛与6MV反复增减，代表可以在主升浪走势中分辨出细微浪的架构。

标示Q因为穿越初升浪测量的2倍幅，又收长上影线的弱势K线形态，隔一周中阴日落，量能急速萎缩，代表这里可能是主升浪走势结束，当标示E出现均量死亡交叉时就可以确定。由于均量死亡交叉代表多头上涨疑虑，因此必须出现符合多头再攻的行为，才有机会进行末升浪。

实际走势在标示F产生均量黄金交叉，标示G产生均量死亡交叉，接着在标示P又出现均量黄金交叉，到此颇有末升浪要延伸的意图，所以“暂时”在转折点标上1、2、3的浪位。然而，要出现延伸浪走势，必须吻合波浪铁律，以股价上涨到20.3元就止涨进行观察，当时所谓第三浪的波幅小于第1波，股价回档于标示R又产生“一四重叠”，所以可以断定：这不是末升浪，因此图中所标示的浪位必须调整。

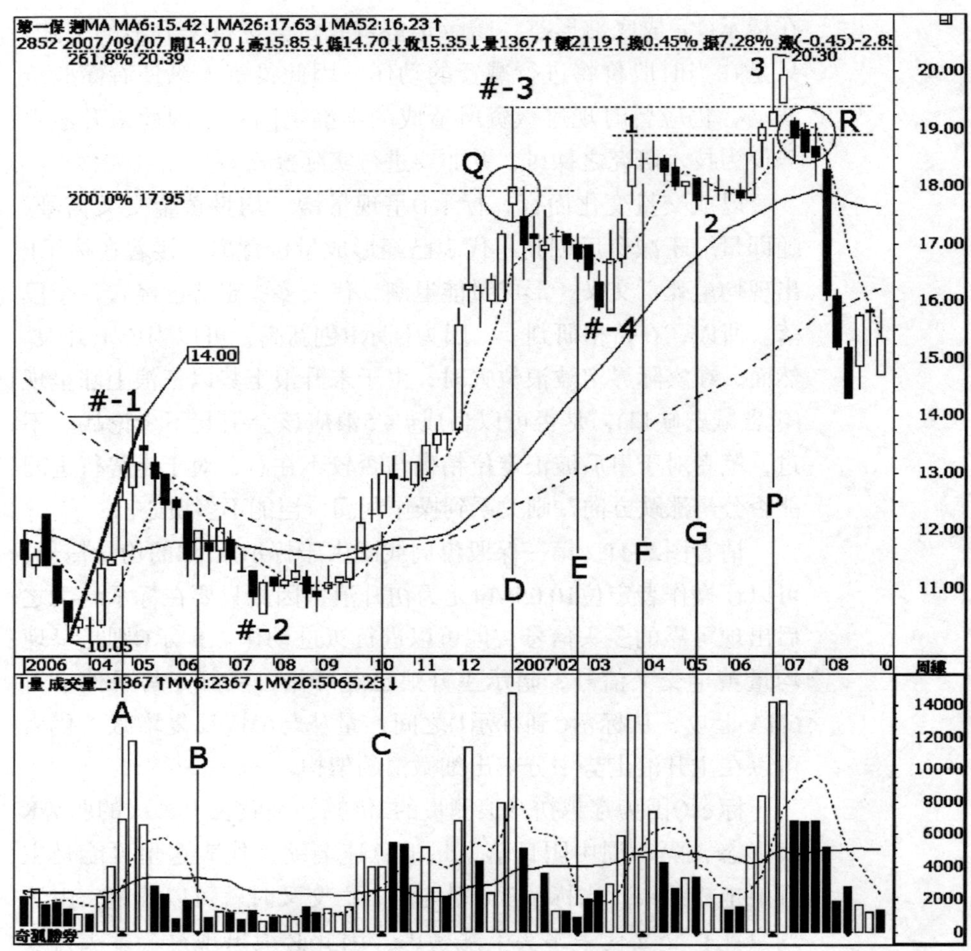

图2–41　量能与波浪走势案例之十四(资料来源：奇狐胜券)

请看图2–42。建大股价周线图由于标示A、B的均量信号，可以定位从12.05元上涨到16.75元为初升浪走势，在标示C出现均量黄金交叉，在标示S满足以初升浪计算黄金螺旋的1.618倍，符合最少攻击幅度的主升浪行情。而标示D因为6MV转折向下但未出现死亡交叉，所以再上涨的走势属于末升浪行情。当标示T穿越黄金螺旋的2倍幅，且标示E的成交量与标示C比较，形成"双背离"信号时，标示T将被定位为# – 5，从12.05元起涨到22.5元为止，为标准的五浪上涨结构。

当股价从22.5元止涨后回档修正，于标示F出现均量死亡交叉信号，回档的最低点是16.75元，与标示#－1的16.75元相等(属于重叠)，因此不能将原始标示为#－5浪调整为#－3浪，亦即从12.05~22.5 元无疑是一个完整的五浪。那么接下来股价是不是就没有上涨的机会了呢？只要出现另一次可靠的多头信号，就极有可能是一个新的多头循环。

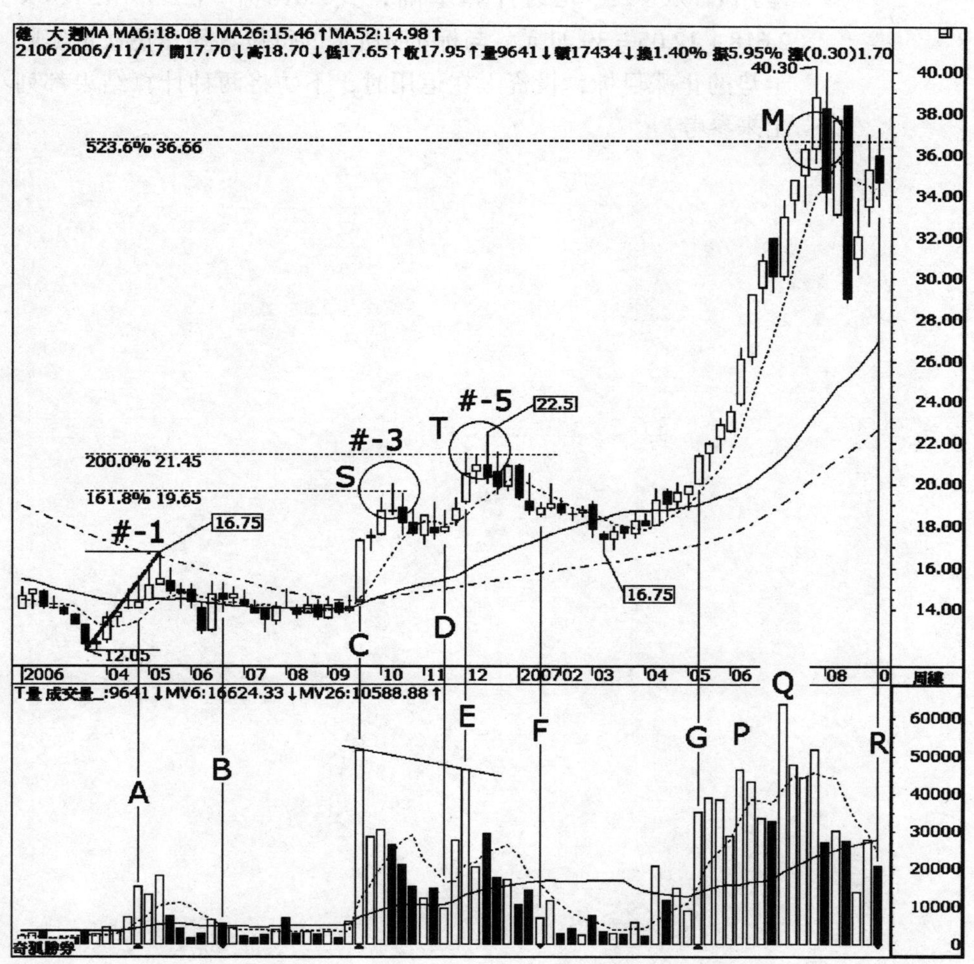

图2-42　量能与波浪走势案例之十五(资料来源：奇狐胜券)

因此，当均量出现如标示G的信号，同时让股价沿着6MA上攻时，不排除是另一个多头攻击走势。上涨过程中，标示G、P、Q 的量丛随着走势推动，直到标示M穿越以标示#－1计算黄金螺旋的5.236倍后止涨，并于之后跌破6MA宣告走势结束。操作者应于转弱后的反弹过程中将多单持股退出，而标示R的死亡交叉信号，则是属于多头走势完成的确认。

由于这一段的股价上涨，以成交量的角度而言，被视为一个新的循环，因此在取基准段计算黄金螺旋时，投资人也可以使用12.05～22.5元为计算基础，其2.618倍＝(22.5－12.05)×2.618＋12.05＝39.41元，与标示M所示的价位，显然更接近实际走势的止涨目标，投资人在运用时，不妨将两种计算结果都列出来参考。

第三章 主力出货量价解析

本章重点讨论主力出货的量价关系，内容有别于《主控战略成交量》中所描述的走势形态。该书主要是描述在进行中长期以上的出货模式，股价所形成的特定波动形态与行为。而本章主要是描述短线出货的可能位置，至于短线出货会不会同时是中长期出货，则仍需回到走势形态、股价相对位置进行研判，亦即短线出货点可能是中长线出货点，也可能不一定是中长线出货点，但中长线出货点势必同时为短线出货点。

在判断走势是否为出货点的两个重要原则是：股价相对位置与成交量。股价相对位置通常会以测量法则加以评估，比如黄金螺旋、N型测量，再配合是否出现主控盘出货模式；至于出货量的研判，则是取当时较大的成交量为观察，并配合本书第二章描述的重点进行解读。至于本章所提出的目标计算方法，是另一种主力空间规划的技巧，可以与其他测量方法配合，以达环环相扣的相对判断结果。

而在本章所举的实际操作案例中，附图分别以成交量、周转率与当日冲销量为辅助研判指标，其中当日冲销量的数据必须在收盘结束后经由证交所统计，才能呈现出当日正确的交易数据，因此并非当日研判重点，而是属于隔日研判的参考。另外，除非停止资券交易或是已经临近除权息的交易日会使数据为零或是失真之外，大部分情形，较大的成交量往往会伴随较大的周转率。

第一次短线出货点

第一次短线出货点，是指股价从中长期修正后的最低点开始观察，呈现短线出货的位置。短线出货的目的是为了清洗浮额，并使当时股价缓和短线指标过热的现象，至于短线出货是否会转变为中长期出货的定位，必须视当时股价相对位置与走势加以定夺。如图3–1所示。

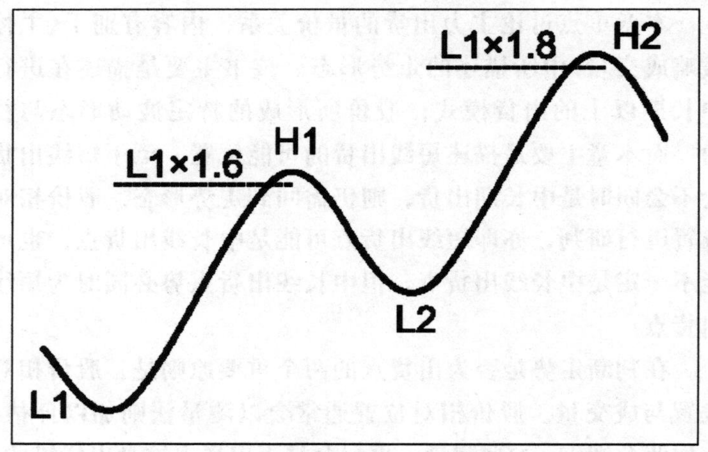

图3–1　第一次短线出货位置

第一次短线出货点可以分为：弱势攻击、正常攻击与强势攻击。分别探讨如下：

(1)弱势攻击，是指从中长期谷底的低点(标示L1)起涨后上涨1.3倍，公式是：L1 × 1.3。通常会出现弱势攻击，代表走势可能在反弹波动中，或是股价进入狭幅的震荡走势。

(2)正常攻击，是指从中长期谷底的低点(标示L1)起涨后上涨1.6倍，公式是：L1 × 1.6。通常会出现正常攻击，代表走势已经有特定主力介入操作，在短线出货后如果出现能够辨识的洗盘走势，则应等待洗盘结束信号确认后，介入操作该股以撷取短线多头利润，并以下一次短线出货点或是以移动式停利观察法则为短线多单退出的依据。

(3)强势攻击，是指从中长期谷底的低点(标示L1)起涨后上涨1.8倍，公式是：L1×1.8。通常会出现强势攻击，代表特定主力介入操作积极，过程不考虑出现的走势转折，如图所标示L1～H1。若在初升浪就出现强势攻击，则代表投资人应注意修正走势结束的时机。切入与退出的研判方法与正常攻击时无异，请自行参阅。

当股价进行到可能是第一次短线出货点的位置时，应注意下列的技术信号，但并非每一项均是必要条件。

(1)在H1位置以出现大量为出货的暗示，通常以量急增信号为主，量暴增信号最为明确，最起码也要创当时波段最大量。

(2)当日冲销量暴增约为当日大量的1/5，或是当日的冲销量增加为前一交易日冲销量的2倍以上。

(3)当日K线形态往往以弱势线型呈现，如避雷针、墓碑、吞噬等。如果当日以中长阳日出呈现，则弱势线型大多数会递延一天出现。

(4)周转率指标在出货当日通常为转折高点，因为出货当日暴大量后，后续量能往往无以为继，导致指标形成由上往下的转折。

(5)再次短线出货点H2可以落在L1×1.8，亦即短线出货可以分成两段进行。如图3-1所示。

当股价完成短线出货行为之后，投资人应注意未来走势是否呈现洗盘，并以当时该止涨大量作为计算基础，推论洗盘结束的信号。详细研判方法请参阅第四章说明。

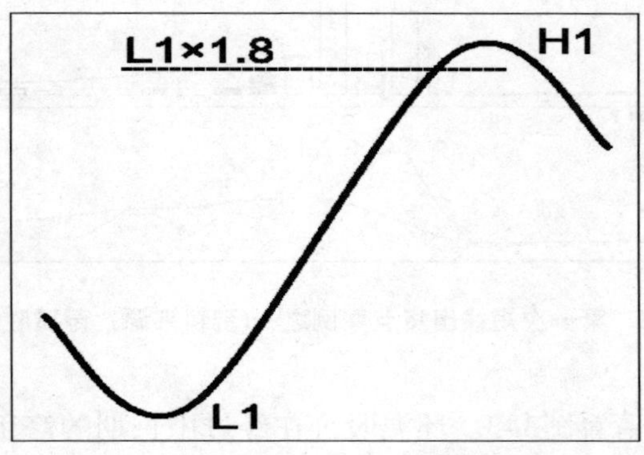

图3-2　强攻走势出货位置

图3-2所示为强攻走势中的出货位置，与强势攻击的差异在于走势从低点直接上攻L1×1.8的幅度过程，虽然会产生转折走势，但是其转折并不明显，或是产生转折时不会跌破主要的助涨均线。这样的攻击行为所代表的走势虽然更为强劲，但投资人更应提防在出货结束后，同时使整个波段上涨结束，形成多空易位。

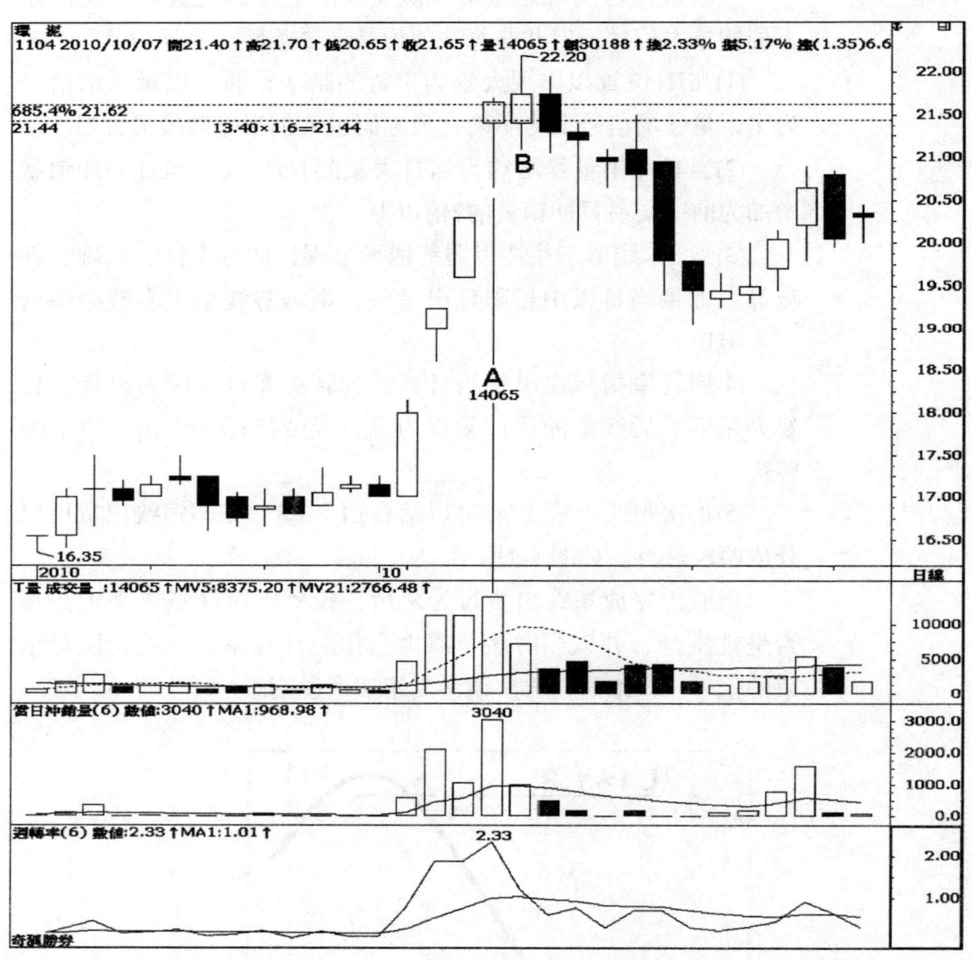

图3-3　第一次短线出货点案例之一(资料来源：奇狐胜券)

请看图3-3。环泥股价在经过中长期的修正后，于13.4元结束修正并盘底上涨，上涨初期以震荡盘坚走势逐步推高股价，最后以长阳跳空走势强攻。如果以黄金螺旋与第一次短线出货点计算可能的目标区，则有：

目标一：$(14.6-13.4)\times4.236+13.4=18.48$元

目标二：$(14.6-13.4)\times5.236+13.4=19.68$元

目标三：$(14.6-13.4)\times6.854+13.4=21.62$元

目标四：$13.4\times1.6=21.44$元

其中目标三与目标四在标示A同时穿越，当日成交量14065手为量微增走势，但属于当时波段上涨最大量，代表周转率数值为当时波段的最高值，依三日量价结构研判，第二日尚有高点可期，再加上当日线型仍为多头有利，因此可以推论弱势K线形态，应该会递延于下一个交易日出现。

收盘后检视当日冲销量发现较前一日暴增2倍以上，以成交量、K线、周转率这些信号综合研判，明日多头只有继续增量强攻一途，如果量缩并收弱势K线形态，则容易产生短线止涨的技术面。如图标示B所示。

请看图3-4。士电股价在经过中长期的快速修正后，于19.15元修正结束并呈现V形反转上涨，而急速拉抬后的上涨满足点，除了利用形态学的测量评估之外，也可以运用主力控盘概念计算第一次短线出货点的目标区：$19.15\times1.6=30.64$元。

实际走势在标示A暴出上涨过程中的最大量6780手，当时并未满足出货目标，反而是以短线快速拉抬在标示B穿越，并在隔一日K线转弱，使股价进入修正。会出现这样的走势，与当时加权指数不无关系。以士电股价走势而言，当时已经具备初升段的涨幅，加权却仍处在低档震荡过程，因此操盘者若随势调节持股，则应视为正常手段。另一个特殊的现象是标示A的成交量为量暴增出货，当日冲销量却没有随着增加。

等到修正走势结束后，从25.5元起涨，依然是以V形反转模式上攻，以第一次出货时并不明确的现象来看，再次出货的目标区应先计算：$19.15\times1.8=34.47$元。走势在标示C穿越，属于当时波段最大量，K线呈现弱势，随即连续量增呈现“滚量盘”，K线依然维持弱势，因此不排除是“滚量出货”。

在标示D则是再拉高呈现“类避雷针”、量暴增的技术现象，收盘后检视当日冲销量，也发现较前一日暴增2倍以上，以成交量、K线、周转率这些信号综合研判，当日极有可能已经完成“短线拉高出货”，所以必须在隔日趁机将短线多单退出，以避免盘势形成转折走势。

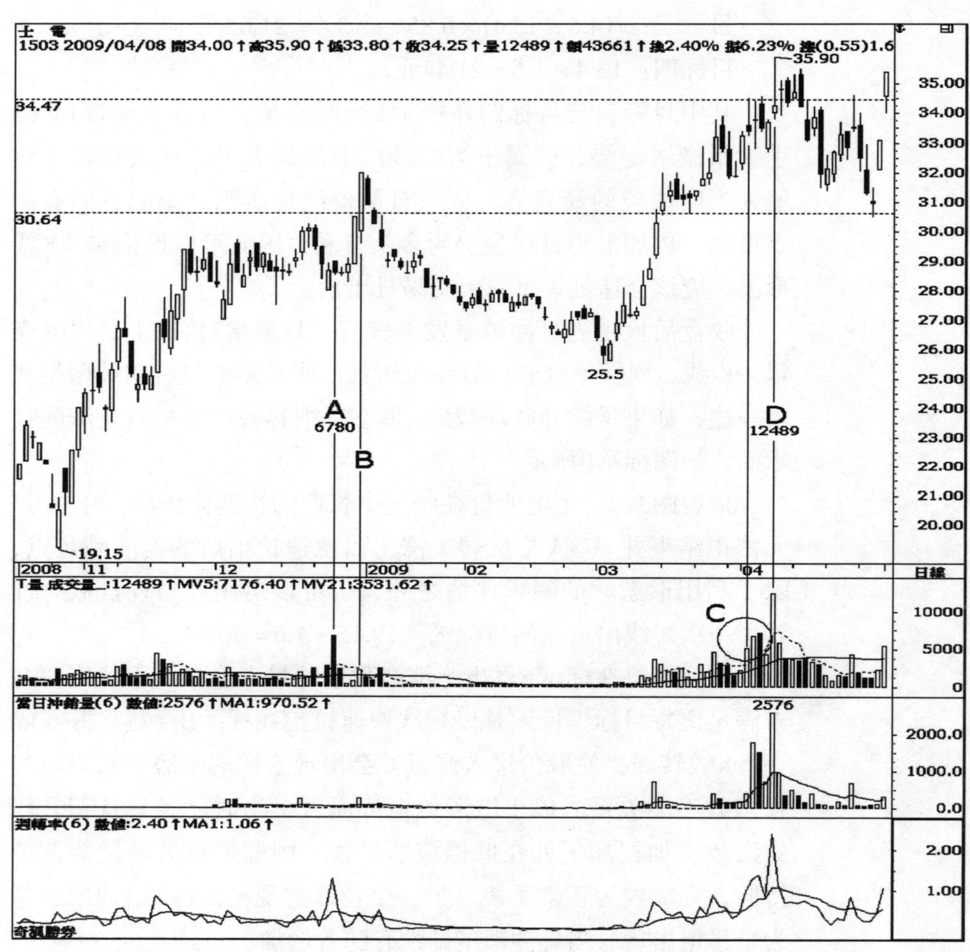

图3–4 第一次短线出货点案例之二(资料来源：奇狐胜券)

请看图3–5。宏泰股价在经过长期的修正后，于7.23元修正结束，并以7.23 ~ 8.9元为上涨初升段，当股价确定出现主升段攻击走势时，应运用黄金螺旋或是第一次短线出货点计算可能的目标区，同时以均线为移动式停利观察。

目标一：$(8.9 - 7.23) \times 2.000 + 7.23 = 10.57$元

目标二：$(8.9-7.23)\times2.618+7.23=11.60$元

目标三：$7.23\times1.6=11.57$元

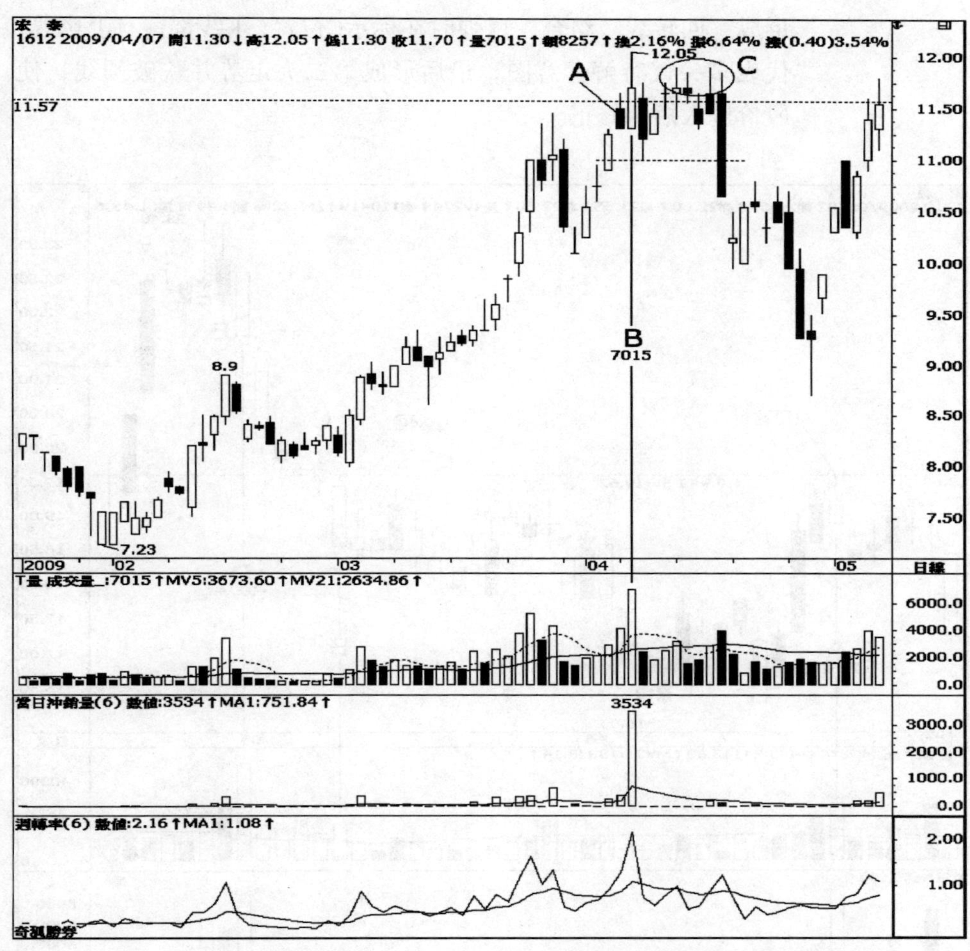

图3–5　第一次短线出货点案例之三(资料来源：奇狐胜券)

其中目标二与目标三在标示A同时穿越，当日成交量并非当时上涨过程中的最大量，因此研判主力出货不易，后续走势应该会呈现其他出货现象。隔一日(标示B)就出现波段上涨最大量，且量比为$7015\div4201=1.67$倍，为量急增走势，周转率数值亦为当时波段的最高值，依三日量价结构研判，明日只要呈现量缩不涨，则今日将成为拉高出货盘。

收盘后检视当日冲销量发现较前一日暴增2倍以上，以成交量、K线、周转率这些信号综合研判，明日多头如果转弱，则上涨走势将暂告一个段落。结果在标示B的隔一日K线呈现日落，形成“回转线”组合，反弹时在标示C位置，K线都留有上影线，代表多头仅有解套意图，最后形成第二头走势并跌破颈线，使股价进入短期修正。

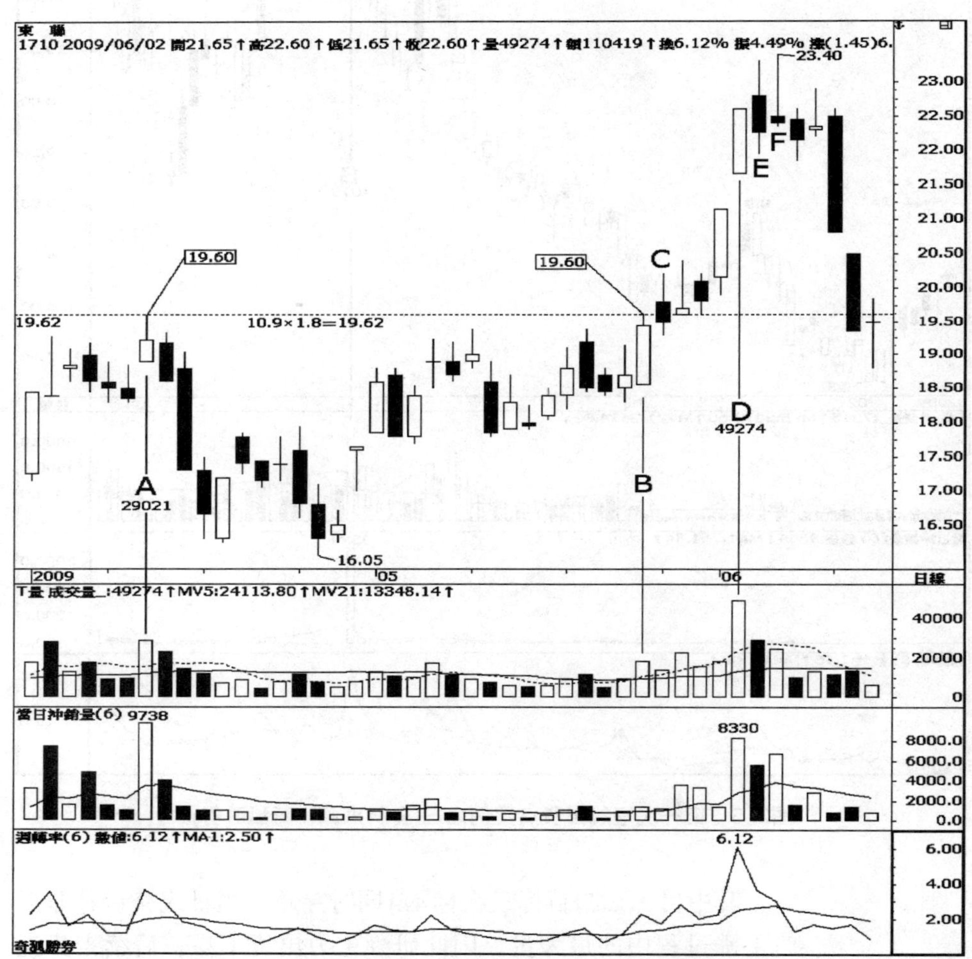

图3-6　第一次短线出货点案例之四(资料来源：奇狐胜券)

请看图3-6。东联股价在经过长期的修正后，从10.9元的低点开始扩底上涨，计算第一次短线出货点可能的目标区为：

10.9 × 1.6 = 17.44元、10.9 × 1.8 = 19.62元。由于股价在穿越17.44元后继续挺进(实际操作中，短线进出的投资人可能在穿越后时就已经先退出)，因此将观察价移动到19.62元。

在标示A股价最高来到19.6元，与目标价非常接近，当时成交量为量暴增走势，属于当时波段上涨最大量，收盘后检视当日冲销量发现较前一日暴增2倍以上，且占成交量1/5以上。因此当日有拉高出货的嫌疑，随后股价呈现“回转线”，并进入短线快速修正。

股价短线修正后于标示B再度拉高到19.6元，标示C以日出阴K 线做收，虽然呈现弱势，但股价却持续走高。未来评估走势目标的方法，可以采用第二次短线出货点的计算(后叙)，当然也可以利用其他测量方法进行评估，并套用相同的信号来研判该成交量是否属于出货量。

以标示D的量价结构而言，属于量暴增、日出长阳留有跳空缺口，第二日正常还会有高点可期，但必须维持量增价涨结构。而收盘后当日冲销量也暴出较前一日两倍的大量、周转率数值也创新高，因此出现如标示E的收阴K线实属正常变化，标示F的避雷针则为短线再反弹的信号，等到出现日落K线就可以确认短线形成转折了。

请看图3–7。东联股价在经过中期的修正后，从23.4元开始的上涨将被定位为中期反弹，反弹的幅度可以根据黄金分割进行评估，也可以利用反弹过程的上涨走势进行评估，如果以第一次与第二次短线出货点计算可能的目标区，则有：

目标一：23.4 × 1.6 = 37.44元

目标二：23.4 × 1.8 = 42.12元

目标三：31.4 × 1.3 = 40.82元(第二次短线出货点)

而从23.4元上涨时形成的转折高点35.95元并未与目标一产生关联，因此从31.4元再度上涨时，仅能考虑目标二与目标三，其中目标三在标示A穿越，但是当时成交量并没有明显的出货信号，反倒是标示B穿越目标二时，成交量属于当时波段上涨最大量，周转率数值也创高，收盘后当日冲销量为成交量1/5以上，已经具有拉高出货的条件，就等K线走势转弱进行确认。

至于标示C的走势，则是以日出长阳创高做多头表态，在疑似出货的行为之后出现这样的K线信号，请保持这可能是“业内盘”的疑虑，亦即走势有可能是“诱多盘”，下一日形成长阴母线，并让走势转折向下，此时投资人应注意伴随而来的下跌浪潮。

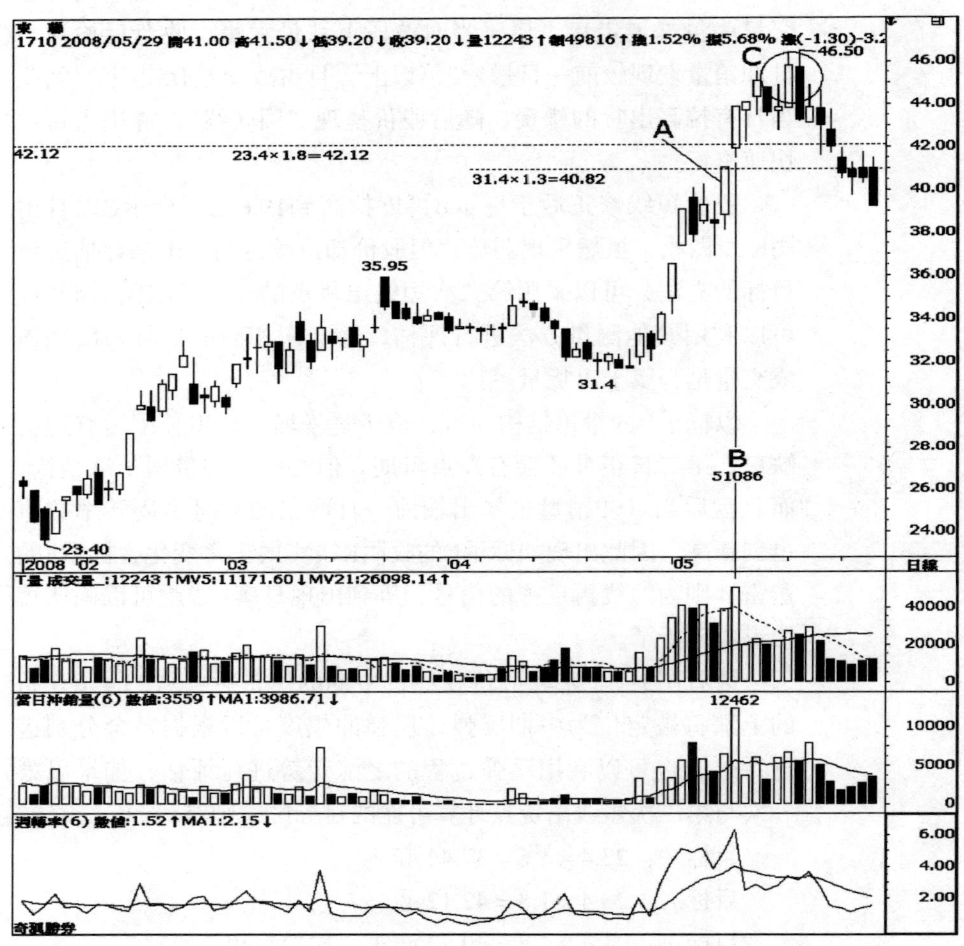

图3–7　第一次短线出货点案例之五(资料来源：奇狐胜券)

请看图3–8。国票金股价在经过中长期的修正后，于9.1元修正结束并盘底上涨，盘底过程相当冗长，当突破盘底期后，股价便以明显的多头走势攻坚，如果以黄金螺旋与第一次短线出货点计算可能的目标区，则有：

目标一：$(10.35-9.1)\times 5.236+9.1=15.65$元

目标二：$(10.35-9.1)\times 6.854+9.1=17.67$元

目标三：$9.1\times 1.6=14.56$元

目标四：$9.1\times 1.8=16.38$元

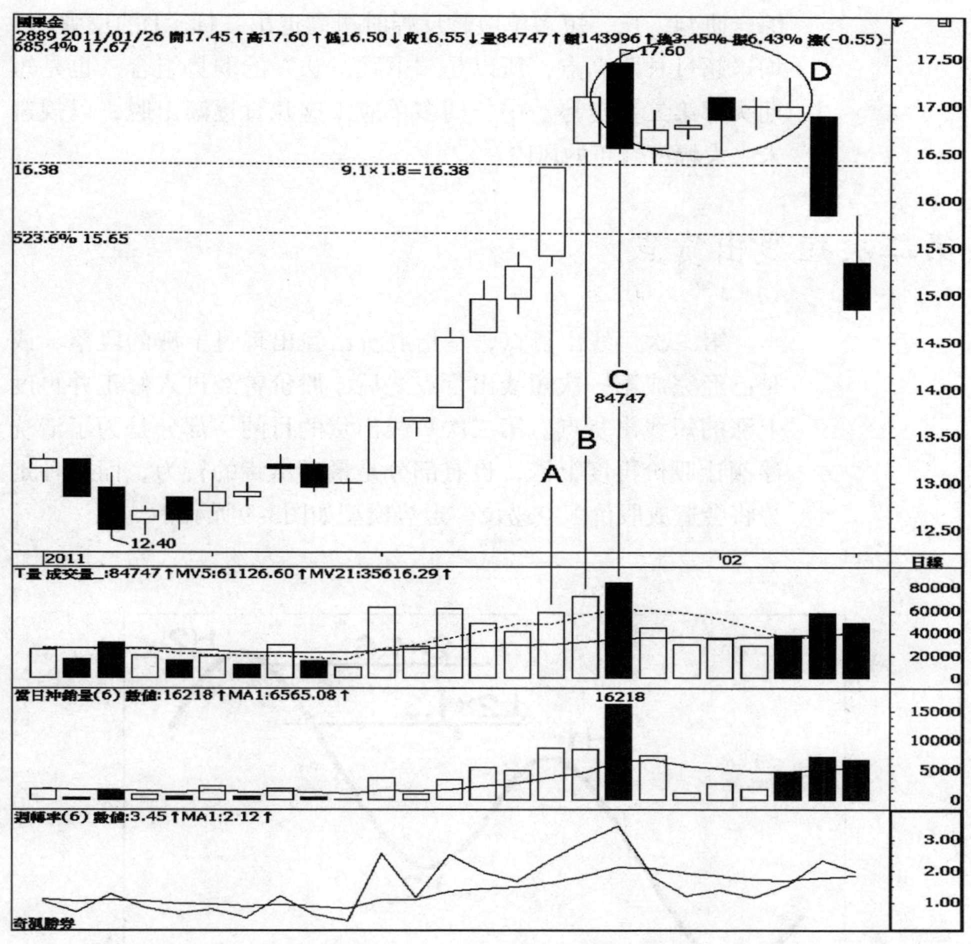

图3–8　第一次短线出货点案例之六(资料来源：奇狐胜券)

其中目标三被穿越后股价并未转弱，因此忽略不考虑。在标示A穿越目标一时，其三日量价结构暗示下一日仍有高点可期，在标示B穿越目标四，当日成交量虽然已经创下当时波段上涨最大量，不过收盘后观察当日冲销量时，发现并未随着成交量放大，因此仅能定位走势有出货疑虑而已。由于当日K线留有跳空缺口，故依然可以判断第二日还有创当日高点的机会。

标示C当日在创波段新高后，走势转弱形成长阴母线，为“吞噬”组合，于此位阶出现将不利多头后势发展，尤其是收盘后检视当日冲销量呈现暴增。以成交量、K线、周转率这些信号综合研判，长、短多单应趁反弹时逢高退出。标示D的反弹K线均未超过长阴高点，所以是“下跌三法”的弱势组合，也是短期头部第二头走势。中长期多单应于这几日逐渐出脱，以规避未来大幅度修正的风险。

第二次短线出货点

第二次短线出货点，是指股价已经出现过上涨的段落，或是已经完成第一次短线出货点之后，股价曾经进入修正并再度上涨的短线出货点。第二次短线出货的目的，部分是为了清洗浮额让股价再度上涨，也有部分是最后出货的行为，而这种走势将会造成股价多空易位。走势模型如图3–9所示。

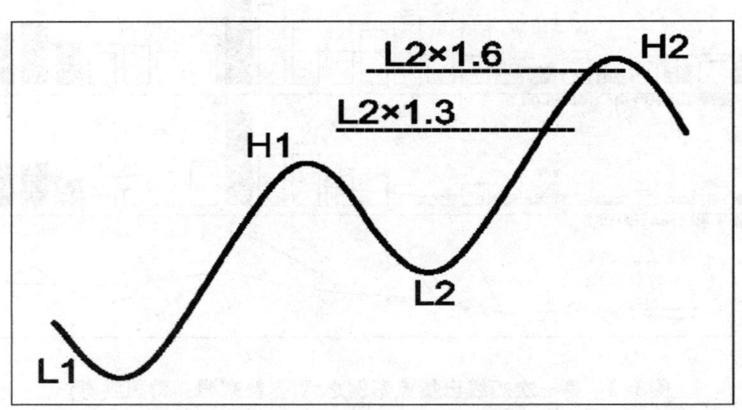

图3–9　第二次短线出货位置

图中标示H1的位置，可能是第一次出货点、初升段或主升段的结束点。标示L2为H1止涨后拉回修正结束的谷底，由于从L2 再度上涨过程中，有可能会出现行进间换手量，并做短线洗盘，因此在完成第二次短线出货目标时的成交量，不一定是当时波段最大量。其余研判与第一次短线出货点相仿，至于出货位置的目标，则在L2 × 1.3或L2 × 1.6。

利用第二次短线出货点进行评估时，如果股价波动模型属于“浪潮盘坚”的上涨走势，则其起涨低点大多为测试中长期均线后，依赖均线助涨的力道持续上攻，同时它所进行的修正时间较长。投资人应假设多头上涨力道相对较弱，因此计算出货点时应先取上涨1.3倍为宜。

如果从H1开始进行修正走势时，那么仅测试到中短期均线，股价便出现止跌与盘底信号。由于此时修正时间相对较短，投资人应假设多头上涨力道相对较强，除了从起涨点计算1.3倍观察外，也可以取1.6倍进行观察，这其中的差异仍需在股价实际走势中运用量价关系进行判别。

有部分股价走势会先满足1.3倍后，再接着满足1.6倍。比如，从L2上涨1.3倍后形成短线转折，修正后再从L3的谷底上涨，此时目标满足有可能在L2的1.6倍或L3的1.3倍，若无意外，则这两者的数据会相差无几，且都应该会被满足。

如上所述，出货目标的计算，均需配合黄金螺旋、杠杆测量与推浪等种种法则合并研判，以取得走势评估之最佳化，同时在可能是出货的位置配合指标辅助判断走势的转弱信号。比如，KD指标容易出现卖超信号，或MACD指标是否呈现柱状体背离等等。

请看图3–10。台玻股价在上涨的推动过程中，依其走势研判应属于中长期浪潮盘坚走势，其幅度规划以“推浪三部曲”或“箱型堆迭”较能贴近实际走势的发展，同时配合主力出货点的计算，通常可以掌握短线转折高点的位置。

由于该股的起涨点不是明显的中长期修正低点，因此再度上涨时评估短线出货点，应以“第二次短线出货点”的概念进行计算，所以：

目标一：26.75 × 1.3 = 34.77元

目标二：26.75 × 1.6 = 42.80元

在标示A以长阳K线穿越34.77元的价位，但是量能结构并不足以让操作者怀疑有出货的行为，标示B的成交量则呈现量暴增信号，K线形态为长阴且带有长上影线，属于多头弱势K线，以当日量价关系研判，则有严重的出货嫌疑，等到收盘后查阅当日冲销量，已经超过成交量的1/5，周转率也急速拉高，意味着次日只要量缩，指标将形成转折，进而导致价格会随着转弱，而标示C的日落长阴，则代表股价转弱的明确信息。

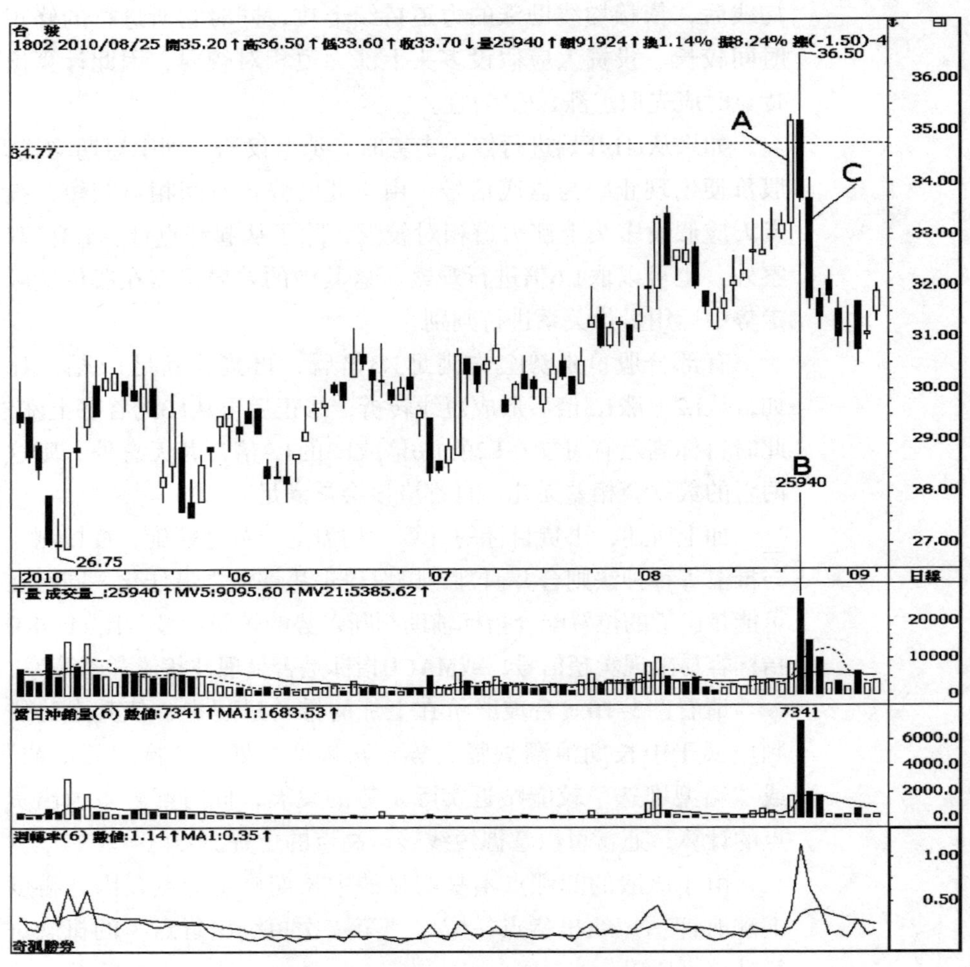

图3–10　第二次短线出货点案例之一(资料来源：奇狐胜券)

请看图3–11。荣成股价从6.7元开始盘底，在标示A以量暴增阳K 线表态，暗示第二只脚已经成立，接着再以标示B的阳K线日出并带跳空缺口站上底部颈线。此时投资人应假设底部完成，同时可以运用第二次短线出货点规划上涨目标，也可以使用底部第一小段为初升段计算黄金螺旋目标，所以：

目标一：$(7.35-6.7)\times 3.236+6.7=8.8$元

目标二：$6.7\times 1.3=8.71$元

目标三：$6.7\times 1.6=10.37$元

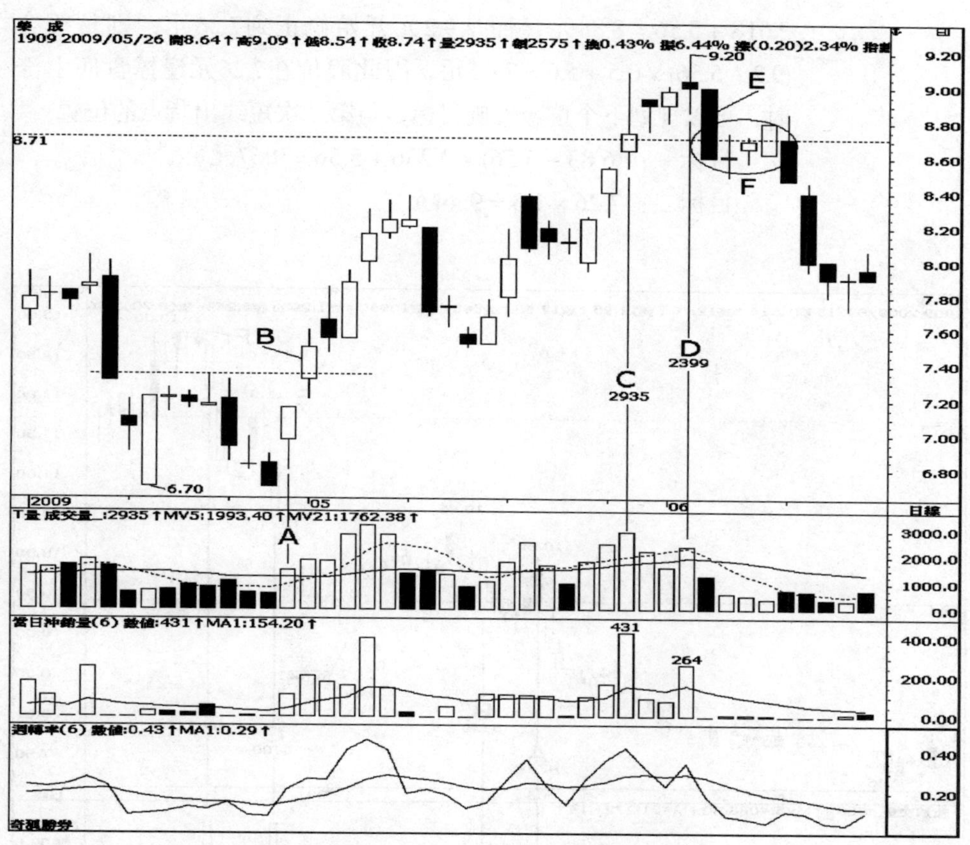

图3–11　第二次短线出货点案例之二(资料来源：奇狐胜券)

由于目标一与目标二相当接近，因此当股价上涨至此处时，其量价关系的变化就需要特别注意。而股价在标示C穿越目标二的价格时，属于量增的多头弱势K线，当日冲销量为暴增架构，此时已经有短线出货疑虑，后续走势呈现弱势K线震荡应属正常。

接着在标示D股价再度量增拉高，K线是“类十字转机线”，判定为多头弱势线型，当日冲销量仍为暴增现象，等到标示E的日落长阴出现，就代表短线出货暂时告一个段落，股价将进入中短期的修正走势，其中标示F的短线反弹与标示E的长阴形成“下降三法”的组合时，更使短线多头转弱的技术面得到验证。

请看图3-12。荣成股价的走势就中长线格局研判，9.2元的高点(请参阅图3-11)显然是符合黄金螺旋计算的目标：$(6.83-5.56)\times 2.618+5.56=8.88$元，而从9.2元开始修正到7.26元，则是符合$(9.2-5.56)\times 0.5+5.6=7.42$元。因此股价在7.26元逢撑盘底上涨时，可以规划下个黄金螺旋目标，与第二次短线出货点的位置：

目标一：$(6.83-5.56)\times 3.236+5.56=9.67$元

目标二：$7.26\times 1.3=9.44$元

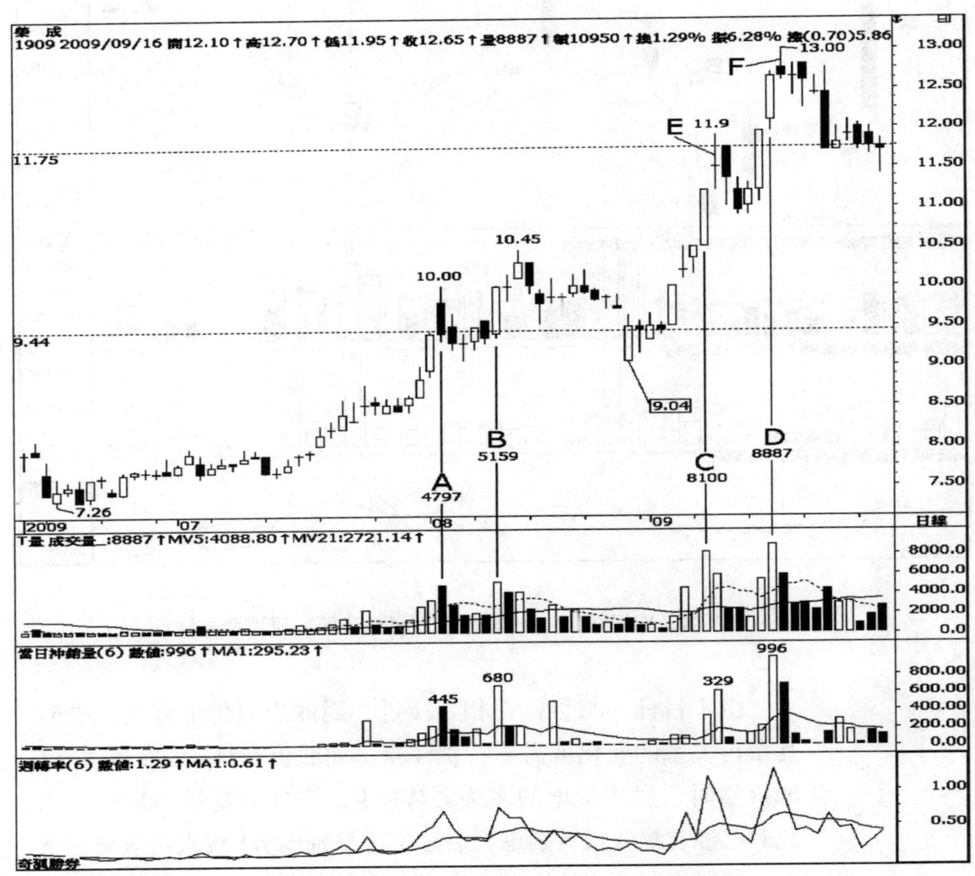

图3-12　第二次短线出货点案例之三(资料来源：奇狐胜券)

因此，标示A满足目标一与目标二，形成短线出货的现象，而标示B的多头再攻击未形成明确的波段涨势，应属于再度短线出货的技术信号。当股价进行短线修正后，从9.04元开始上涨，分别计算黄金螺旋目标与第二次短线出货点的位置：目标三＝(6.83－5.56)×5.236＋5.56＝12.21元；目标四＝9.04×1.3＝11.75元。在标示C的量暴增长阳攻击后，紧接着标示E穿越目标四，虽然有短线出货疑虑，但是长阳价格迟迟未被破坏，所以无法进行确认。

等到标示D穿越目标三，其量价结构再度出现出货疑虑时，可靠度就大增，就等后续走势进行确认了。在实际操作上，短线操作者如果选择在标示E就先行退出，则仍属于成功操作，毕竟短线操作的重点在于价差的撷取，而非精准地捉到转折高点。

请看图3-13。东钢股价进行中短期修正并测试130MA后，从36.25元开始上涨，利用第二次短线出货点计算，则目标一＝36.25×1.3＝47.12元；目标二＝36.25×1.6＝58元。走势在标示A穿越目标一，量价关系呈现短线出货的信号，股价也随着进入短线震荡，接着在标示B出现大量长阳格局，应视为行进间攻击走势，等到标示C接近目标二时，当日冲销量暴增，才能视为短线有出货的疑虑。

结果股价在标示C的隔一日穿越目标二，随即止涨进入修正，虽然测试上扬中的130MA形成助涨，但是股价却未能创下新高，形成助涨失败让股价测试下一条均线支撑，并完成如标示a、b、c的三浪修正，最后得260MA的支撑而促使股价再度上涨。

同理，利用第二次短线出货点计算，则目标三＝40.05×1.3＝52.06元；目标四＝40.05×1.6＝64.08元。走势在标示D穿越目标三，量价关系呈现短线出货的信号，股价也随着进入短线震荡，接着走势持续攻坚，在上涨末端形成“上升反转形态”的走势，并于标示E穿越目标四，形成当时最高价64.4元后止涨，后续走势也确定形态反转，股价便进入近似崩跌的长期修正走势。

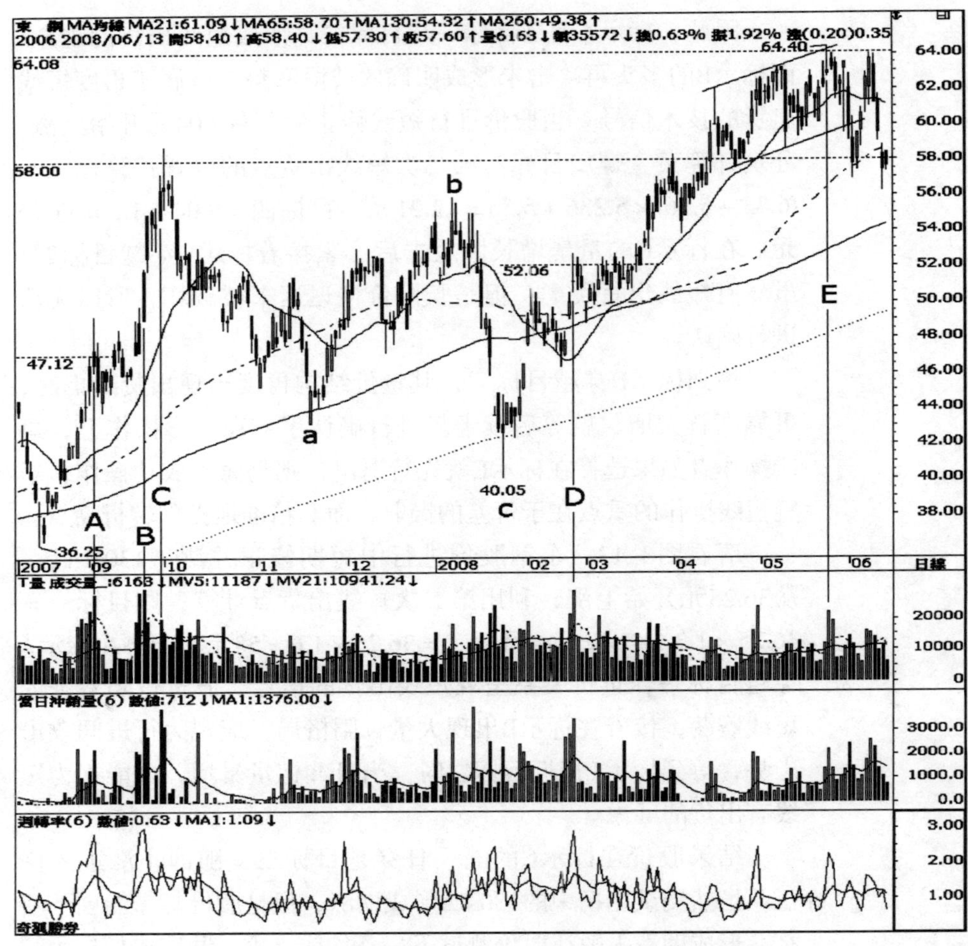

图3-13　第二次短线出货点案例之四(资料来源：奇狐胜券)

插线出货点

插线出货点顾名思义即为非主要上涨波段的出货点，就波浪的角度而言，有末升段或是反弹波的意味；就主力控盘而言，则为中小户、中小散户的短线操作手法，亦即为特定人士进场抢短线波段的位置。如图3-14所示。

插线出货的位置可以区分两种现象探讨，第一种是在上涨过程中出现，研判技巧在于先取H～L为测量段，当标示H1的股价最起码满足黄金螺旋的1.618倍以上(最佳的数字是上涨到2.618

倍以上)，接着拉回修正的最低价为L1，那么出货位置通常在L1×1.3附近。此计算公式其实与第二次短线出货点的计算相同，差别在于介入者的定位不同，且出货结束后走势往往直接进入空头。

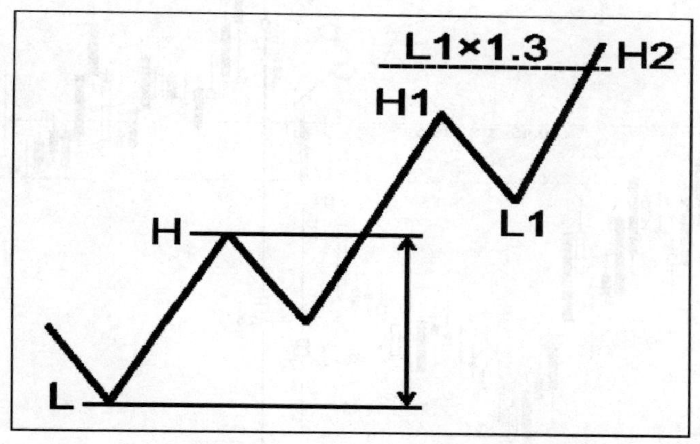

图3-14　插线出货位置

另外一种现象是在反弹走势中出现。从反弹的最低点L1，计算其L1×1.3为反弹逃命的出货点，由于反弹结束点往往会落在重要的黄金分割数字上，因此可以同步计算前一波下跌幅度的黄金比率，取两者数据的交集。如此，在反弹初期就能够评估可能的反弹比例。

至于出货的量价信号，以观察穿越评估的价格为优先考量，当日冲销量可能会出大量，尤其是较前一个交易日会增加许多，但是成交量不一定是当时的最大量。如果K线在穿越评估价格时，是以量增长阳K线做表态，那么往往会在下一根K线呈现量增收阴止涨的技术信号，这种现象在反弹波动中尤其明显。

如果插线出货点出现在多头上涨末升浪时，那么部分走势中的KD 指标可能会出现超卖信号，有部分走势则会反复穿越50做摆荡。由于修正结束的谷底会测试中长期均线后获得支撑而上涨，一般而言，往往以测试65MA为主，因此可以利用BIAS指标的背离信号为参考，且指标参数应同步调整为65日。

如果插线出货点出现在走势已经翻空的走势过程中，那么当股价穿越计算的出货价格，同时出现KD指标的超卖信号，这时候往往是最佳短线卖点。

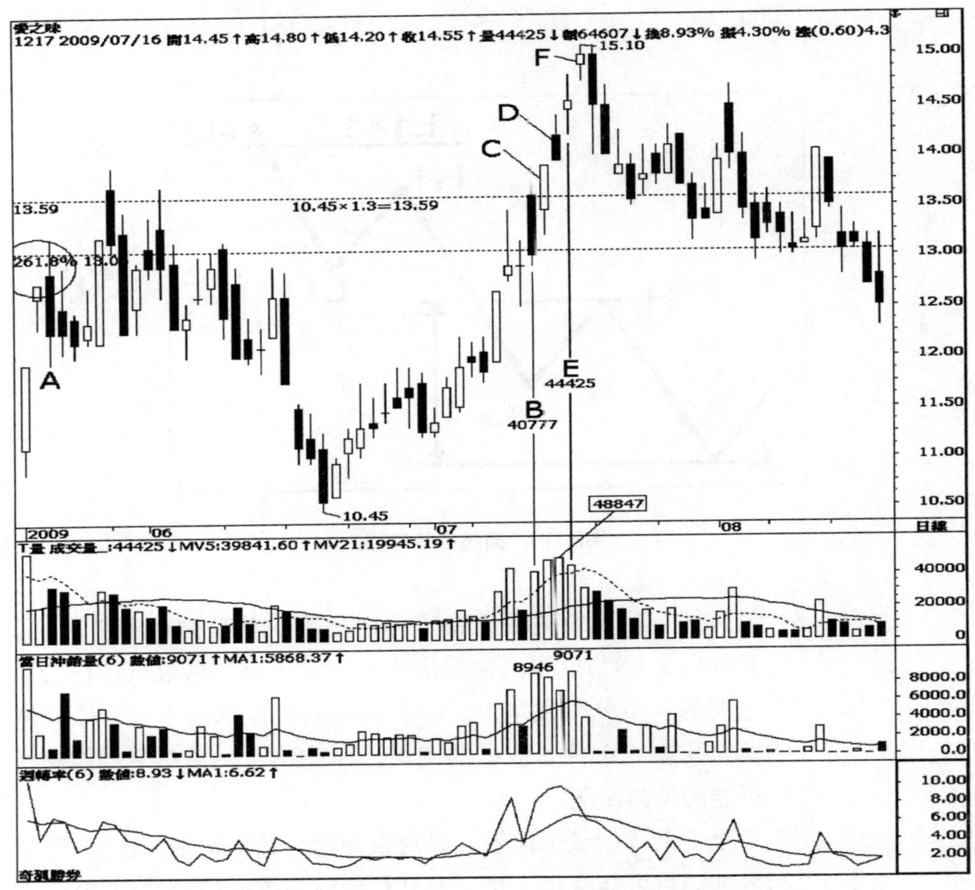

图3-15 插线出货点案例之一(资料来源：奇狐胜券)

请看图3-15。爱之味股价在标示A满足上涨初升浪的2.618倍黄金螺旋测量后，修正到10.45元逢65MA支撑形成助涨，股价再度形成上攻走势，由于标示A的位置符合插线出货点描述的主升段攻击结束，因此可以评估未来将有机会上涨到10.45×1.3=13.59元。

请看图3-16。幸福股价从6.55元开始推浪上攻，以6.55~10.45元为计算基础，则可得目标：(10.45－6.55)×2＋6.55＝

14.35元。在标示A被穿越后进入修正，接着从12.5元开始盘底，并逢65MA助涨力道使股价盘坚上涨，此时投资人可以用黄金螺旋评估下一个目标：(10.45 − 6.55) × 2.618 + 6.55 = 16.76元。又因为上涨已经超过1.618倍以上目标，就有机会被中实户进行“插线出货”或是“第二次短线出货”，因此再计算12.5 × 1.3 = 16.25元、12.5 × 1.6 = 20元，作为上涨目标的参考。

图3-16　插线出货点案例之二(资料来源：奇狐胜券)

由于16.76元与16.25元的价位较为接近，因此先观察股价上涨到此处时的量价变化。在标示B股价同时穿越这两个价位，量增K线收阴，暗示当日就有短线出货的疑虑，标示C股价再拉高时，却不是多头攻击线型，而是留有长上影线的弱势K线，标示D的日落长阴确定短线形成高点转折。到此投资人就可以认定短线已经出货，股价应进入修正走势，至于修正的长短周期就要放大观察轮廓重新检视。

而股价在标示E的反弹，因为留有上影线，代表短线上攻过程受到空头压抑，在无法持续创高的情形下，这样的反弹结构将使走势形成短期头部第二头的技术现象，股价自然也会进入针对上涨走势的修正了。

请看图3–17。幸福股价从17.85元开始修正后，直到11.25元才开始盘底反弹，以当时整体走势而言，可以合理怀疑走势将进入中长期修正，而且是针对2.24～17.85元的这个轮廓进行修正，所以这时候的盘底上涨，才会以反弹架构视之，同时有机会进行“解套型出货”。

既然定位有机会进行解套型出货，那么应计算黄金分割空间与插线出货点观察：

反弹0.5倍 = (17.85 − 11.25) × 0.5 + 11.25 = 14.55元

反弹0.618倍 = (17.85 − 11.25) × 0.618 + 11.25 = 15.33元

插线出货点 = 11.25 × 1.3 = 14.63元

由于14.55元与14.63元较为接近，因此建议先考虑走势会反弹0.5倍，抢反弹操作者也必须趁此时评估风险与利润是否值得介入抢短操作。当股价在标示A完成底部，成交量与当日冲销量均呈现暴增，且当日冲销量约占成交量的27%，颇有当冲做量的嫌疑。最后在标示B穿越评估的价格时，以量增收阳价涨呈现。依据实际操作经验，往往在下一根K线量缩收阴止涨，实际走势果然结束反弹，修正到7.35元后才暂告一个段落。

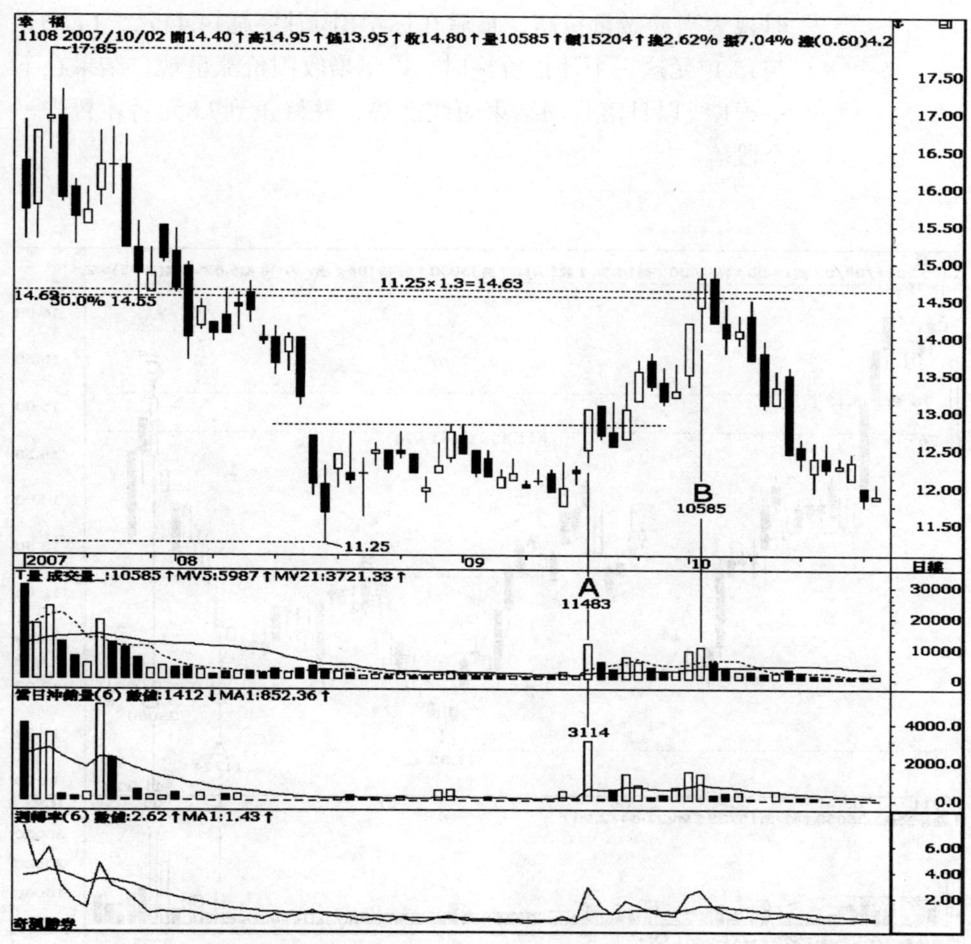

图3-17　插线出货点案例之三(资料来源：奇狐胜券)

请看图3-18。华夏股价从16.35元修正到11.35元疑为初跌浪，所以从11.35元开始的上涨将被定位属于反弹格局，因此计算黄金分割空间与插线出货点进行观察：

反弹0.618倍 = (16.35 − 11.35) × 0.618 + 11.35 = 14.44元

反弹0.764倍 = (16.35 − 11.35) × 0.764 + 11.35 = 15.17元

插线出货点 = 11.35 × 1.3 = 14.76元

由于14.44元与14.76元相当接近，因此先规划反弹走势有机会满足0.618倍，当股价在标示A突破颈线上攻，成交量与当日冲销量均呈现暴增，反弹过程中出现这样的技术现象，均会先暂时视为当冲做量拉高，最后在标示B同时穿越14.44元、14.76元与15.17元这三个评估价格时，以量增收阳价涨呈现。结果在下一根K线以日落收阴结束短线涨势，并修正到7.8元后才暂告一个段落。

图3–18　插线出货点案例之四(资料来源：奇狐胜券)

短线强拉出货

短线强拉出货其实就是特殊的盘头走势。盘头过程中的转折，会以短周期的时间系数为主轴摆荡，这些系数与短线指标有关，目的是制造顶背离的技术现象，并做出明显的“轧空点”失败信号，以利于主力彼此间出货信息的传递。如图3–19所示。

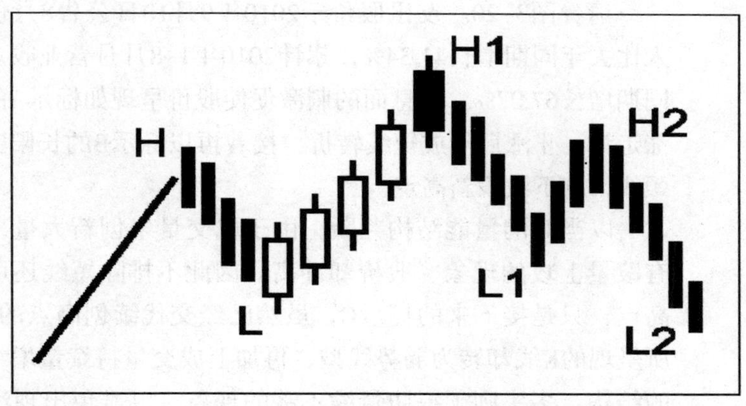

图3–19　短线强拉出货形态

此出货形态在标示H之前，股价上涨的走势非常明确，或是已经完成重要的上涨测量目标，接着从标示H开始进入短线修正，通常修正到标示L约为3～5日(非必要条件)，当股价从标示L开始上涨，通常会拉抬5～10日(必要条件)，拉抬这一段的目的，是要让空单认赔退出，同时让一般投资人“以为”股价将进行“轧空”，实际走势却是轧空失败的诱多行为。

至于出货的量价信号，则是在创新高过程中，K线会以长阳的强势多头格局表态。然而在即时盘态走势中却是属于出货的盘态(如山田梯)，接着会以弱势K线呈现止涨(H1)，并导致量能急缩后，使股价上涨后继无力而拉回，此时通常会有时间对称性，并形成回档低点L1，接着再反弹做右肩，时间波大约为3～5日，幅度约为反弹1/2以上，这时候便是短线退出的最后时机。

判断标示H2的完成点，还有一个研判关键：当最后上涨波段中的最大成交量，即最明显的出货量，所对应的K线最高点无法突破，就是短期头部第二头。

另外，本出货形态通常会沿着21MA上涨，因此可以配合短线指标研判走势转弱的信号，比如，KD、MACD与21日BIAS等指标，其中以“顶背离”信号最为常用。但是要提醒投资人注意，走势形成转折或是多空易位，不一定会产生指标顶、底背离信号，所谓顶、底背离信号代表的仅为原始走势力道趋缓，并非股价即将转折的绝对保证。

请看图3-20。友讯股价于2010年9月10日公告8月份营业收入比去年同期增长41.34%，累计2010年1~8月月营业收入比去年同期增长67.07%。消息面的刺激促使股价呈现如标示A的急速上涨走势，止涨后形成短线转折，接着再以标示B的长阳突破水平颈线，创下波段新高点。

以当时的量能结构判断，由于成交量未创新大量，短线上有滚量上攻的现象，股价却冲高。因此不排除短线还可以续创高点，只是接下来的标示C，虽然已经交代续创高点的技术面，所呈现的K线却转为弱势线型，再加上成交量持续量增维持滚量的结构，多头则须提防量缩不涨的现象，以避免出现滚量结束的价格失速。

在标示C的隔一根K线，以量缩日落长阴的走势宣告短线上涨结束，此时再依据短线架构研判，应该可以看出这是属于短线强拉出货的走势模型，若研判为真，则当时最大成交量的对应K 线高点是35.3元，多头未能将此处克服，未来走势将以盘头定位之。

标示D的日出阴K线代表当日反弹失败，而标示E的反弹虽然有长阳日出为基础，但仍然受制于止涨大量的压力，形成多头挑战高点失败。既然如此，股价只有修正一途，才有机会创造再上涨的空间了。

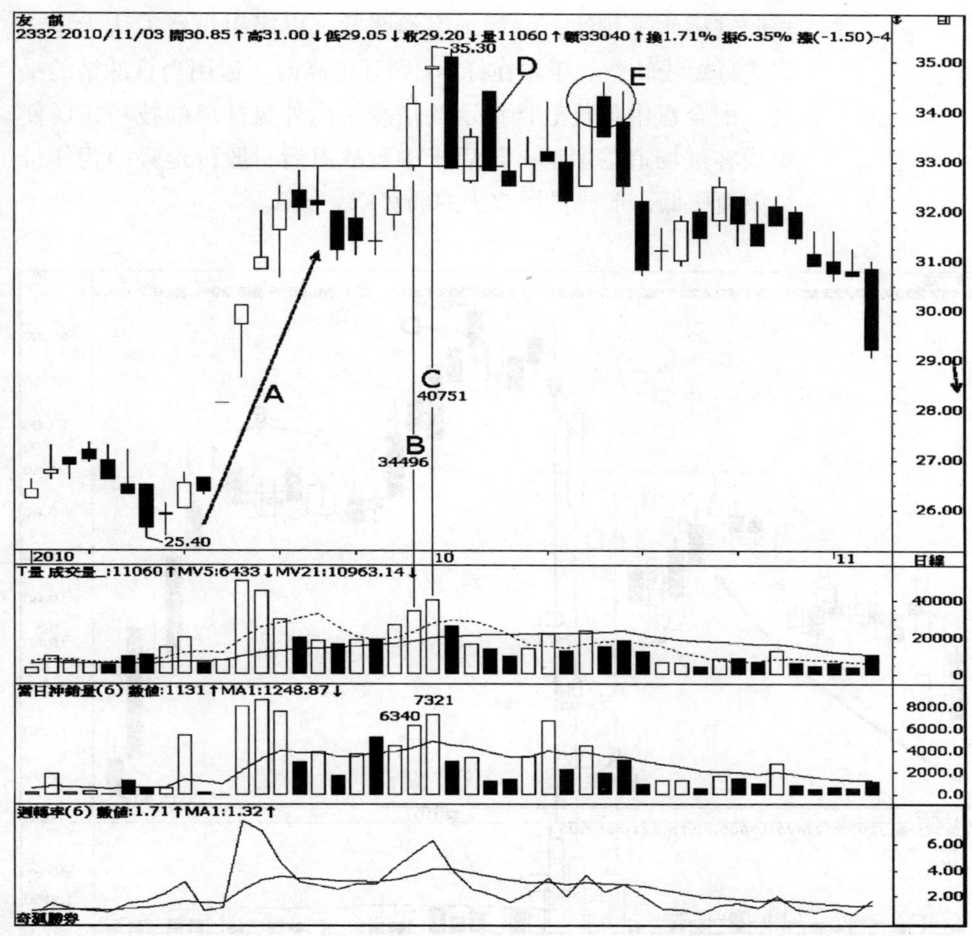

图3-20　短线强拉出货案例之一(资料来源：奇狐胜券)

请看图3-21。毅嘉股价从2008年底开始上涨后，属于浪潮盘坚上攻的走势。标示L之前的上涨并不强劲，但却沿着65MA助涨，走势如此蹒跚的原因，不排除是消息面没有助涨力道，操作的主力应该会事先掌握这样的公告信息：2009年12月10日公告11 月份营业收入比去年同期衰退13.13%，累计2009年1~11月营业收入比去年同期衰退34.21%。

既然如此，以主力控盘角度而言，手中的筹码只能依赖技术线型来做出货的动作，在标示A以成交量、当日冲销量暴增的手法将均量线拉高，形成波段起涨信号，接着再以标示B的量增长阳突破水平颈线，并增加融券张数，以吸引投资人认为走势将进行短线轧空。于是在标示C高开走高时，运用当日冲销的手法，配合盘中量价五档揭示的信息、内外盘挂单的技巧，诱使短线客进场追逐多单，最后于中盘战以后，股价走势因为作价结束而压低，形成量增收阴的弱势K线形态。

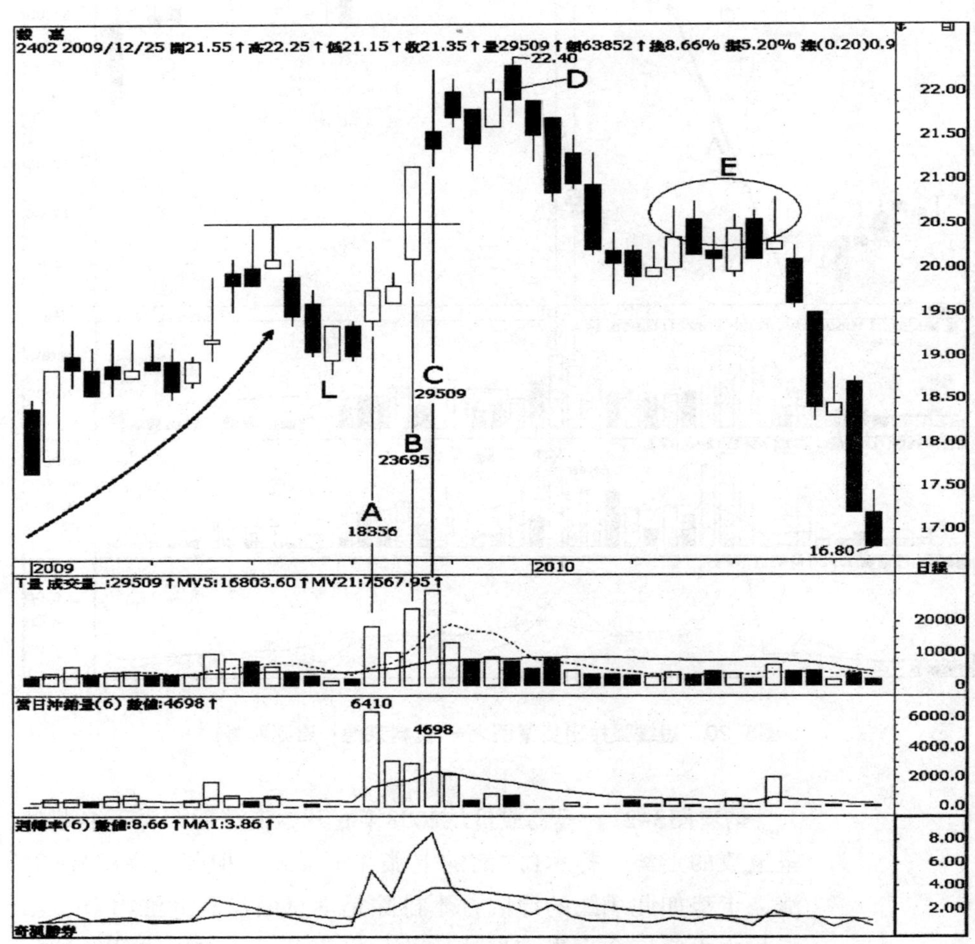

图3-21　短线强拉出货案例之二(资料来源：奇狐胜券)

这时候短线进场者大多数已经形成套牢而不自知，等到标示D 前一日阳K线出现时，还会误以为多头走势即将再起，而标示D 的日出长阴，散户搞不好还会自我安慰股价还创新高，直到日落长阴进入修正时却已经为时已晚。而在标示E的短线反弹时，散户投资人说不定还有盘底再涨的期待，实际上却是完成短线强拉出货的弱势反弹，接着股价就反应营收衰退的修正走势了。

请看图3–22。宏泰股价从24.5元开始上涨的多头气势相当强劲，成交量也呈现有利多头的波段起涨与量滚量的技术面，上涨告一个段落后进行修正，却逢21MA助涨支撑，K线也形成长下影线的“类吊人线”，股价因此再度呈现上涨。

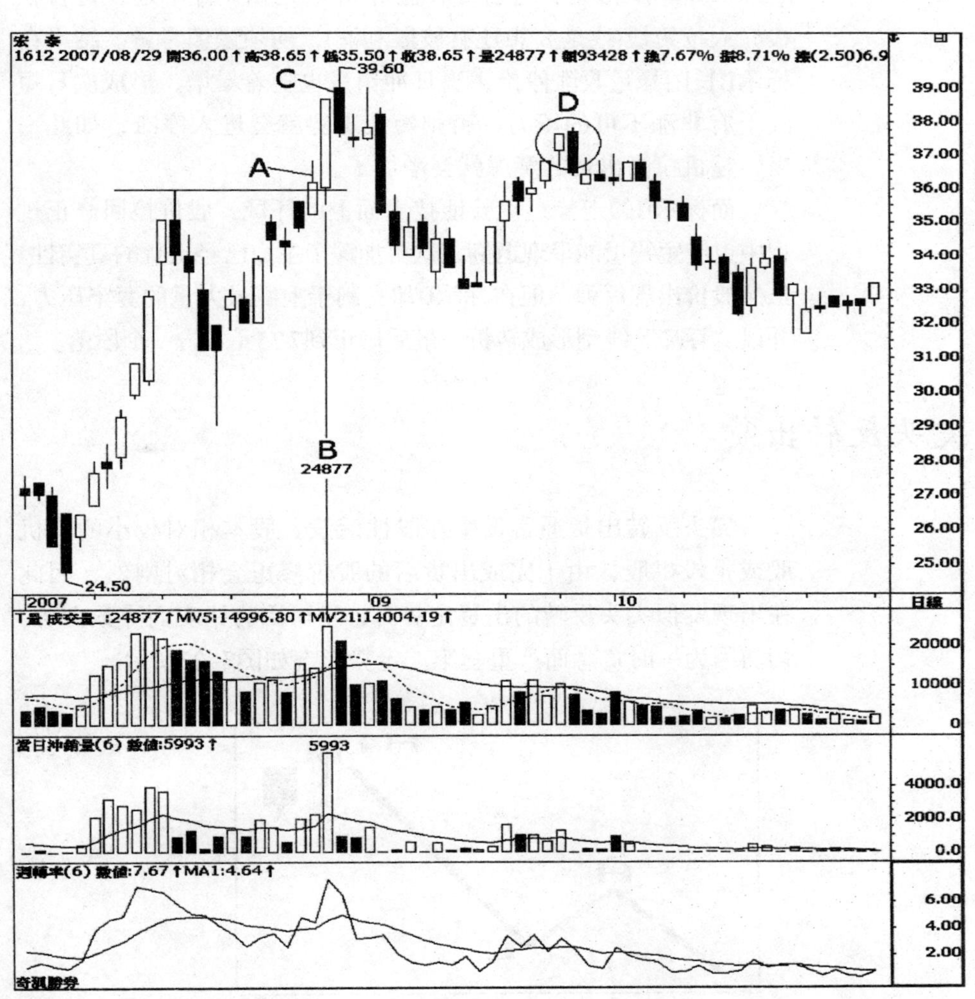

图3–22　短线强拉出货案例之三(资料来源：奇狐胜券)

在标示A时股价突破止涨的水平颈线，当日(2007年8月28日)于盘后则公告一则财务信息：累计2007年1~6月每股税前盈余2.23元，每股税后盈余1.74元。一般投资人通常会如此判断：如果以全年估算每股税后盈余将达到3.48元，那么，换算其本益比才36.15 ÷ 3.48 = 10.39倍而已。因此，短线上应该还有利可图，甚至误信当晚就收到的投资建议(为了骗你，说不定会以税前盈余计算本益比)，所以决定次日赶快进场买进。

请注意，长线所计算出来的黄金螺旋目标 = (12.45 – 4) × 4.236 + 4 = 39.79元，与当日收盘价36.15元相差并不远，是否积极介入抢短线(或是妄想还有波段利润)，均须谨慎考量。结果在标示B长阳暴量收涨停价，当日冲销量也随着暴增，形成次日短线上有非涨不可的压力，否则短线走势就会进入停滞，如此一来，趁机拉高出货的疑虑就会增加了。

而标示C的走势，正验证技术面上的怀疑，股价拉回修正过程中也使短线量能呈现退潮，这更加深了主力已经出货的真实性。虽然股价出现反弹，但在标示D却受制于上涨最大量的套牢压力，并以“吞噬”线型形成转折，最后修正到7.23元才告一个段落。

尖头反转出货

尖头反转出货通常发生在股性活泼、股本相对较小的转机股或是投机股，由于完成出货后的股价修正会相对剧烈，因此在出现疑似尖头反转的出货走势时，宁可因为错卖而导致少赚，切勿因为一时贪念而严重套牢。走势形态如图3–23所示。

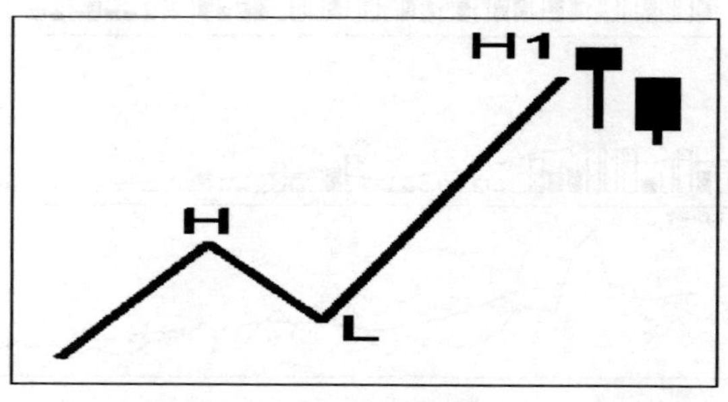

图3–23 尖头反转出货形态

本出货形态在标示H～L的这一段，有可能是行进间换手，或是短线“顿点”，不一定会呈现明显的转折走势。当股价从标示L开始上涨时，以连续涨停的攻击走势为最标准的形态，否则也要明显拉抬约8日以上的多头气势，同时要让股价创波段高价与波段大量。

而标示H1多为弱势转折K线形态，在隔一根K线以开低走低或开平走低的线型，让短线呈现止涨信号，短线止涨后，股价往往会回到原始的波段起涨点，形成“怎么上涨，就怎么下跌”的走势。

尖头反转出货在成交量上的变化，关键日会出现大量，属于上涨过程中的最大量或次大量，与前一日相比，为“量急增”或“量暴增”的格局，后者的多头风险高于前者。在关键日的隔天，成交量会迅速萎缩，同时价格呈现下跌，但这不是量缩价稳的意思，而是出货结束、量能不济的信号。此时关键日已经形成高点转折，接着成交量也随股价下跌而萎缩，最后形成量能退潮的现象。

K线走势则是会看见从高转折日起算，快速拉回至少3日，目的是修正已经过大的正乖离，但BIAS指标却不易产生背离。迅速修正乖离的过程中，无论是测试哪一条均线获得支撑而再度上涨，均应先视为短线反弹，且属于短期头部第二头的行情，并不适合积极介入做多，仅适合短线逢高进行多单的最后退出。

在指标方面，KD指标将进入超卖区，或者形成钝化，钝化时可以利用KD指标中的J值辅助判断短线卖点，理论上应可以卖在最高的止涨点。如果在盘中即时走势研判，则往往在分时线走势上会打出至少2～3次的分时线出货信号，或是5分线的第一根就呈现暴大量止涨，形成当日即时走势的最高点。

请看图3-24。永裕股价从低档起涨以来，并非依赖亮眼的营业收入成绩，这种借由技术面拉抬的上涨走势，往往是所谓的“投机股”或是“转机股”。当股价强势上涨到标示A时，成交量萎缩，K线成收阴子线。就技术面而言，可以定位为短线顿点，标示B放量再攻，则属于洗盘后的换手攻击。

如果从标示A开始计算上涨天数，则在标示C正好满足8个交易日，上涨过程中成交量极度萎缩，属于“惜售”的轧空手法，也正是此类型股票常用的做线走势之一。当成交量萎缩到极致后再出大量时，通常就是短线满足点，当日K线形态常以吊人、吞噬、避雷针或乌云罩顶等弱势形态表示，标示C则属于“类吊人线”。

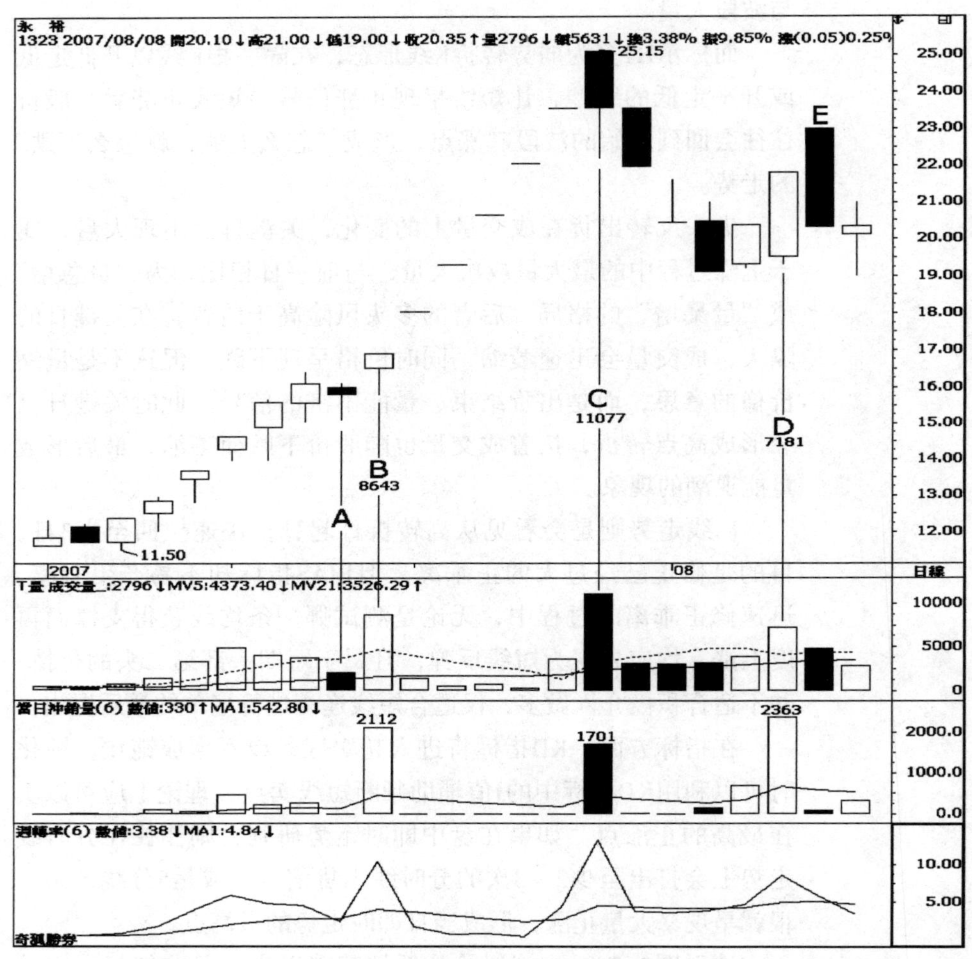

图3-24　尖头反转出货案例之一(资料来源：奇狐胜券)

标示C(2007年7月30日)当天即传出不利多头的消息面：“永裕受双利空夹击，大客户联合利华将关闭台湾厂，转投资新永裕仍亏损，下半年业绩恐受影响。”试问，特定人士会在当日才知悉这样的内情吗？既然早已经知道这样的利空，股价还能强势涨停拉抬，主力除了运用技术面与筹码作价外，已经别无他途了。

标示D虽然阳K线日出上涨，但以技术线型判定多空走势已经易位，持有该股者应趁反弹赶快逢高退出。因此标示D、E都是绝佳的退出点，如此才能避免短线严重套牢。

请看图3-25。南染股价并无特别突出的基本面支撑，却能从2006 年3月底的4.36元一路上涨，纯粹是利用技术面与筹码面的搭配，进场操作这种股票完全依赖技术面，不能心存侥幸，一有信号就必须当机立断，再加上日成交量不大。因此进场操作的持股不宜过多。

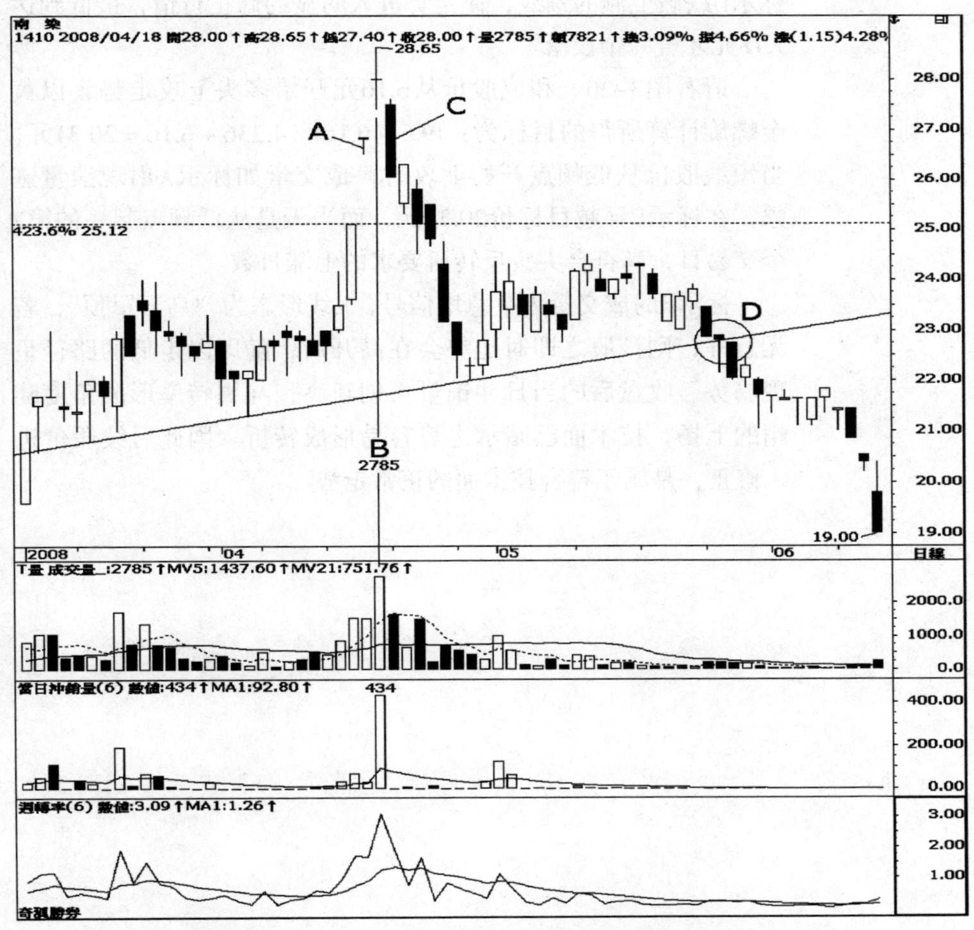

图3-25 尖头反转出货案例之二(资料来源：奇狐胜券)

以黄金螺旋计算目标：(9.26－4.36)×4.236＋4.36＝25.12元。在标示A时穿越，当天是从顿点起算的第4个交易日，以三日量价关系研判，次日应该还会有高点。但是在已经满足目标与交易时间面临第5日的背景下，次日极有可能形成短线止涨点。所以，在标示B以量增走势收十字线，形成弱势K线形态，诚属于正常的股价波动反应。

接着在标示C开低走低形成长阴日落，K线组合为“十字星岛状反转”，研判已经短线出货完毕，投资人应提防走势进入肩头反转，如果是这样，则修正走势会很快让股价回到短线起涨点，最后股价形成颈线往右上方倾斜的“头肩顶”形态，并在标示D跌破上倾的颈线，使走势进入明显的修正行情，最低到达7.18元才告一个段落。

请看图3–26。和成股价从6.16元开始多头上攻走势，以黄金螺旋计算所得的目标为：(9.5－6.16)×4.236＋6.16＝20.31元。当短线股价从低顿点开始上攻时，成交量如标示A出现滚量迹象，在标示B穿越目标价20.31元，而当天是从低顿点起算的第7个交易日，尚符合尖头反转所要求的上涨日数。

标示B的成交量为量急增信号，K线形态为“乌云罩顶”，若无意外，则该股之即时走势会在高开后，随即以走低的路径呈现弱势，收盘后的当日冲销量再创新高，与周转率形成角度陡峭的上扬，技术面已暗示走势容易形成转折。因此后续股价进入修正，是属于符合技术面的正常走势。

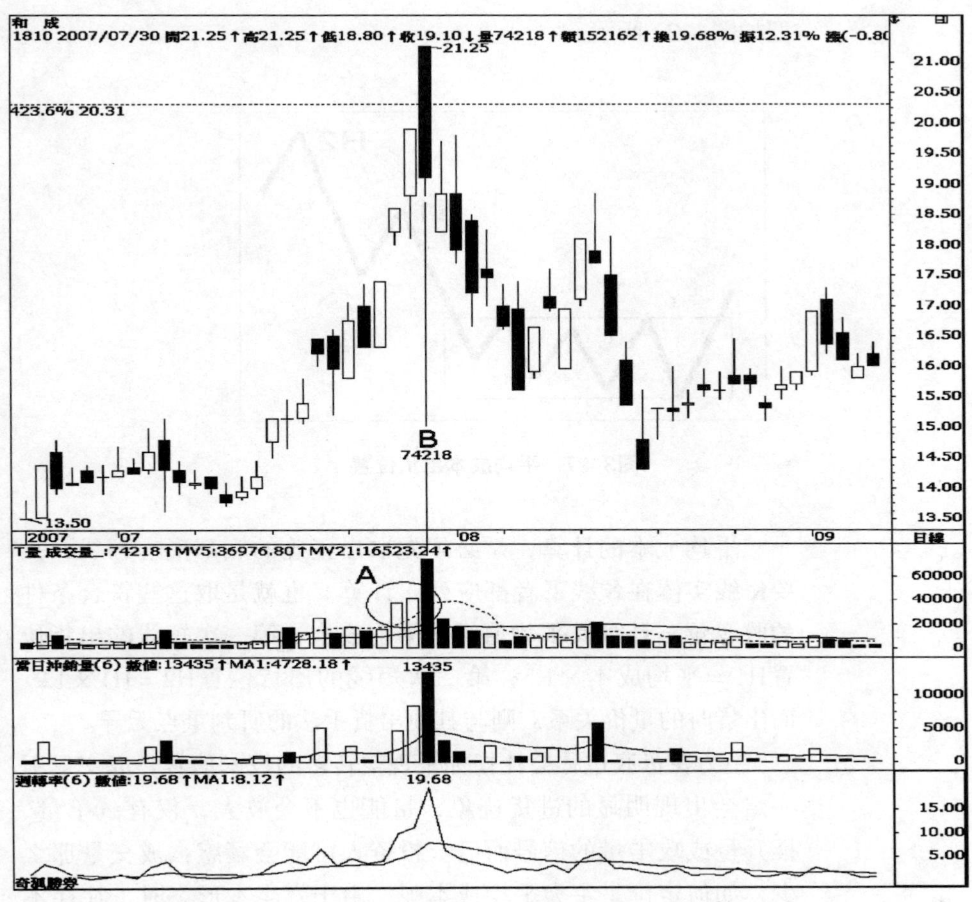

图3–26　尖头反转出货案例之三(资料来源：奇狐胜券)

平均成本出货

平均成本出货，是指股价在盘底之后上攻，由于已经满足起码的上涨幅度，在底部进场布局的特定人士，会先做短线多单退出的动作，待洗盘结束后再进场承接。这样的目的通常有两种：一种是因为主力资金不足，或是筹码掌握程度还不够充分，为了降低持股成本，因此会先做短线退场动作；另外一种是为了测试市场水温，以利用短线退出的手法，测试卖压与买进力道，并据此观察是否另有他人觊觎这一只股票。其走势模型如图3–27所示。

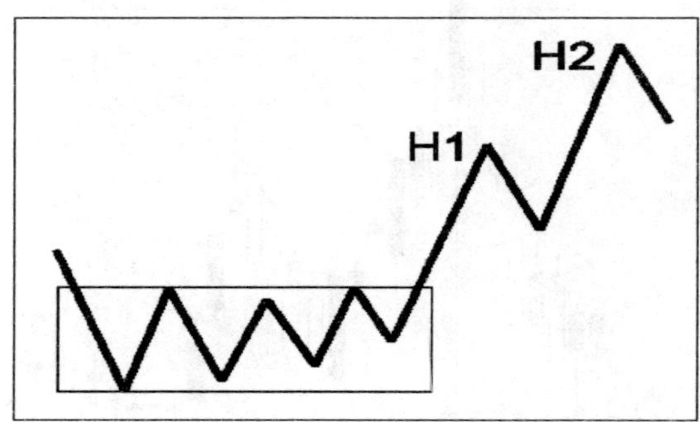

图3–27 平均成本出货位置

平均成本的计算，是必须先取出正确的底部形态颈线，只要K线实体在颈线下者都应列入计算。也就是取这些符合条件的收盘价，计算其平均值当作平均成本，第一次短线的出货位置H1 = 平均成本 × 1.3；第二次短线的出货位置H2 = H1 × 1.2。而出货时的量价关系，则与其他出货手法的研判重点无异。

主力在盘底过程会让指标呈现空转多的技术信号，成交量不一定会出现明显的进货迹象，量能也不会放大，仅有试单量、推升量或攻击量的信号而已。投资人可能会疑惑：成交量那么少，如何定位是主力平均成本呢？由于发生本形态时，往往不是长期修正走势的最低点，而是在完成初升浪或是主升浪之后的修正结束点，因此底部的主要目的是完成筹码已经沉淀的信号。如果底部之前的上涨波是属于初升浪走势，那么真正进货的区域应该定位在初升浪。

而盘底走势可以区分为均线下的盘底与测试均线时的盘底，前者即将发动主升浪，后者可能是在主升浪的延伸浪起点，或是末升浪的起点附近。既然走势是利用底部形态上攻，投资人可能会问：测量是以黄金螺旋较佳，还是平均成本出货计算为佳？这个问题没有标准答案，就如同我们永远无法准确预测上涨的数值。因此较为恰当的做法，则是罗列可能的目标值，于股价穿越目标后依据其量价结构，做出投资人在当时认为最适当的决策即可。

请看图3–28。嘉裕股价从3.55元开始盘底，当完成短期底部时，整个标示A的范围都须纳入计算底部平均成本，一般付费软件都会提供这种特殊功能，无需一笔一笔自行计算。当然，这样的计算方法只是一种概略的估算而已，不完全代表主力真正的持股平均成本。

经过计算，标示A的平均成本是3.74元，第一次短线的出货位置 = 3.74 × 1.3 = 4.86元，标示B的最高价是4.85元，与目标价相差0.01元，当天的成交量与当日冲销量都呈现暴增，根据三日量价结构研判，次日只要量缩将会使股价形成短线止涨，实际走势在标示C创下该波段新高，也形成短线转折。所以应定位第一次短线平均成本出货发生在标示B的位置。

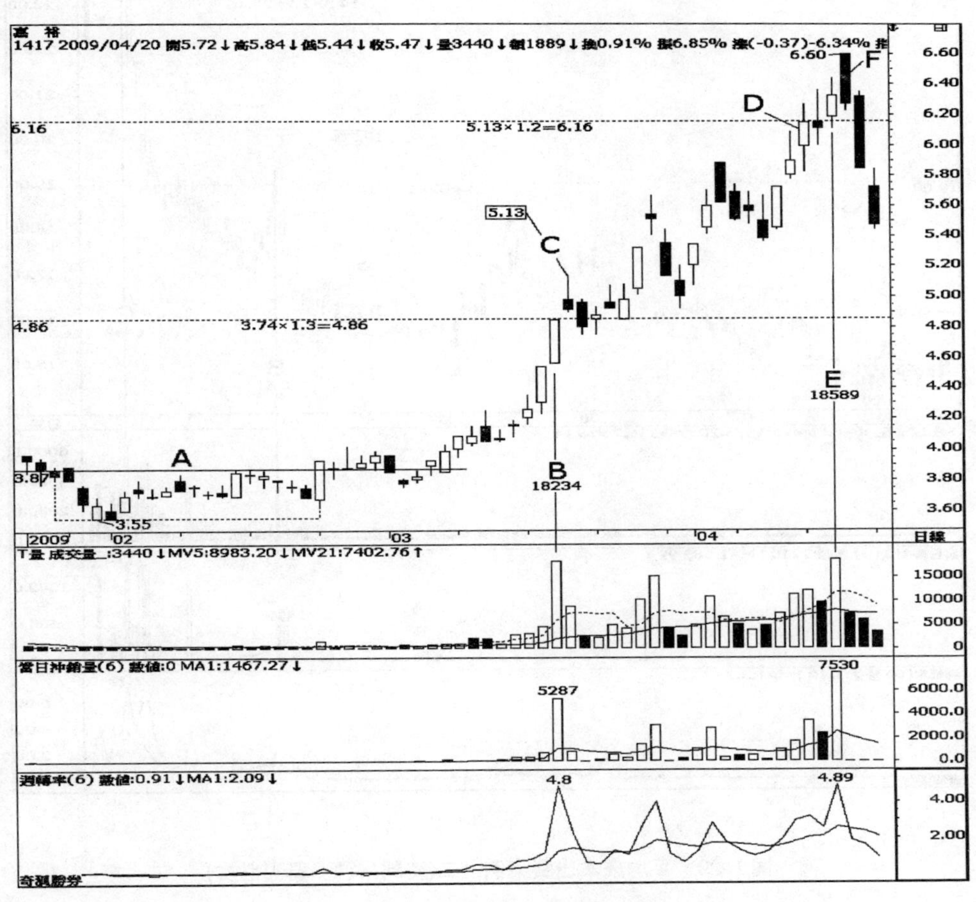

图3–28　平均成本出货案例之一(资料来源：奇狐胜券)

股价在标示C之后并未压回修正，反倒是以盘坚走势垫高，因此可以估计还有第二次短线出货的现象，此时应以第一次出货后的止涨高点5.13元进行计算，即第二次短线的出货位置 = 5.13 × 1.2 = 6.16元。股价在标示D穿越，但出货现象并不够明确，直到标示E呈现量急增与当日冲销量暴增，才能将其定位为短线出货疑虑，标示F的止涨与后续的长阴日落，则属于技术面上的确认。

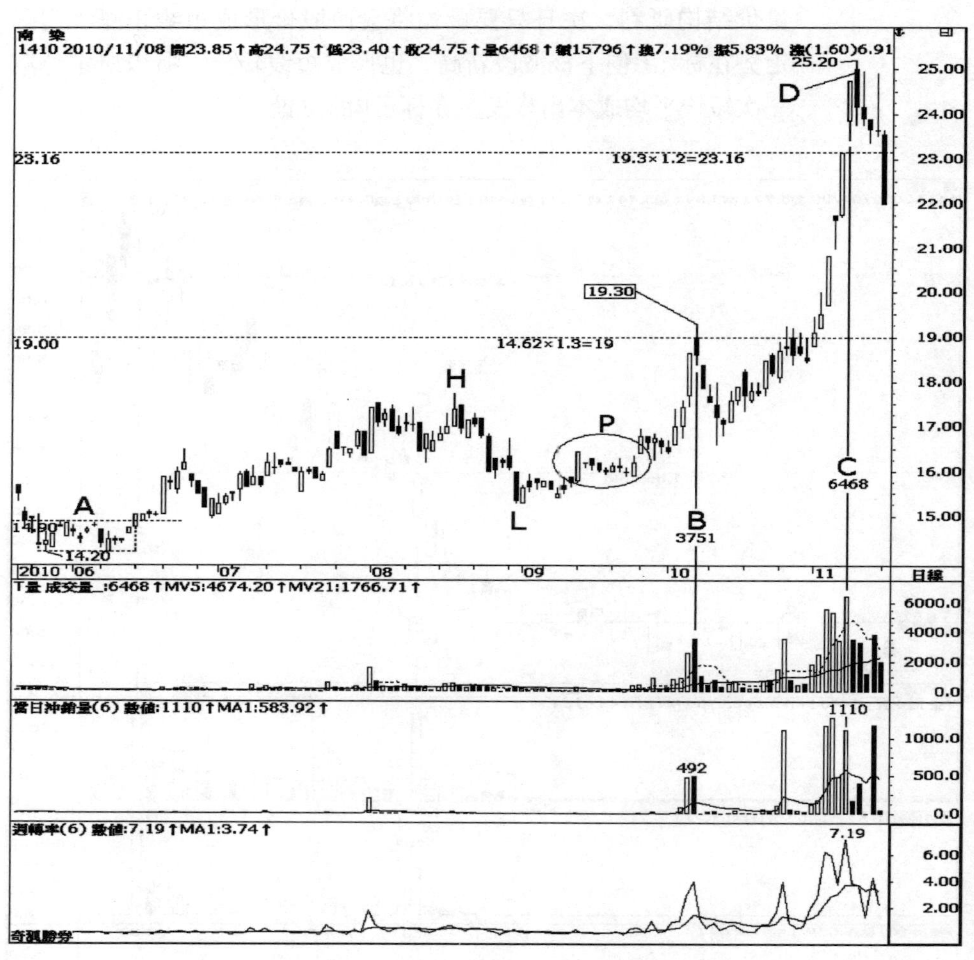

图3–29　平均成本出货案例之二(资料来源：奇狐胜券)

请看图3–29。南染股价在中长期修正后，以潮汐推浪做线模式上涨，并在标示A的范围盘出一个短期底部，促使股价上攻，计算底部平均成本是14.62元，则第一次短线的出货位置＝14.62×1.3＝19元。

由于股价推动上涨时以潮汐推浪为主轴，致使上涨到标示H就止涨拉回修正，并未满足评估的出货位置。当修正到标示L之后，标示P再度盘底上攻，无论是以出货计算或是潮汐推浪评估，股价均有上攻创新高的机会。因此当时可以考虑短线多单进场。

当股价在标示B穿越以平均成本评估第一次短线的出货位置时，K线收阴且量增，往往会形成短线转折点，由于该股基本面并无亮丽表现，短线多单可以先顺势退出，等到逢撑并出现多头攻击信号时再进场。

股价如果能够越过第一次短线出货点的位置，那么投资人应检视当时是否为真突破，并拟定恰当的操作策略，同时评估下一次可能的短线止涨点。此处以平均成本第二次出货为例，取第一次出货止涨高点19.3元计算，则第二次短线的出货位置＝19.3×1.2＝23.16元。走势在标示C穿越该价位，并在标示D止涨，结束这一个浪潮的上攻走势。

请看图3–30。荣成股价从7.26元开始盘底，并以7.97元为颈线完成短期底部，此时可以取整个标示A的范围计算底部平均成本为7.71元，因此第一次短线的出货位置＝7.71×1.3＝10.02元，标示B的最高价是10元，与目标价相差0.02元，依当天的成交量与当日冲销量结构研判，应有短线出货的嫌疑。标示C再度接近目标价，量价结构依然有短线出货的疑虑，最后于10.45元形成短线转折。

当股价在短线修正后上涨，突破第一次出货后的止涨高点10.45元后，如果股价续上攻，就可以进行第二次短线出货的目标计算＝10.45×1.2＝12.54元。而股价在标示D穿越，当天的成交量与当日冲销量均有短线出货疑虑，标示E的止涨与后续股价的压回修正，则确认短线出货完毕。

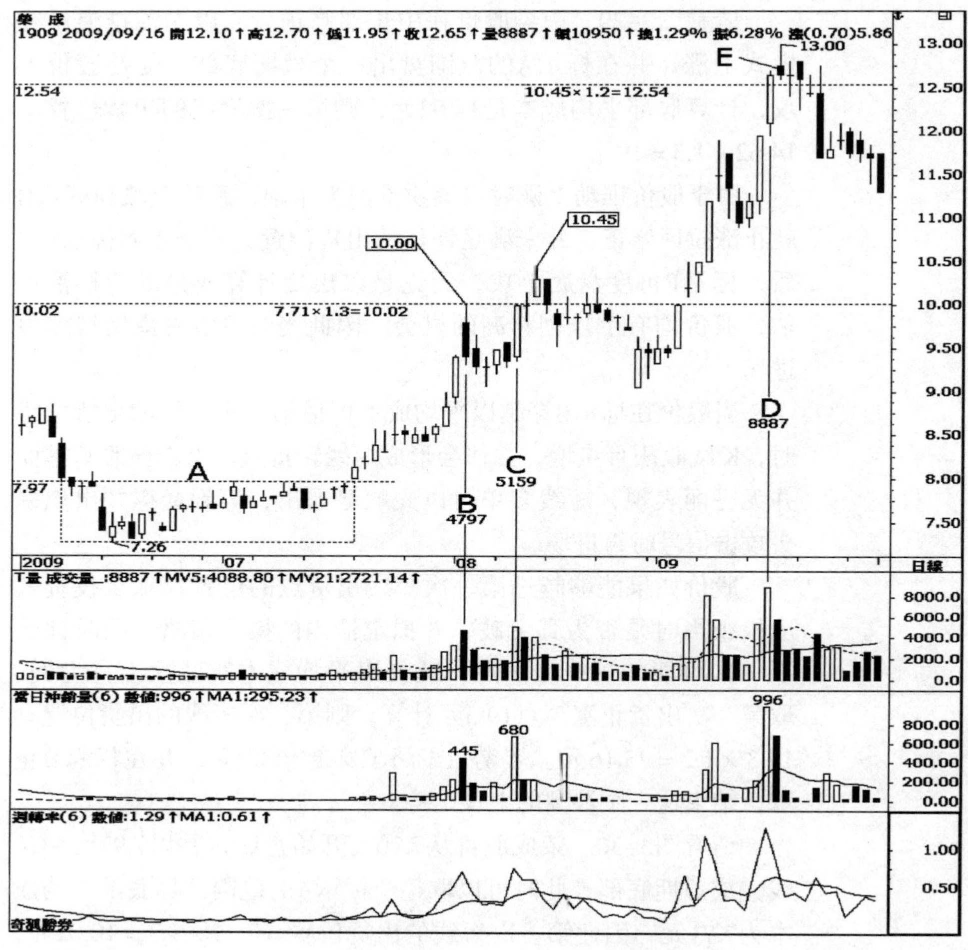

图3–30　平均成本出货案例之三(资料来源：奇狐胜券)

插线诱多出货

插线诱多出货，是指股价在属于投机或是转机的飙涨之后，已经形成多空易位的反转现象。但中小户或是小散户却利用市场气氛还算热络，一般投资人也还没有察觉股价已经反转的事实时，利用消息面释放利多吸引投资人进场，制造短线转强的假象，让特定人士赚取短线价差或是拉高解套的出货手法。其走势模型如图3–31所示。

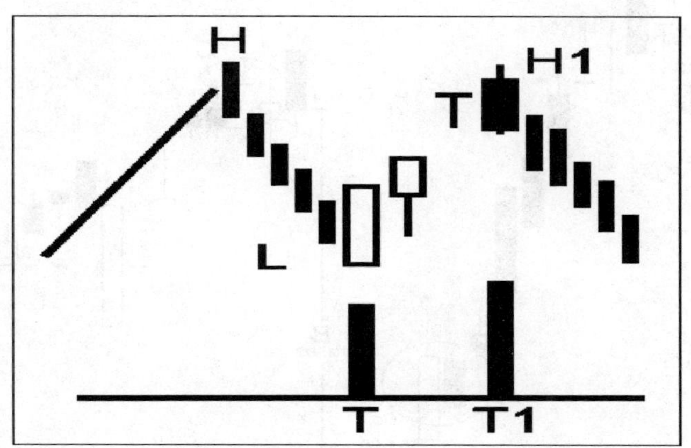

图3–31　插线诱多出货形态

此出货形态在从标示H下跌到标示L的这一段，其实已经呈现初跌段的技术面。但是在最低价(标示L)所形成的转折K线，往往是多头支撑意味相当强劲的K线形态，如玉柱线、吊人线、岛状反转、切入线、曙光初现或回转线等。

在标示T的位置成交量如果放大，则代表有人逢低承接，目的是为了赚短线价差进场，同时要做再出货的动作。而没有出现成交量扩增，则代表拉抬目的是为了解套出货，且强劲的K线形态是为了呈现止跌的有效性。无论标示T是否量增，当股价拉抬出货时必然会出现量增现象，如标示T1所示。而H1的出货位置通常会在L×1.3之上，假设当时是量暴增价格收高，那么在隔一根K线就会收阴做结束，或是呈现量暴增当日收阴就做结束。

插线诱多出货无论是特定人士赚取短线价差，或是拉高解套的出货手法，通常会借由利多消息的刺激，使股价出现短线波段的拉抬。赚取短线价差者之手法，是在媒体释放消息之前，就先行进场布局，等到消息面曝光后，配合股友社炒作进场拉抬股价。因此短线上涨走势通常气势高昂，倒霉的往往是最后接棒的散户投资人。这种领先布局的筹码进出，可以追踪特殊券商的买卖手数，推知即时走势中的卖单是否属于主力出货。

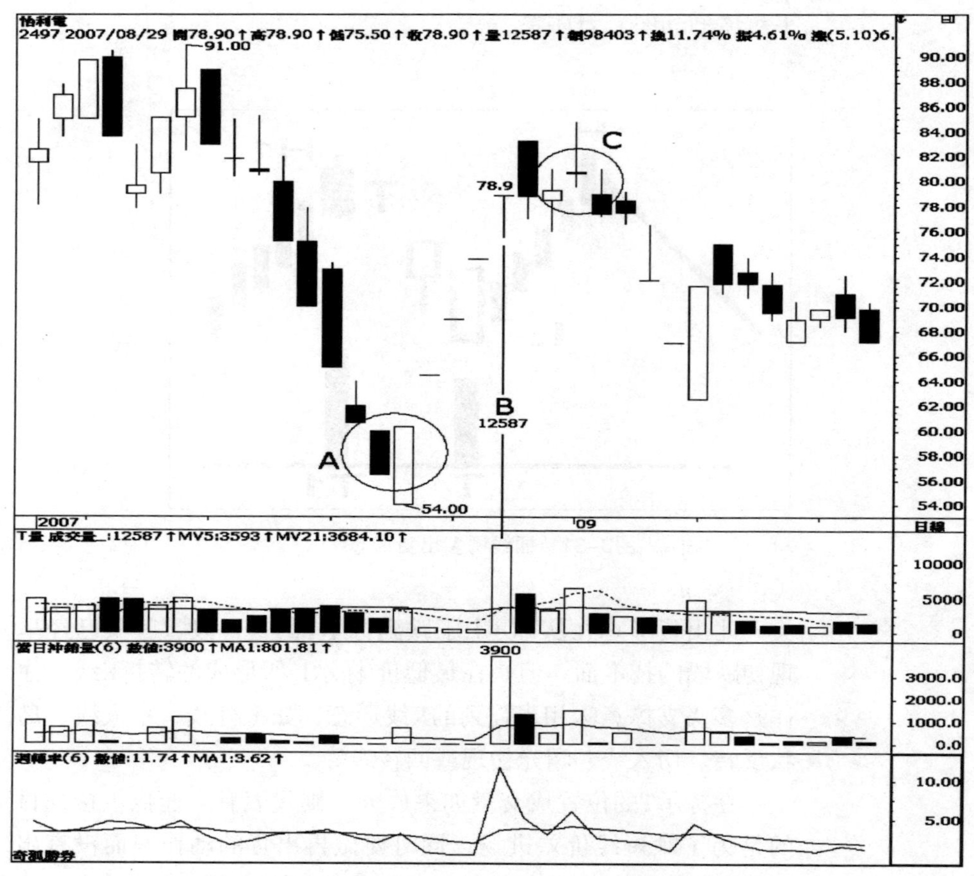

图3-32 插线诱多出货案例之一(资料来源：奇狐胜券)

请看图3-32。怡利电股价在2007年以前营业收入数字并不佳，而在2007年3月19日财务公告说：“累计2006年1~12月每股税前盈余－0.08元，每股税后盈余0.07元。”当时股价却已经拉高到30元附近，因此顶多只能视为有“转机”，并非营业收入真正看好，最后市场在飙涨到90元时，预测股价会到300元，但是当时上半年的获利公告为每股税前盈余0.25元，似乎无法支撑当时的股价，更何况还要炒作到300元？

实际走势就在技术面拉抬后，从91元迅速修正到54元，并在标示A出现长阳母线，亦称为“玉柱线”。此时正巧为公告上半年财务的隔日，结果就从这里开始出现连续涨停，反映营业收入较去年大增的利多消息(?)。这种趁机拉抬的走势，属于标准的插线诱多出货，因此应计算其出货点 = 54 × 1.3 = 70.2元。

在标示B当日，股价穿越预估的出货价位，成交量暴增，收盘后观察当日冲销量也出现暴增走势，无论从营业收入还是技术面来进行观察，都很难支持股价将会持续看好，反而有严重的出货疑虑。接着隔一根K线量缩收阴，更令人怀疑操盘者已经顺势逃脱，而标示C的震荡形成“岛状反转”，只是反映技术面上的反弹，股价未来难免会进行技术面走完上涨波段后的强烈修正。

请看图3–33。楠梓电股价在2011年后的股价波动，以技术面研判应属于修正走势。该股在2011年6月7日公告：“董事会决议自2011年6月8日至2011年8月7日预定买回库藏股15000千股，买回股份占公司已发行股数的4.21%，预定买回区间价格为每股13.90 ~ 28.46元，预计本次买回金额上限为42690万元。”

结果当时股价高点发生在2011年6月9日，最高价是21.2元，随即修正到15.9元，即图中标示B的位置。其中标示A与标示B(2011年8月9日)形成“相逢线”，又称“多头反攻”。接着股价便呈现强劲反弹，在此之前该公司曾于2011年7月22日公告：“转投资沪电闭锁期8月中旬届满，估处分利益可观。”因此研判会借此机会拉抬并针对2011年6月9日的套牢进行技术性解套，所以利用“插线诱多出货点”计算可能的反弹目标 = 15.9 × 1.3 = 20.67元，与套牢最高价21.2元相当接近。

而股价在标示C穿越20.67元，形成20.8元的高价止涨，K线收阴为弱势线形，且成交量与当日冲销量均呈现暴增现象，因此严重怀疑短线已完成出货。当天2011年8月16日的消息是转投资沪电闭锁期将于2011年8月18日解除，每股潜在获利逾30元，但股价走势却在标示D 收敛成子线，标示E以长阴跌破“阴母子”组合，这是技术面宣告完成出货确认的意思，股价就从20.8元下跌到9.68元才告一个段落。投资人不妨以此例仔细思考消息面与技术面走势之间的连动关系，可以说，魔鬼就隐藏在这些细节里。

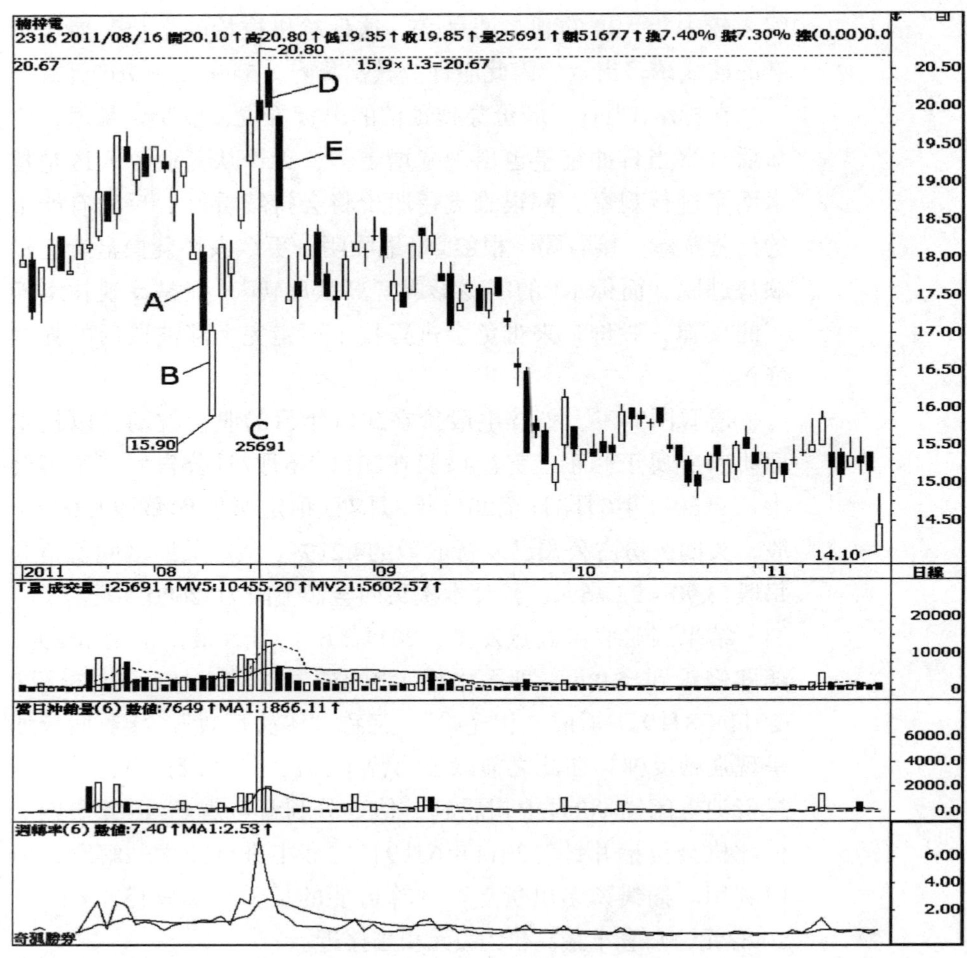

图3–33　插线诱多出货案例之二(资料来源：奇狐胜券)

其他出货实例说明

请看图3–34。新纤股价在满足初升浪计算黄金螺旋的2.618倍目标：(7.98 – 5.12) × 2.618 + 5.12 = 12.61元后，进入浪潮修正走势，并在2007年5月1日公告拟办私募30亿元，股价随即逢65MA 支撑开始盘底，无论是消息面还是技术面，都宣告走势有上攻意图，所以投资人应伺机短线切入，同时假设股价将往下一个目标前进，即(7.98 – 5.12) × 3.236 + 5.12 = 14.37元。

在标示A、B穿越3.236倍的目标价后，量价关系呈现短线出货的疑虑，由于当时研判走势应属于短线主升段行情，正常而言还会有短线末升段上攻，如标示C、D的走势。这一小段多头有滚量的味道，尤其是标示D的出货意味更加明显，当投资人有此短线疑虑时，应伺机将持股逢高退出。

而股价从16.75元下跌到标示E，属于直接跌破颈线的走势，形成《主控战略成交量》中所描述的“反转型出货”。标示F仅为技术性反弹，如果投资人昧于出货的事实，未能及时退出，那么短线套牢恐怕会让投资人饱受煎熬。

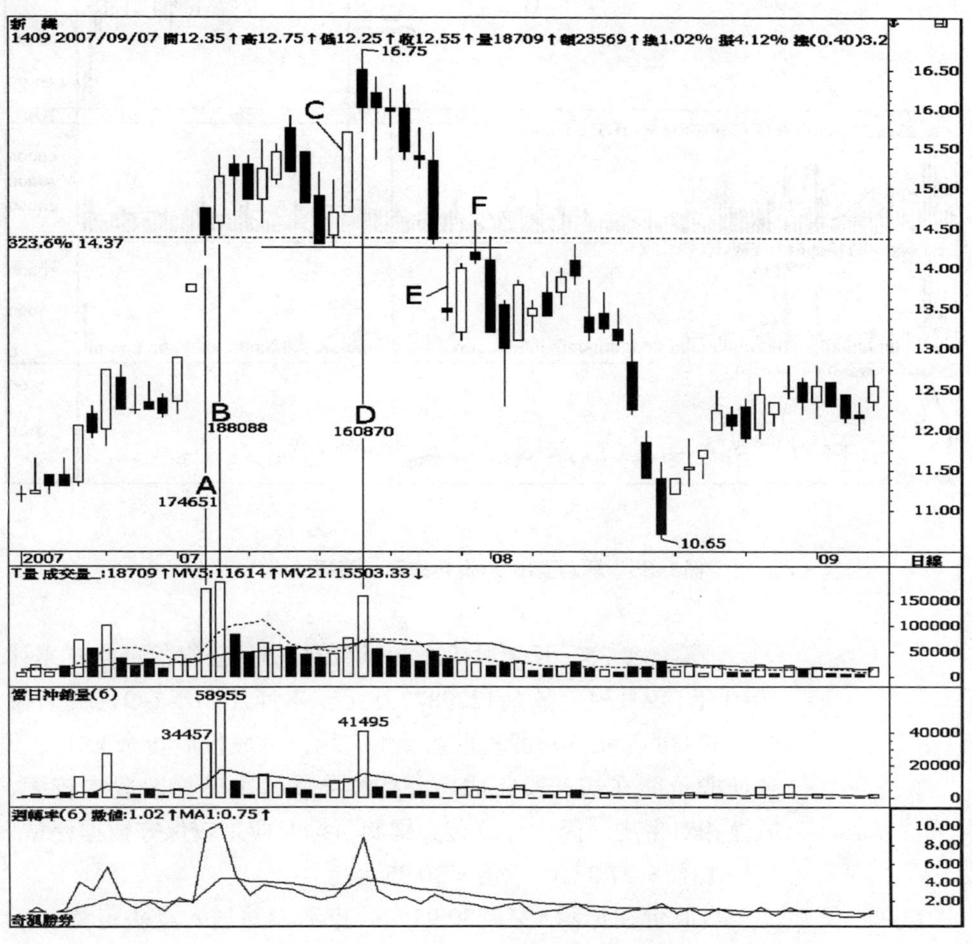

图3–34　反转型出货(资料来源：奇狐胜券)

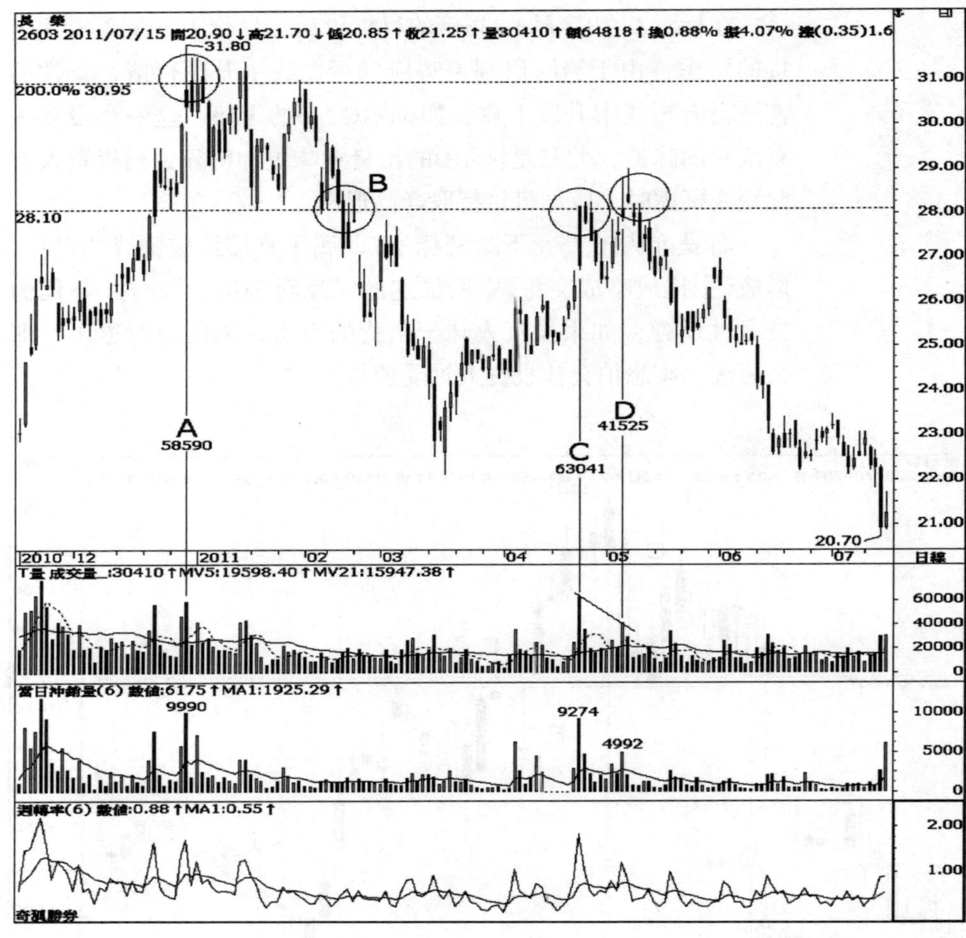

图3–35 解套型出货(资料来源：奇狐胜券)

请看图3–35。长荣股价在201年10月25日公告信息：“累计2010 年1~9月税前盈余1229822万元，累计2010年1~9月税后盈余1167388 万元，每股税前盈余4.01元，每股税后盈余3.81元。”致使股价能在初升段完成后并持续上涨，由于该股股本较大，股性相对牛皮，因此计算黄金螺旋目标时应采较保守数据评估，其1.618倍 = 27.38元，2倍 = 30.95元。

当股价在标示A穿越30.95元后止涨，并进入盘头走势，依据量价结构研判，此处已经形成出货的行为。当头部完成，标示B跌破头部颈线28.1元后，便反映头部完成的下跌修正，属于标准的技术线型。又因为该股股本较大，持股者以法人占大多数，因此走势不太容易一路向下修正，反而会出现“解套型出货”的反弹走势。

投资人如果想要抢解套反弹的短线价差，则必须先评估可能的反弹空间是否有利于抢短操作。一般而言，反弹可以达到黄金分割空间的0.5～0.618倍之间，或是低点起算的1.3倍。读者不妨自行尝试计算，必然能在本案例中有所收获。而图中所标示的C、D位置，均呈现短线出货信号，同时撞到前波头部颈线，因此属于标准的“解套型出货”，股价也在形态完成后修正到13.75元。

请看图3–36。和益股价在2008年初完成了11.5～14.5元的初升浪，在主升段上涨过程中，可以说是利多消息不断。比如：

2008 年4月18日：肥料涨，农业股向前冲。中国政府为确保今年春季农民耕作顺利，宣布大幅拉高化学肥料等出口关税达100%~135%，此举引爆全球肥料价格狂飙的蝴蝶效应！

2008 年4月23日：和益3月获利拉高，第一季税后盈余5700万元，比去年同期大幅增长177.05%，EPS为0.21元。

2008 年4月24日：和益3月获利直逼2007年上半年总和。

借由营业收入转好的消息，股价也在标示A，即2008年4月25 日满足主升段涨幅：$(14.5-11.5)\times 2.618+11.5=19.35$元。当日也呈现短线出货现象，股价便进入中段整理的修正走势，且属于“三角形整理”的形态。以技术面而言，通常会定位还有末升段的上涨，也是主力利用末升段出货的最佳时机。

标示B以日出长阳做多头攻击，成交量与当日冲销量皆呈现暴增，标示C以跳空缺口创高并收涨停，量能微缩并不适合视为惜售，标示D再创高点，同时穿越3.236倍目标后收阴，不但成交量放大，当日冲销量更呈现暴增信号，标示E的日落是确定短线形成转折，标示F的长阴则是确定高档形成短线套牢，亦即主力已经完成出货的动作，而标示P的量能急冻，不是量缩价稳的信号，是主力撤退后所产生的量能退潮现象。

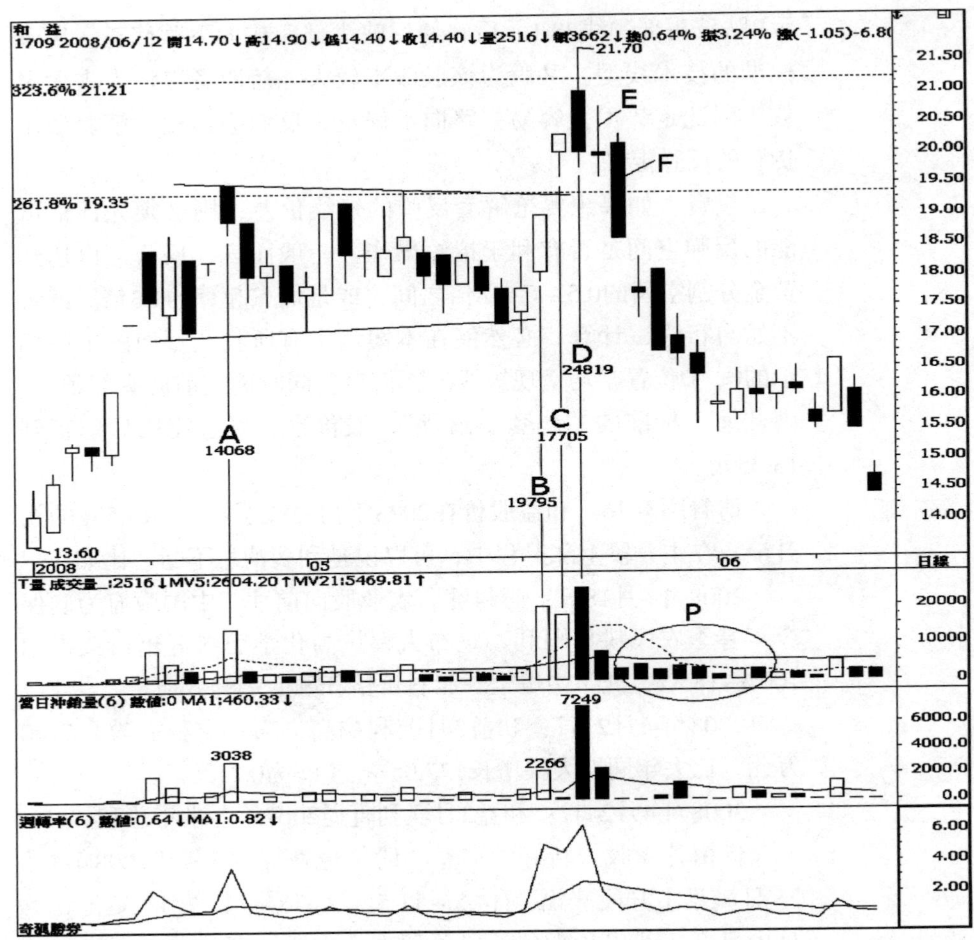

图3–36 末升段出货(资料来源：奇狐胜券)

请看图3–37。亚聚股价在标示A满足初升浪测幅的5.236倍，对应到成交量的位置，即标示B处则呈现出货量的信息，股价也从此处进入修正，在反弹过程中，标示C的量价结构也属于出货。当投资人截取较大的走势轮廓观察时，虽然出货的行为显得复杂许多，但是基本研判法则却是不会改变的。

当股价完成浪潮三浪修正后，再度从18.7元开始上涨，在当时的消息面可以说是利多不断。列举三条如下：

2008 年4月25日：财务公告累计2007年1~12月税后盈余78569万元，每股税后盈余3.01元。

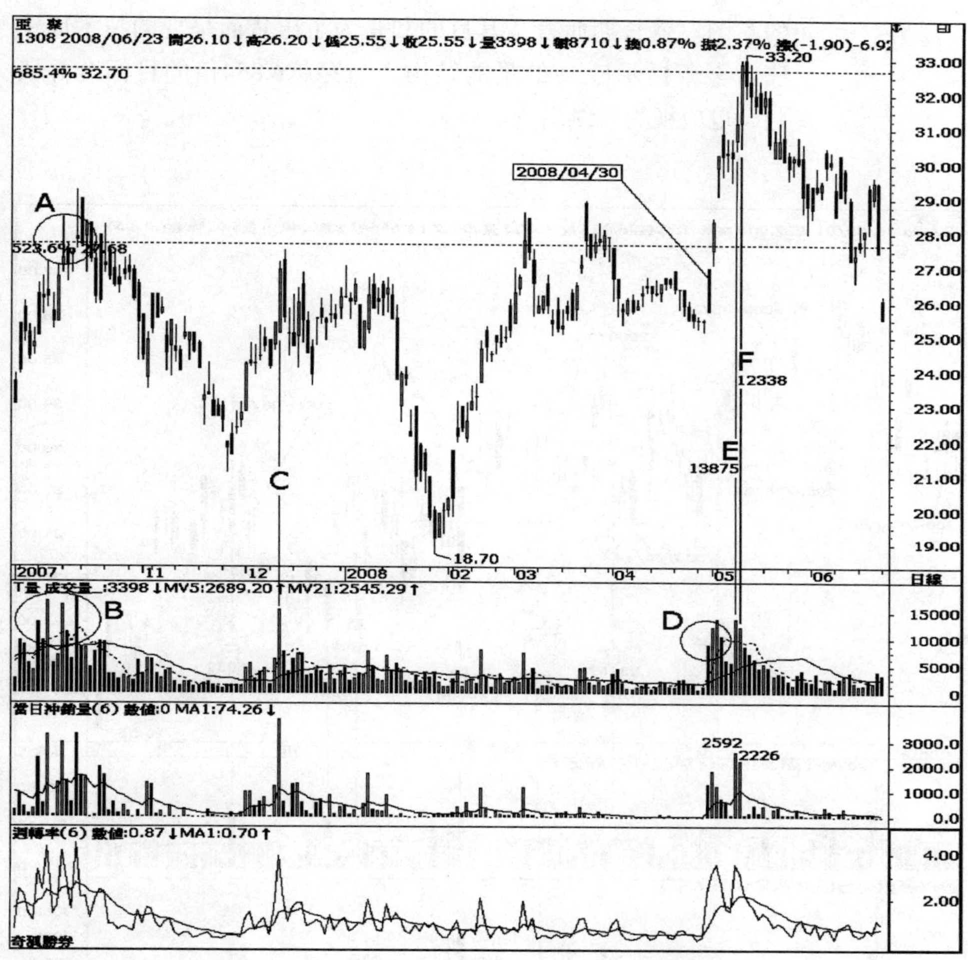

图3–37　急拉型出货(资料来源：奇狐胜券)

2008年4月29日：财务公告累计2008年1~3月税后盈余28778万元，每股税后盈余1.10元。

2008 年4月30日：二线原料股亚聚首季获利逆势大幅成长228%，每股税后盈余达1.1元，经营绩效超过南亚、台化、台塑化。

利多消息见报后，正巧属于整理走势末端，成交量走势已经沉淀一段时间，因此很容易发动“波段起涨”的攻势。但是根据《主控战略成交量》书中所描述的出货模型观察，有“急拉型出货”的疑虑。因此标示D的滚量上涨，短期而言有换手上攻的意图。就长期而言，其目的却是为了出货而呈现的技术面手法。至于标示E、F的量能结构，与穿越6.854倍的目标合并研判，也应视为短线出货。

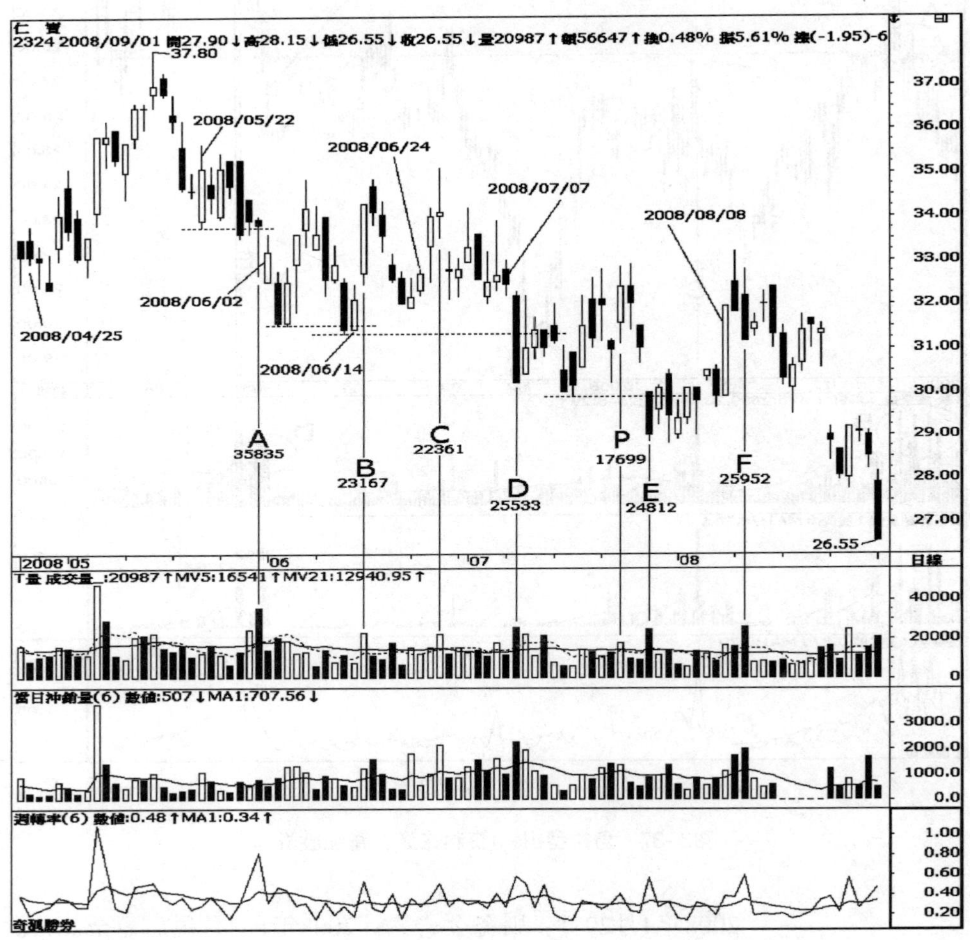

图3-38　盘跌型出货(资料来源：奇狐胜券)

请看图3-38。仁宝股价于37.8元高点的位阶，应定位为反弹走势的结束点，也是少数在当时10年循环走势中，没有发动多头攻击浪潮的个股，由于走势牛皮与浪潮推动失败，出货时的手法也会相对繁琐。所以出现盘跌型出货应属于可以接受的现象。

在整个盘跌出货过程中，不断有该公司的消息出现。比如：

2008 年4月25日：2007年EPS3.58元，近4年新高。

2008 年5月22日：基本面转佳，美林将目标价由37元调高至40.5元，重申“买进”目标。

2008 年6月2日：东芝释出液晶电视委外生产，主要由仁宝夺单，2008年液晶电视总出货量，估计可达150～180万台的规模。

2008 年6月14日：公司看好全年出货3200万台目标可顺利达成。

2008 年6月24日：联想单季150万台NB肥单，传广达、仁宝抢单胜算大。

2008 年7月7日：仁宝看好下半年旺季行情，LCD–TV出货年增率达730%。

2008 年8月9日：仁宝7月合并营业收入369.4亿元，较6月增长23%，超过市场预期，暂扫“旺季不旺”的阴霾。

请投资人根据消息面所对应时间，与股价、成交量的变化，观察从标示A～F的量价结构，自然能够体会当时是否适合进场操作多单。

请看图3–39。华航股价在标示A穿越初升浪(15.1 – 12.3) × 2 + 12.3 = 17.9元的目标。标示B再度拉高，这两笔走势均呈现短线出货的技术信号，紧接着股价震荡后拉高。在标示C暴量，并于标示H2创高止涨，股价再度拉回修正。当走势行进至此，已经具备“盘坚型出货”的雏形。

由于当时正进行台湾2008年总统大选(于3月22日举行)，候选人马英九先生在选前承诺，让两岸完全实现直航。这样的政见对于航运股而言不啻为一项大利多。而在大选后经济日报(2008年3月24日)的报道说：“蓝军在总统大选中取得压倒性胜利，外界期盼多年的直航三通梦终于可望实现……华航(2610)及长荣航(2618)受惠最大，本周股价可望展翅高飞，上演庆祝行情……总统大选前，航空类股已是市场压宝标的……本土投信及自营商也逆势加码……本周华航可望出现补涨行情，有机会挑战上届总统大选前波高档触及的25.8元价位。”

实际走势则是在新闻见报当天，穿越初升浪的2.618倍目标，形成第三个高点(H3)的止涨，K线收阴成交量急增暗示当日抢进者立刻套牢，隔一根K线低开低走呈现日落长阴，宣告盘坚型出货有机会完成，后续股价也如技术面所透露的信息进行修正，最后下跌到5.01元才暂时止歇。

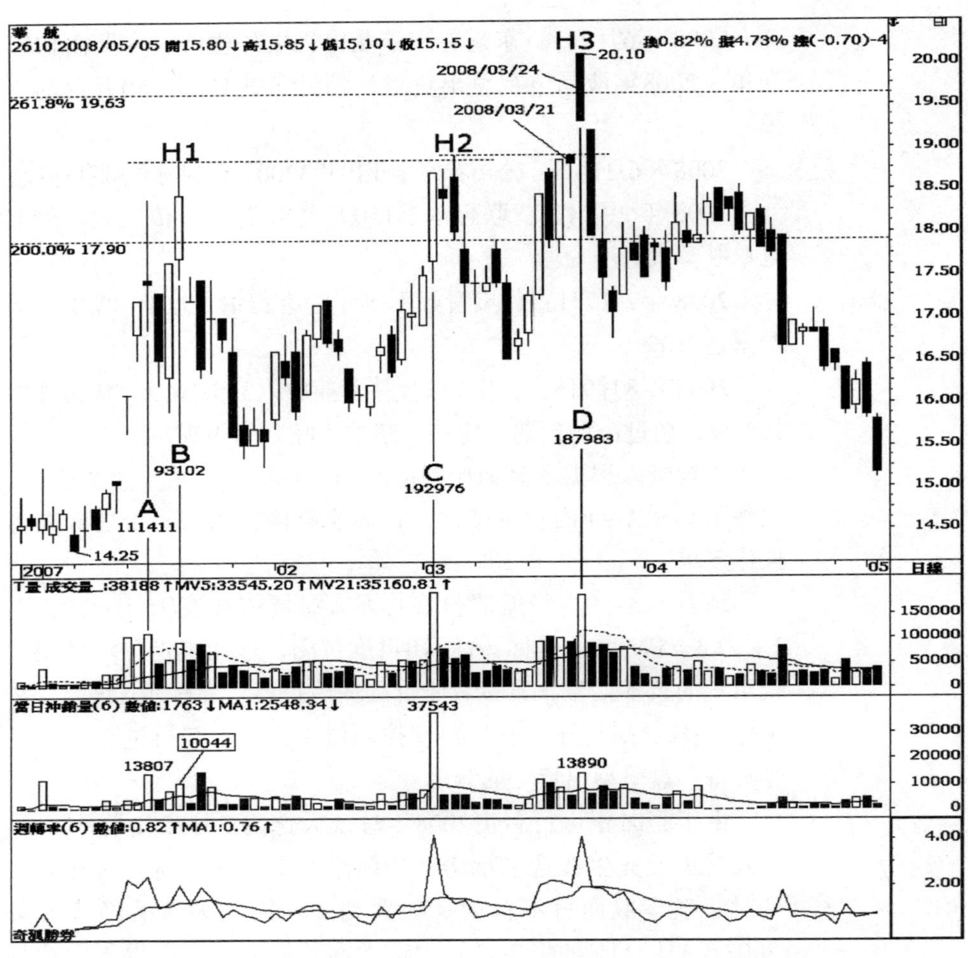

图3–39　盘坚型出货(资料来源：奇狐胜券)

请看图3–40。环科股价在2007年6月2日公告5月营业收入将续创新高，6月份又有电动机车锂电池开始出货，加上转投资电源控制IC厂商(Alpha Omega Semiconductor)于2007年内有机会在美国Nasdaq挂牌上市，一连串的利多消息题材促使股价上涨，当时如果利用两个不同计算基础推算上涨目标，7.62～19.3元的

2倍幅在30.98元，10.9～14.8元的5.236倍幅在31.32元，分别在标示A、B穿越，其中以标示A、C的短线出货信号较为明显。

接着股价在标示D、E再度出现量增止涨现象，并形成“盘坚型出货”的雏形，而2007年7月6日公告6月份营业收入较2006年同期增长35.66%，累计1~6月月营业收入比2006年同期增长53.21%，颇有利用营业收入增加的利多消息推升股价之意。实际走势却从标示H3开始盘头。

以技术面而言，标示H3为短期头部第一头，标示L为头部颈线，标示H4是短期头部第二头，投资人可以发现在H3与H4高点均出现短线出货的行为，标示P的日落长阴属于“均线三合一下跌”，目的是将均线扭转为对空头有利。标示Q的K线则是跌破头部颈线，宣告头部已经成型，因此该股利用盘坚型出货与盘头出货这两种技巧，不但完成出货的动作，也使多空走势易位，最后股价下跌到6.22元才暂告结束。

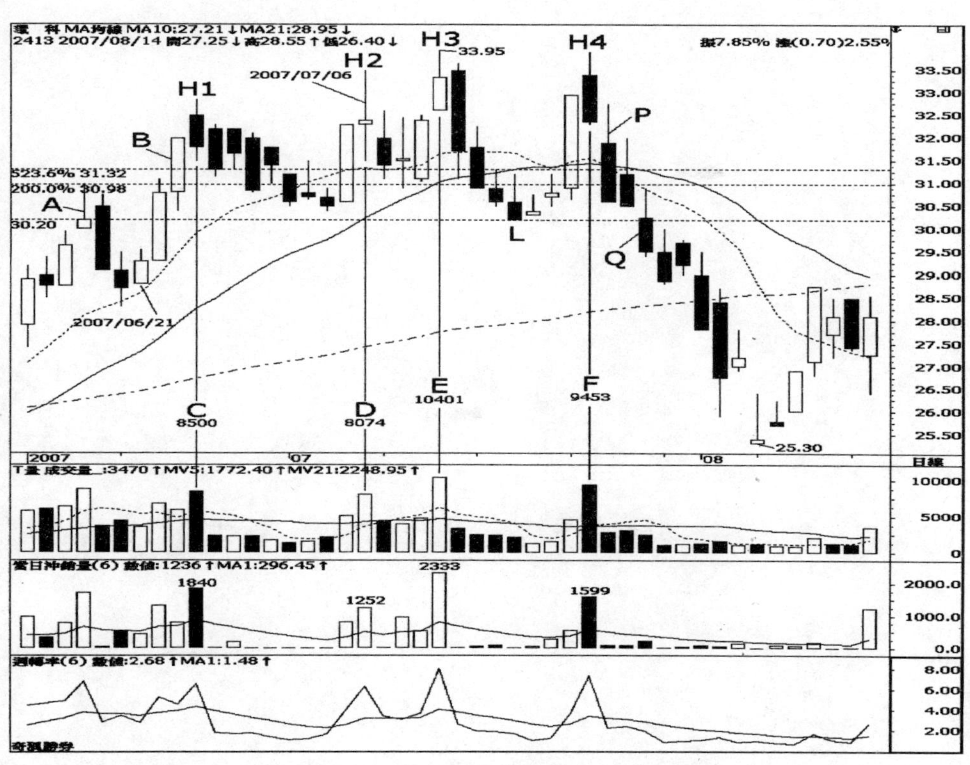

图3-40　盘头型出货(资料来源：奇狐胜券)

第四章 主力洗盘量价解析

当主力进货或是拉抬股价过程，由于短线跟单者众导致筹码凌乱，为了保持掌握筹码的优势与稳定度，自然会进行所谓的洗盘动作，同时主力为了降低持股成本、完成内外围换手也会进行洗盘。相关的论述请参阅《主控战略成交量》或是其他坊间书籍。

在观察洗盘的过程时，可以发现股价波动与成交量变化是具有规律性的，并且可以经由学习而认识其中诀窍。绝大部分情形下，进行洗盘会让成交量呈现萎缩的现象，只有极少部分会出现量增结构。但是在量增之后，如果要出现价格的止跌，或是宣告完成洗盘换手走势，则仍然要再做一个量缩的动作，所以洗盘的明显特征就是“量缩”。而观察洗盘行为的最终目的，就是要找出上涨力道尚未结束的短线再次切入点，或是盘底结束的关键进场点，以利于投资人能够操作短线多单。

那么要缩到什么程度才算数呢？在价格方面，通常会守住关键的支撑价位；在形态走势方面，可以参考《主控战略成交量》，或是参阅本书第三章的描述；在成交量方面，则取黄金比例进行计算，或是参考本书第一章的讨论。

在进行主控盘量能萎缩计算时，会先区分法人盘或是主力盘。前者通常股本较大、主业获利佳、股性较不活泼，多为法人机构介入操作的个股；后者则属于股本较小、股性活泼或具有转机题材的个股。计算时先取当时较大成交量(如峰

量)为基础，分别计算不同的黄金比例数字。法人盘计算时取0.618倍、0.5倍与0.382倍；主力盘计算时取0.5倍、0.382倍与0.236倍。

请注意，这些计算原则是具有弹性的，尤其是在后续单元描述各种形态时，并未考虑法人股或是主力股。因此在重点说明时所说明的计算比例，请投资人务必在套入个股运用时自行调整。比如，操作的股票如果股本小，主力色彩介入浓厚，原本定义洗盘时需要计算到0.382倍，那么洗到量缩0.236倍将会更为理想；另操作的股票如果股本大，多为投信、外资介入者，原本定义洗盘时需要计算到0.236倍，就要考虑放宽到0.382倍的比例。

在这里也要跟所有投资人坦言，主控盘量缩计算，目前在外所流传的计算数据，虽然都是以黄金比例进行说明，但实际上并不是这组计算比例。没有公开的原因在于这些关键数字必须受到保护，又因为这组数字与黄金比例相当接近，而黄金比例不但为所有投资人熟悉，也很容易被记忆，再加上实际运用过程中，两者所产生的差异也不是很大，因此本书仍采用黄金比例进行计算。除了使用的计算数据之外，还有一些量能的特殊观察方法，碍于其隐秘性也无法在此详细叙述。

短期底部进货

短期底部进货又称为虚拟量，所形成的上涨现象为虚拟攻击。主力在底部区形成短期底部进货信号时，当时的价格不一定是主力持股成本，此时进货的主要目的是打信号、试水温。而有部分个股出现短期底部进货的目的，是要形成底部第一只脚，接着股价在止涨后会伴随洗盘，洗盘的目的是要打出第二只脚。

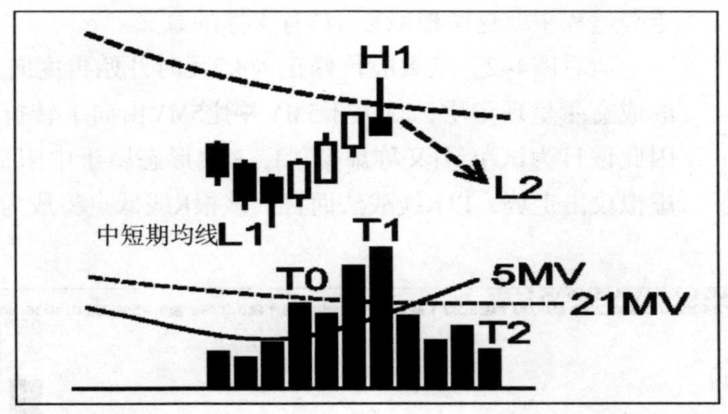

图4-1　短期底部进货

短期底部进货的形态图请参阅图4-1，当股价回档到最低点L1之后，随着走势推移往右侧观察线图，如果走势再度创新低，则图中所标示的L1也要跟着移动。观察重点如下：

(1)在L1之前，成交均量的走势，即5MV与21MV必须呈现向下趋势。

(2)当成交量呈现量增，且大于5MV，并使5MV从向下转成向上，即为虚拟量。如图中标示T0。

(3)标示T0所对应的K线形态为中长阳K线，以收相对高之日出线为最佳。长阳母线亦可。

(4)股价在虚拟量之后应挑战下降中的中短期均线，在量增止涨后股价拉回修正时，应注意支撑点是否成立，在支撑成立后出现的多头攻击信号，才是标准的短线多头介入点。

(5)如果股价挑战中短期均线时暴量却不拉回修正，则代表操盘主力急躁，将以行进间换手模式持续攻坚。

(6)本形态应配合“低档洗盘量”研判。即T2宜量缩到为T1的0.382倍以下，最好在0.236倍以下，且应缩到21MV之下。

当底部第二只脚成型时，往往短线指标也完成空转多信号。在成交量方面，洗盘结束点附近，则会出现“量能退潮失败”的技术现象，或是呈现量潮多头中的“趋势量缩盘”走势。此时以首次出现的攻击量，并配合实体较长的阳K线为第一个买进信号，而突破底部颈线的长阳K线为第二个买进信号，在标准的走势过程中，这两根K线均具有支撑的意义。

请看图4–2。威致股价修正到4.2元时开始再度向上，标示A的成交量呈现量增，且大于5MV并让5MV由向下转折成为向上。因此该日为试单量(又称虚拟量)，K线形态属于中阳日出，故为虚拟攻击走势，以K线战法而言，该根K线低点将成为重要支撑。

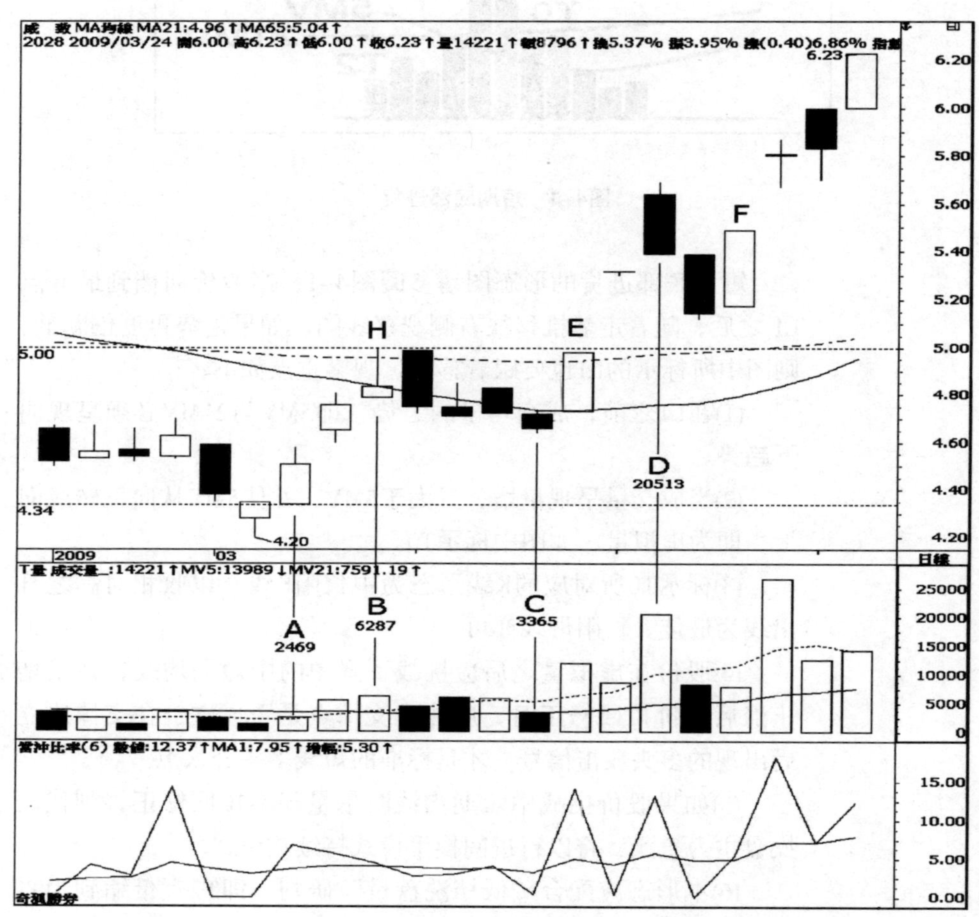

图4–2 短期底部进货与洗盘案例之一(资料来源：奇狐胜券)

当股价走势出现虚拟攻击时，必须让股价挑战下降中的中短期均线，才算多头具有攻坚之企图心。标示B以“类避雷针”的线型挑战21MA呈现量增止涨盘，股价便顺势压回修正，此时应注意第二只脚是否能够成立，以成交量而言则需计算止跌量能进行观察。

标示B的成交量是6287手，萎缩到标示C的成交张数为3365手，比率约为标示B的3365 ÷ 6287 = 0.54倍。也就是量缩的程度连0.5倍以下都没有达成，股价便于标示E出现日出中阳收高的短线多头攻击格局，紧接着股价突破经过H的颈线，完成短期多头底部。

以实际走势而言，标示C即为底部第二只脚，成交量却没有呈现“低档洗盘量”的技术现象，纵使有“虚拟攻击”，这种情形仍代表筹码安定度较差，股价上涨过程必然无法持续上攻，反而会以某一条均线为支撑，采取分段上涨的模式。比如，在标示D呈现暴量止涨后拉回测试10MA支撑，接着再以标示F的日出长阳形成“回转线”攻坚，投资人不妨打开电脑线图，尝试思考与推演短线走势。

从这个例子可以得知，股价第一阶段出现X信号，不代表第二阶段必定会配合Y信号，有时候反而会搭配Z信号来做表态。因此投资人在学习技术分析时，必须保有弹性的理由即在此，而且必须将所有信号完全熟悉。如此一来，无论走势信号出现的排列顺序是X→Y→Z，或是X→Z→Y，都可以做恰当的行进解读。

请看图4-3。台聚股价在以浪潮盘坚为多头攻击走势过程中，适逢除权使股价产生缺口，笔者通常会建议投资人无须还原权息观察线图，原因在于该缺口仍为技术性压力，没有理由任意填补。

股价在标示A呈现日出中阳、量增大于5MV且使5MV由向下转折成为向上，所以这一日量为虚拟量，K线为虚拟攻击，其K线低点属于短线支撑。投资人可以发现，这日虚拟量是发生在第二只脚的位置，股价上攻到标示H正好挑战21MA止涨，但是上涨最大量出现在标示B的15455手，如果要计算“低档洗盘量”，应为15455 × 0.236 = 3647手，在标示C成交量为2525手，已经萎缩到0.236倍以下，符合主力控盘量的条件。

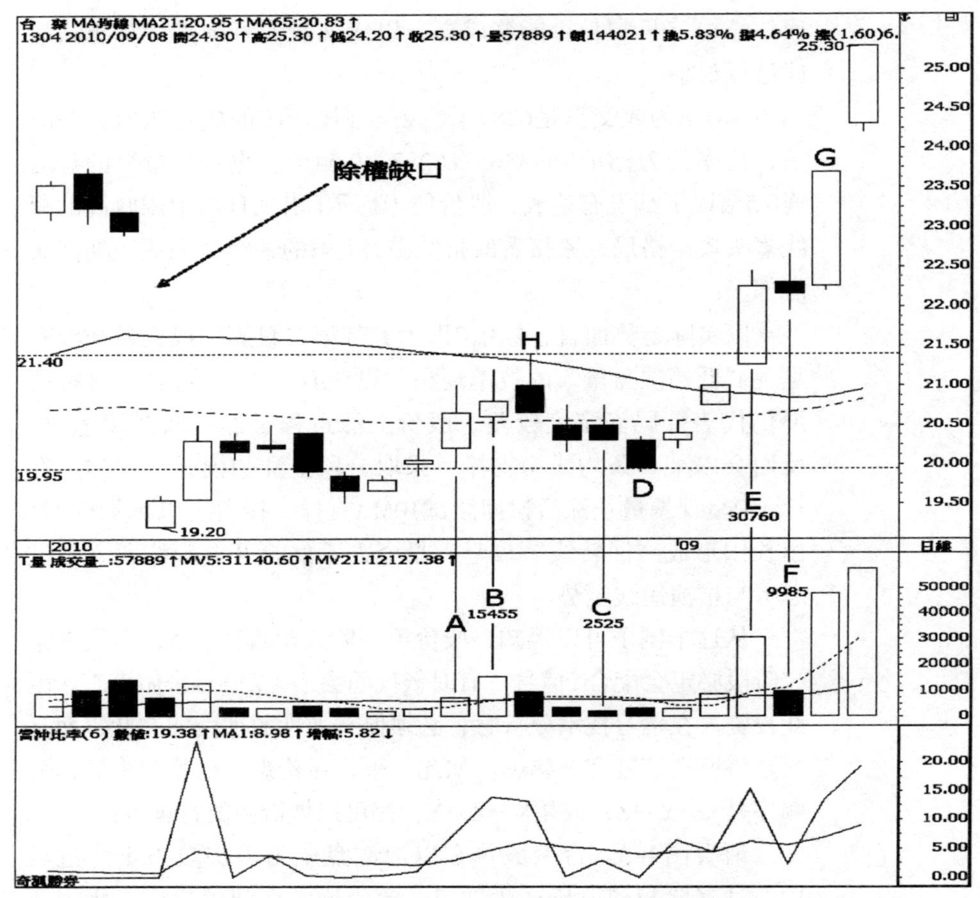

图4-3 短期底部进货与洗盘案例之二(资料来源：奇狐胜券)

实际低点则出现在标示D，除了符合股价正常惯性外，正好也测试标示A的支撑，直到标示E的带量长阳呈现攻击突破水平颈线，投资人应假设这是一个“盘坚进货”走势。也就是说，利用虚拟量、低档洗盘量，可以协助分辨进货模式的可靠性。

而标示E的成交量为30760手，标示F成交量为9985手，量比是9985 ÷ 30760 = 0.325倍，已经萎缩到0.382倍以下，代表长阳后收阴的筹码稳定度较高，在出现标示G的量增长阳后，所形成“多头战车”的K线攻击形态，将会更为可靠。

主控盘第一次短线洗盘点

主控盘第一次短线洗盘点，是指股价以本书第三章所描述之“第一次短线出货点”完成出货后，走势进行拉回修正过程中所进行洗盘的行为。此洗盘行为宜辅助其他指标观察，如MA、KD或MACD。走势形态请参阅图4-4。

本形态进行洗盘时的观察重点如下：

(1)取当时止涨高点H1附近的出货量T1(通常是最大量)为计算基准。

(2)量缩点T2应为T1的0.236倍以下，如果只缩到0.382倍，则暗示筹码干净的程度较差。

(3)量缩点T2应小于21MV。

(4)股价逢21MA支撑成立就上攻，代表仅洗盘一次，但此为非必要条件。

(5)股价逢21MA支撑失败，代表要洗盘两次，此时股价应修正到前浪0.5倍以下。

(6)洗盘结束以长阳收相对高点的日出线，或是长阳母线为攻击信号，此K线必须要带量攻击。

(7)如果主力在第一次短线出货点之后，没有利用此模式进行洗盘，则代表要以止涨高点H1为关卡价，突破后再以其他模式洗盘。

(8)股价在L2的位置也可以搭配其他洗盘模式研判。

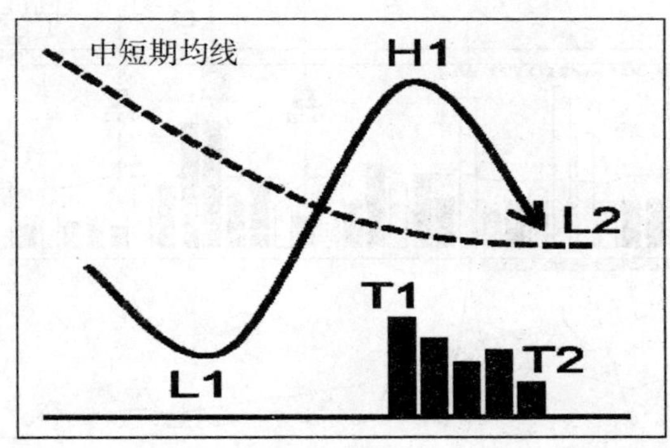

图4-4　主控盘第一次短线洗盘点

请看图4–5。亚聚股价从修正低点10.9元开始上涨，计算主控盘第一次短线出货点 = 10.9 × 1.6 = 17.44元，在标示A以暴量留长上影线之K线形态穿越目标价，随即股价进入修正。仔细观察当时股价波动，在接近主力出货点时，量能结构已经出现明显增减的“草丛量”现象，代表主力是以边拉边出的模式进行出货。由于走势仅满足第一次出货的信号，再依其整体格局观察，研判上涨到17.5元应属于初升浪格局，走势在修正之后若出现可以再做多的信号，则正常还有一个上涨的波段利润。

当走势开始修正后，计算洗盘时应取标示A为关键，故其洗盘量缩点 = 4639 × 0.236 = 1095手，在标示B的成交量 = 988手，且小于21MV，符合洗盘条件。然而，股价在此之后并未出现多头攻击信号，反而跌破21MA使股价产生短线急速修正，代表股价将修正前波0.5倍以下，且投资人必须计算第二次量缩洗盘点。

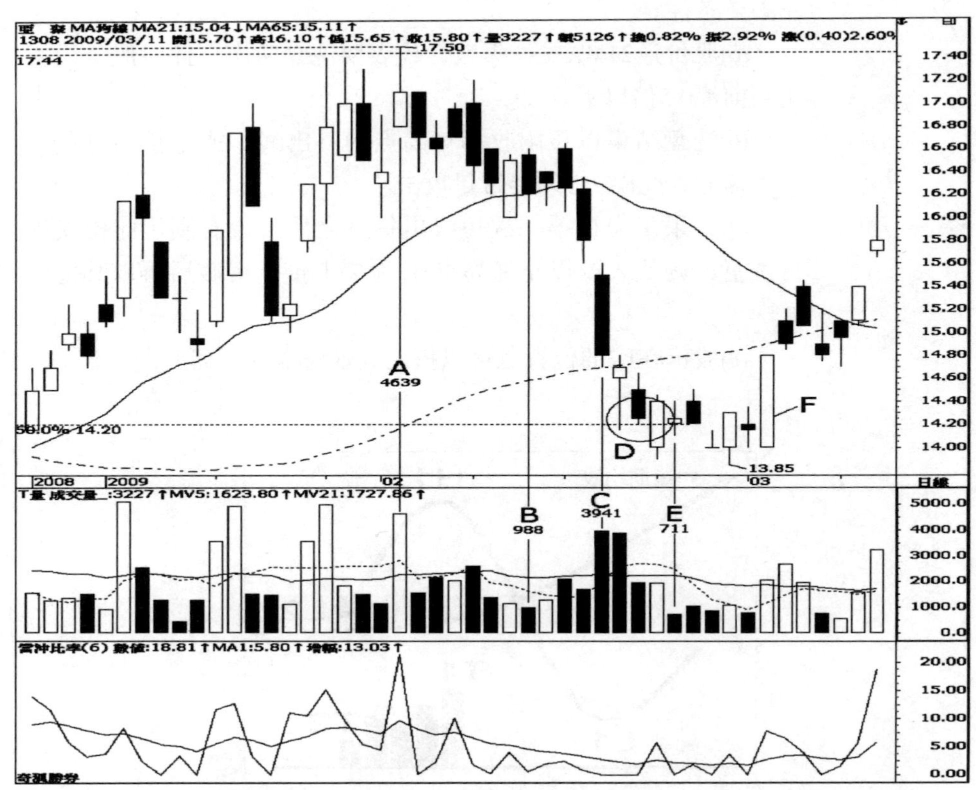

图4–5　第一次短线洗盘点案例之一(资料来源：奇狐胜券)

计算第二次量缩洗盘点时，需取另一个量能作为观察。一般而言，会取股价产生新的转折点时，附近的最大成交量为基础。本案例没有价格转折，但却出现量能起伏的转折，因此取标示C的3941手当作基础。而股价在标示D满足前波黄金分割率的0.5倍时，即可以先算出第二次量缩点 = 3941 × 0.236 = 930手。

接着在标示E的成交量萎缩到711手，已经符合量缩0.236倍，且小于21MV之下，因此只要等待多头信号出现即可。当时创13.85元低点的K线形态属于“阳子母”，隔一根K线收小阴，属于走势停滞信号，紧接着股价便出现如标示F的长阳棒，形态为变形的“多头战车”，暗示短期底部成立，股价也从此开始上涨，并创下波段新高点。

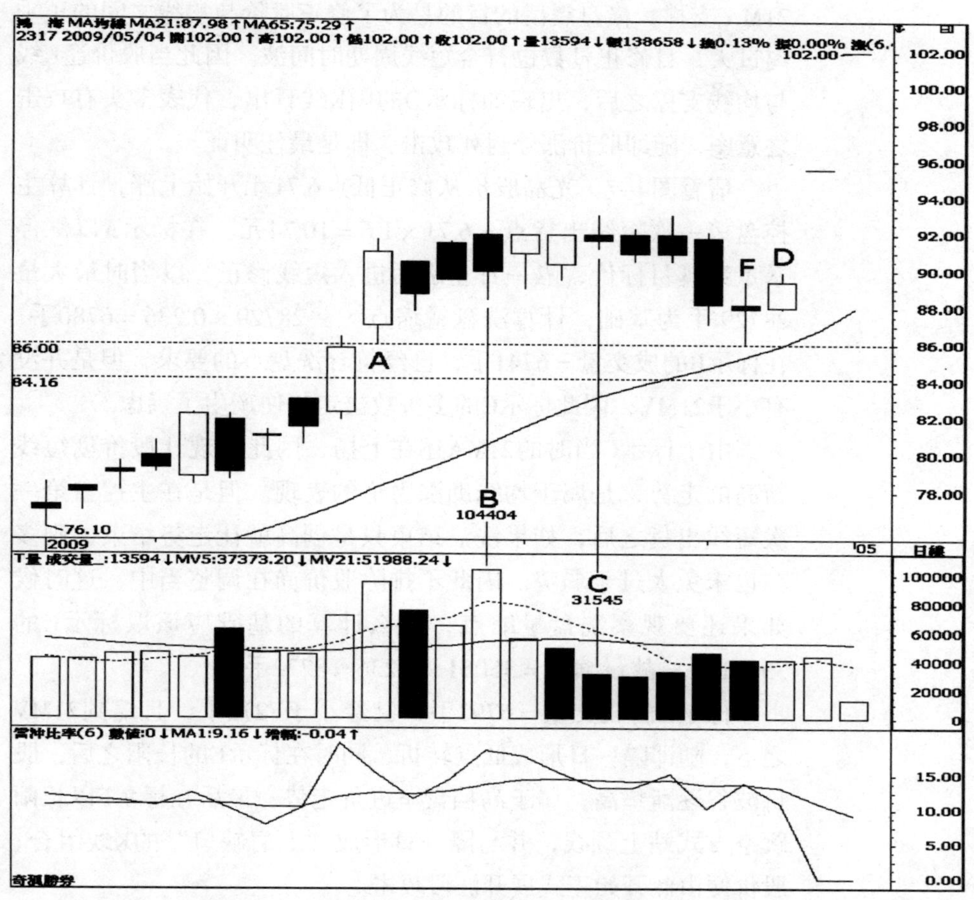

图4–6　第一次短线洗盘点案例之二(资料来源：奇狐胜券)

请看图4–6。鸿海股价从修正低点52.6元开始上涨，计算主控盘第一次短线出货点 = 52.6 × 1.6 = 84.16元。在标示A的前一日以长阳穿越目标价，直到标示B才正式止涨，股价随即进入震荡。由于该股股本较大，毛利率较低且属于法人认养股，因此计算洗盘量时应考虑放大倍数观察。

如果以当时最大量即标示B的104404手为基础，则分别计算两个倍率的洗盘量缩点为：104404 × 0.382 = 39882手与104404 × 0.236 = 24639 手。在标示C的成交量 = 31545手，小于21MV与39882 手，符合洗盘条件之一。接着股价并没有出现攻击走势，持续维持高档震荡，并在标示F测试标示A的长阳低点支撑。

由于股价没有向下修正，投资人应设想是否走势仅为测试21MA 支撑，横盘震荡的目的是为了修正股价与均线之间的正乖离过大，且修正日数也符合短线周期时间波。因此当股价逢K线与均线支撑之后，出现如标示D的阳K线日出，代表多头有攻击之意图，随即股价涨停封死攻击，即是最佳明证。

请看图4–7。光磊股价从修正低点6.71元开始上涨，计算主控盘第一次短线出货点 = 6.71 × 1.6 = 10.74元。在标示A以涨停暴量穿越目标价，隔一日止涨后进入短线修正，以当时最大量28729 手为基础，计算洗盘量缩点为：28729 × 0.236 = 6780手。在标示B的成交量 = 6741手，已经符合洗盘点的要求，但是并没有小于21MV，因此标示C的多头攻击走势便产生了疑虑。

由于标示C当时的21MA还在上扬，因此出现让股价创短线新高的走势，是属于均线助涨力道的表现。但是在主控盘第一次短线出货之后，如果洗盘结束只是创高就让走势结束，则多头也未免太过于弱势。因此不排除股价尚在调整当中，这时候如果还要观察洗盘量缩点，那么计算的基础应该取标示C的35051 手。故量缩点 = 35051 × 0.236 = 8272手。

标示D的成交量 = 6792手，已经小于8272手，且缩到21MV之下，随即隔一日形成低点转折，同时在标示E的长阳之后，股价波谷逐渐垫高，属于高档盘坚进货走势，最后在标示F以长阳跳空方式站上颈线，并与隔一日形成“上肩缺口”的K线组合，股价便由此开始正式展开波段攻击。

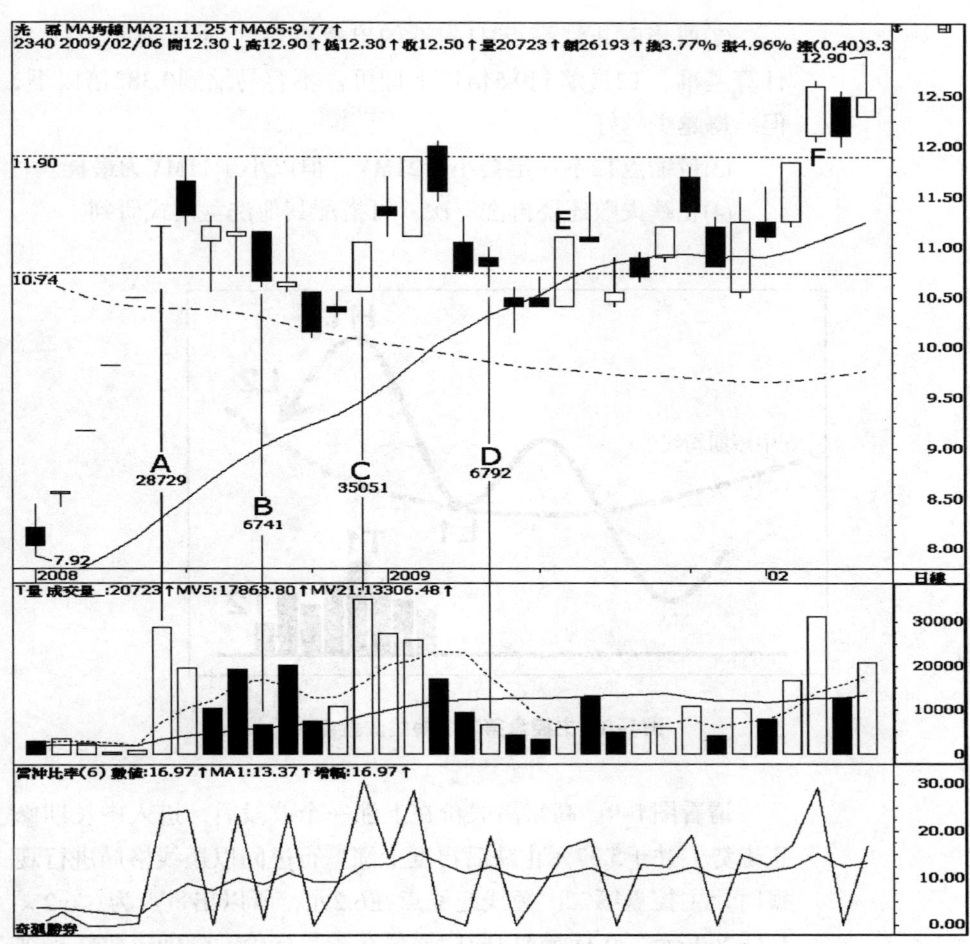

图4–7　第一次短线洗盘点案例之三(资料来源：奇狐胜券)

主控盘第二次短线洗盘点

主控盘第二次短线洗盘点，是指走势以本书第三章所描述之“第二次短线出货点”完成出货后，股价进行拉回修正过程中所进行洗盘的行为。此洗盘行为宜辅助其他指标观察，如MA、KD或MACD。走势形态请参阅图4–8。

本形态进行洗盘时的观察重点如下：

(1)当股价涨势尚未结束，且H1上涨到谷底L1 × 1.3倍或1.6倍之后，通常会先修正前浪上涨0.5倍以下的幅度。

(2)取当时止涨高点H1附近的出货量T1 (通常是最大量)为计算基准，T2量缩到0.5倍以下即可。不容易缩到0.382倍以下，但缩得越少越好。

(3)量缩点T2不一定会小于21MV，但以小于21MV为最佳。

(4)止跌失败还要再洗一次，可搭配其他洗盘模式研判。

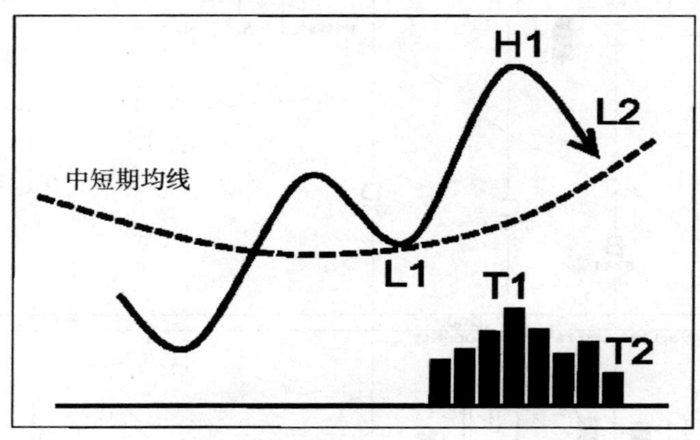

图4–8 主控盘第二次短线洗盘点

请看图4–9。高兴昌股价在上涨一个波段后，进入中长期修正走势，并于5.37元止跌后再度上涨，行进间以短线格局进行观察时，主控盘第二次短线起涨点在6.2元，所以出货点为：6.2×1.3＝8.06元。在标示A以收阴暴量穿越目标价，随即形成转折进入修正，当时以标示A的9664手为最大量，此时量缩点只要符合0.5倍以下即可，但是以量缩的越小越佳，因此分别计算量缩点的手数为：9664×0.5＝6780手、9664×0.382＝3692手与9664×0.236＝2281 手。

在标示B的成交量＝2084手，且小于21MV，已经符合洗盘点的要求，量算是缩得非常漂亮，但是股价并没有出现有效的多头攻击，反而让走势持续修正，结果在标示C满足前波黄金分割率的0.382倍。由于股价在标示B之后止跌失败，且走势修正较深，所以代表未来还要再洗一次盘。

计算第二次洗盘的量缩点，应取当时价格或是成交量的转折为基础，所以定位关键点在标示C的3687手，故量缩点＝

3687×0.236=870手。接着在标示D的成交量萎缩到435手，且小于21MV之下，但是股价并没有出现多头信号，直到标示E的成交量等于360手，小于标示D的成交量后，股价才出现标示F的多头攻击信号。

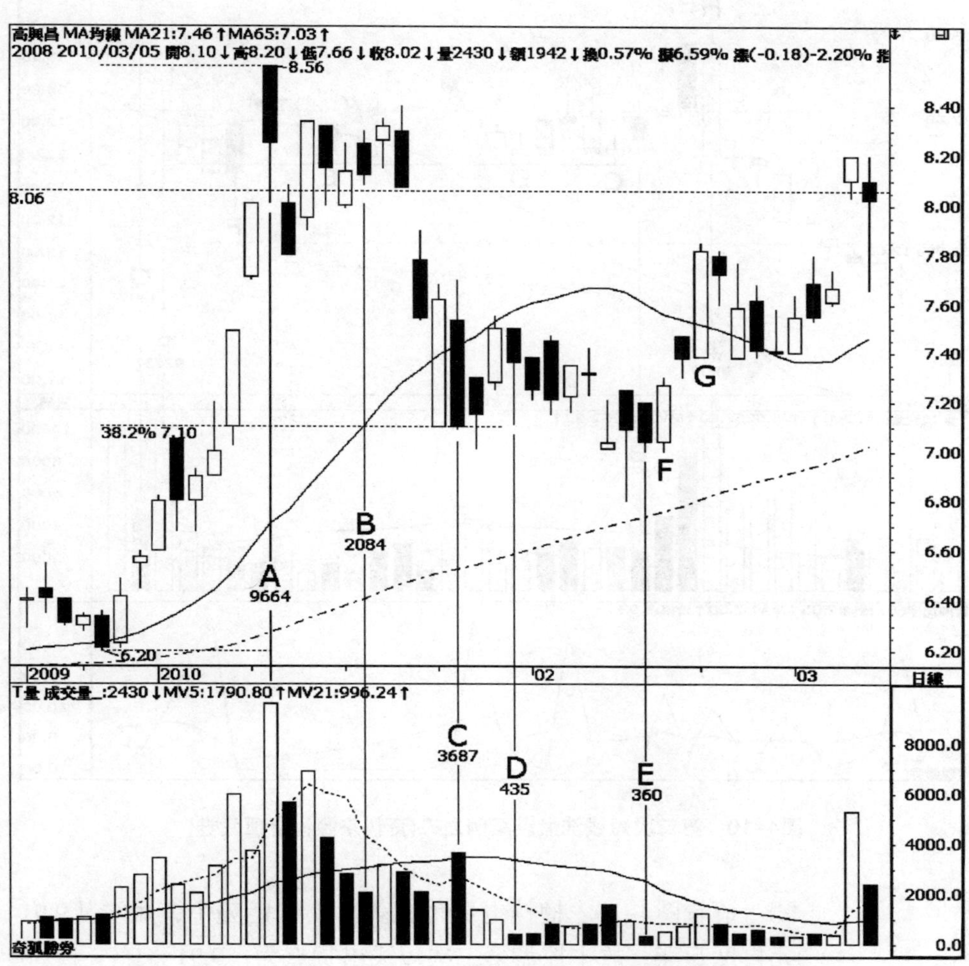

图4-9 第二次短线洗盘点案例之一(资料来源：奇狐胜券)

标示D的隔一日出现收阴止涨K线，标示G再度出现中长阳攻击，形成“多头战车”的K线组合，其中这三日并未出现明显量增信号却能呈现多头气势，代表主力筹码集中，待短线再洗盘结束且时机成熟时，就能再发动一波明显的涨势。

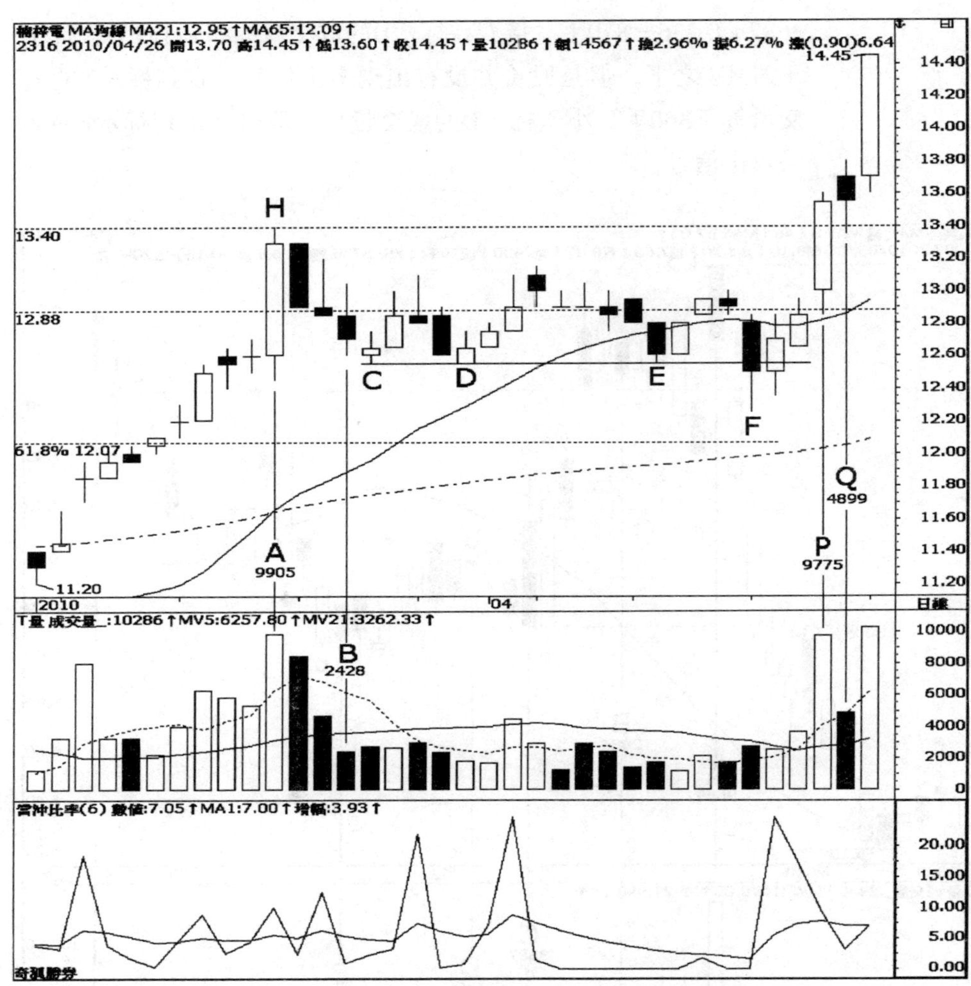

图4-10　第二次短线洗盘点案例之二(资料来源：奇狐胜券)

请看图4-10。楠梓电股价在多头上涨走势中，短线从9.91元再度起涨，故主控盘第二次短线出货点为：$9.91\times1.3=12.88$元。在标示A以量增长阳穿越目标价，随即形成高点转折并进入震荡，以标示A的成交量9905手分别计算可能出现的洗盘量缩点为：$9905\times0.5=4953$手、$9905\times0.382=3784$手与$9905\times0.236=2338$手。

在标示B的成交量＝2428手，小于0.382倍，且量缩到21MV以下，已经符合洗盘点的要求。接着在标示C呈现止跌转折后，应观察股价是否出现有效的多头攻击，这时候投资人除了量价关系，也要注意“修正时间”的多寡为宜。后续股价的震荡都恰巧等于标示C的低点，如标示D、E，此为K线形态的“三点挂多盘”走势，亦为整理形态的箱底价。

然而，股价却在标示F的位置跌破箱底价形成多头整理疑虑，幸好股价随即不再创低，并且利用标示P的暴量长阳突破箱顶价(标示H)，形成明确的多头格局。这时候投资人应该怀疑并假设标示F为“强悍式洗盘”，而在标示Q量缩到4899手，几乎是标示P的0.5倍，接着在长阳攻击之后形成“多头战车”的K线组合，短线看来一片喜气洋洋。

在这里不得不泼投资人冷水，请注意当时是第二次短线出货点后的洗盘再上攻，千万不要忘记整体大格局的上涨走势评估，切勿因为短线走势的乐观，而忽略了主力也可以利用这种有利多头的强势组合，进行拉高出货的事实。

行进间换手洗盘

行进间换手洗盘，是指主力作手在一个交易日内，同时完成洗盘与换手两个动作，或是利用暴量出货后的短期震荡进行换手洗盘。前者代表筹码仍在原主力手中，如果在日线层级看不出洗盘，则必须退到即时走势图才能看出端倪；后者代表筹码已经从A 主力换到B主力手中，同时必须呈现完整的量缩洗盘行为，形态与后续单元的“控盘低点洗盘”雷同。本走势形态请参阅图4–11。

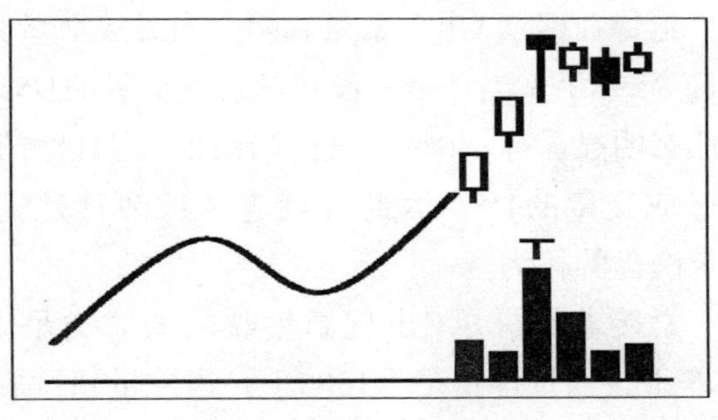

图4–11　行进间换手洗盘

本形态往往出现在上涨主升(攻)段，如果该股可以使用资券交易，则在换手洗盘时其当日冲销量也会同步暴出大量，以已超过成交量的1/5倍以上最佳。K线形态则为“吊人线”、“危楼”之类居多，部分以日出长阴等不利多头的形态呈现。而在极短线上，盘中曾经跌破平盘价则代表极短线进行诱空。

投资人可能会疑惑，既然股价已经呈现大涨走势，为什么还要换手洗盘？其实主力为了维系股价上攻力道，必然要清洗浮额，而浮额通常来自前期套牢，或是底部进场获利了结卖压，再加上需要联合不同主力锁定筹码，才能有效率的推升股价上涨。然而，投资人常常误判换手洗盘与尖头反转出货之间差异，建议先以测量学评估相对位置，再根据洗盘与出货的定义进行分辨。

本形态既然为换手、出货兼洗盘，则交易时间必定短促，以不超过3个交易日为最佳。气势差一点儿者也要在5个交易日内完成，股价要立即创新高点。成交量在暴量后应立即呈现量缩价稳的信号，才有洗盘完成的意味，又因为走势带有诱空味道，因此洗盘走势结束后，随即应该持续轧空，且产生惜售的价量关系，整体走势将会呈现先杀多诱空、养空套空再轧空的流程。另外，研判时可以使用资券比、主力库存量等指标辅助研判。同时请注意，当换手轧空走势结束后，股价容易呈现怎么上去就怎么下来的现象。

请看图4–12。大饮股价经过中长期修正后仍维持相对高档，接着从11.1元的谷底开始以连续涨停的气势向上攻击，通常这种上涨模式将被视为主力股，而且在上涨过程中会出现一次到两次的换手现象，换手成功后，会维持连续涨停的气势继续攻击。

走势在标示A出现暴量收阴，当日成交量为3420手，当日冲销量为598手，当冲量并没有超过成交量的1/5，因此换手程度不是那么明显。标示B呈现日落阳K线，当日冲销量为892手，已经超过成交量的1/5。因此怀疑连续这两日是完成短线出货 + 换手 + 洗盘的行为。

紧接着在标示C出现暴量收阴的“类吊人线”，成交量为4695 手，当日冲销量为1385手，当冲量超过成交量的1/5。因此这一根K线完成换手 + 洗盘的信号就相对明显，而标示D的涨停阳K线，即是代表多头要持续攻击的证明。实际走势也在此之后呈现连续涨停的轧空走势。至于这种走势的结束点，将会出现在下一次暴量收阴K线之时。

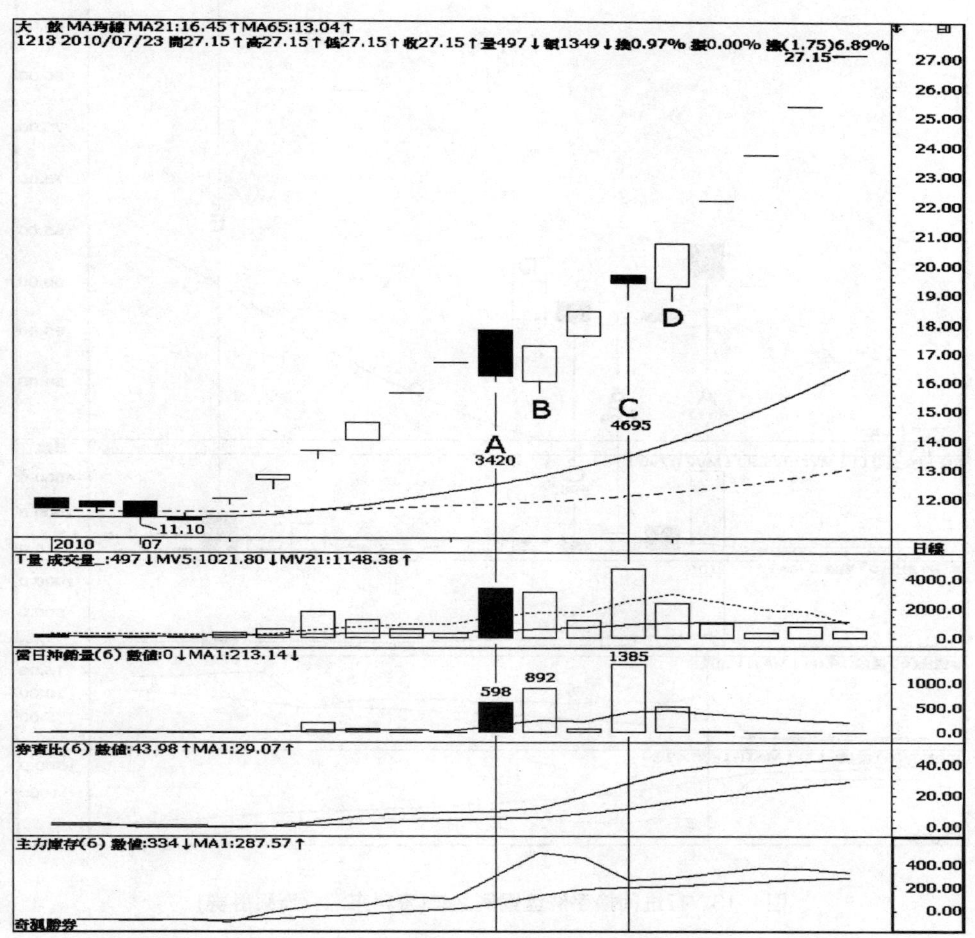

图4–12　行进间换手洗盘案例之一(资料来源：奇狐胜券)

请看图4–13。兴泰股价经过两年的狭幅震荡整理，突然从33.1元旱地拔葱，以连续涨停的攻击走势上攻，直到标示A才暴量收阴止涨，当日冲销量1105手超过成交量4545手的1/5倍，已经具有换手的味道。隔一日跳空跌停形成日落收阴，短线换手走势产生疑虑，这时候就需要计算洗盘量缩点，进行观察短线能否呈现“价量同步企稳”的现象。

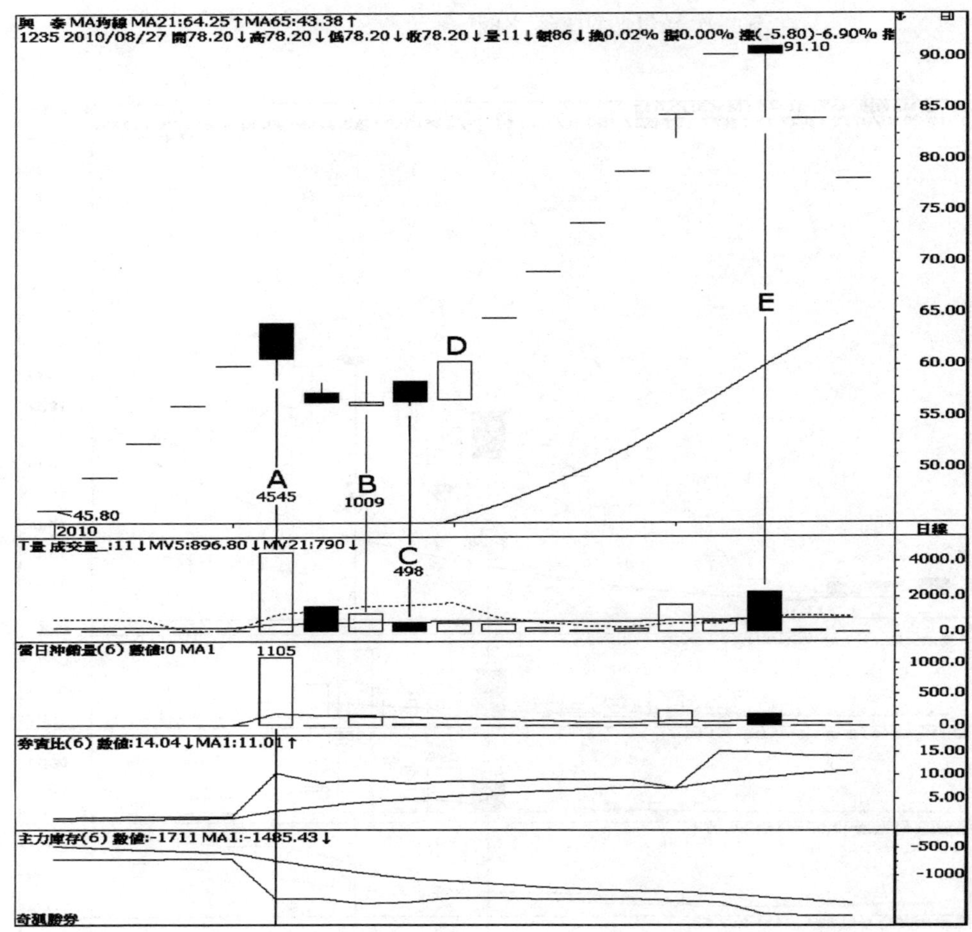

图4–13　行进间换手洗盘案例之二(资料来源：奇狐胜券)

以标示A的4545手为计算基础，洗盘量缩点 = 4545 × 0.236 = 1073 手，标示B的成交量为1009手，虽然已经吻合，但是却没有萎缩到21MV之下，直到标示C的成交量等于498手时，不但吻合量缩洗盘点的要求，也萎缩到21MV之下，因此洗盘量缩点应该定位在标示C。

接着股价在标示D以涨停锁死表态时，就证明标示C果然是洗盘量缩点。不过投资人如果等到这时才发现，则已经来不及切入进行短线操作了。所以，在实际操作上，必须先从认识走势下手，并在量缩企稳时尝试买进，才有机会搭乘主力顺风轿，享受股价飙涨的快感。

问题是，股价不可能无止尽地飙涨，总有曲终人散之时。当强势上涨后再度出现暴量收阴时，就有可能形成止涨点，标示E 的走势即为如此。当时是收阴K吊人线，形成尖头反转，最后的结局如同前文所述：“怎么上去，就怎么下来。”

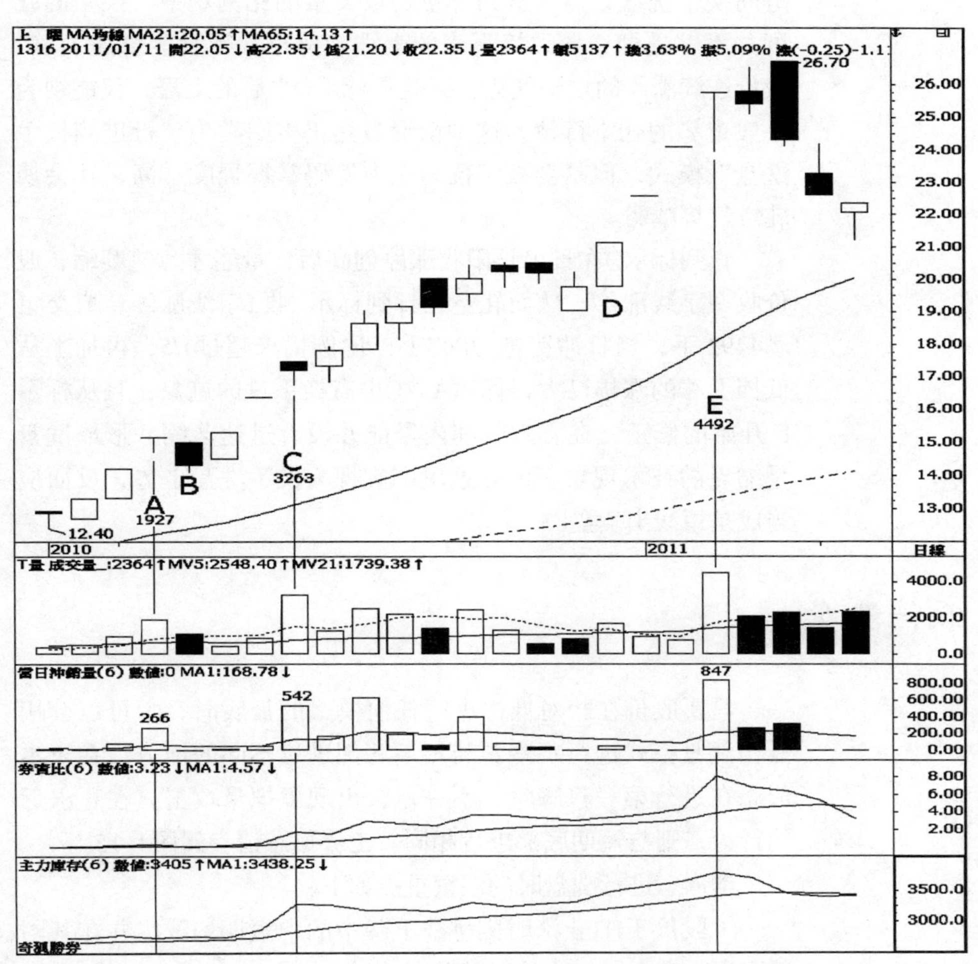

图4–14　行进间换手洗盘案例之三(资料来源：奇狐胜券)

请看图4–14。上曜股价经过相对高档的狭幅震荡整理后，从11.9元的低顿点起涨，到标示A时暴量收涨停，有点儿短线换手味道，只是当日冲销量与成交量间的比例还不算大，尚待确认。隔一日标示B日落收阴让标示A形成转折，紧接着再日出收阳涨停，形成利于多头的“回转线”，使股价持续上攻，此时标示A 才能确认曾经换手过。

在标示C出现暴量收阴“类吊人线”，当日冲销量542手，与成交量3263手计算其比例不到1/5，虽然量价形态有机会成为行进间换手洗盘，但是从当冲量与成交量的比例观察，换手的程度并不够透彻，导致接下来的上涨走势也没有量能急速萎缩、股价连续涨停的攻坚气势，因此在标示C之后的上涨，仅能视为一般走势的轧空行情。这种情形虽然仍被归类为“行进间换手洗盘”模式，但是会被定位为主力筹码掌握程度不高，才会使轧空气势减弱。

直到标示D在日出长阳收涨停创高后，量能才急速萎缩，股价收一字线涨停。然而轧空三日到标示E收T字线涨停，成交量暴4492 手，当日冲销量为847手，比例仍未超过1/5，再加上从低档上涨的涨幅已大，标示A、C也有换手过的迹象，且从标示E 开始的修正，在有效时间内量能并没有迅速萎缩，形成洗盘量缩点的技术现象。因此这里不宜视为换手洗盘走势，反而应当成是短线出货盘。

低档洗盘

只要股价在相对低档进行任何模式的盘底时，都可以套用低档洗盘模式进行观察。与短期底部进货不同的地方，在于本形态在进行第一只脚时，不一定会出现虚拟量攻击，在止涨后的行为，则与短期底部进货相同。走势形态请参阅图4-15。

本形态进行洗盘时的观察重点如下：

(1)股价于H1止涨时应挑战下降中的中短期均线，并在其附近取当时最大量T1为计算基础。

(2)拉回第二只脚L2修正时，应注意价格的支撑是否成立。

(3)量缩点T2应萎缩到T1的0.382倍以下，若可以缩到0.236倍以下，则怀疑公司派或是主力积极锁定。无论如何，T2都会萎缩到21MV以下。

(4)如果该股开放资券交易，在第二只脚后发现当日冲销量等于0或是接近0，则为攻击开始的暗示。

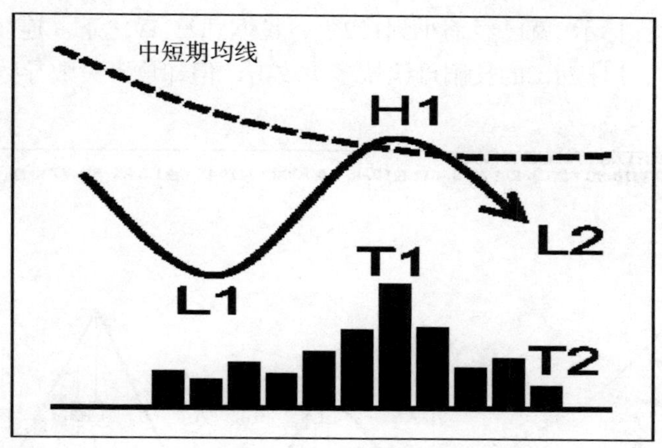

图4-15　低档洗盘

当进行低档洗盘，如果是双重底的形态，其底部第二只脚成立时，则往往短线指标也会完成“空转多”信号。至于成交量的变化方面，在洗盘结束点附近，则会出现“量能退潮失败”的技术现象，或是呈现量潮多头中的“趋势量缩盘”走势，此时以首次出现的攻击量，同时是实体较长的阳K线，为第一个买进信号；而突破底部颈线的长阳K线为第二个买进信号。在标准的走势过程中，这两根K线均具有支撑的意义。

如果是进行三重底或盘坚型进货的形态，那么谷底将会呈现明显的支撑线型或停滞线型。前者如带有较长下影线的K线或是阳K 线，后者则是高低振幅相对较小的K线。至于谷底的确认，是以出现攻击量为观察重点，亦即出现攻击量前的低转折将被定位为谷底。而当时带有攻击量的K线低点将具有支撑作用。

至于完成底部的时间波，大致上是以4的倍数进行。双重底至少约为16个交易日，三重底至少约为24个交易日。至于盘坚型进货则至少为36或40个交易日。然而这仅为经验参考值，并非绝对参考值。但是以此经验值配合价格指标(如KD、MACD)与成交量，往往可收奇效。请投资人不妨参考运用。

请看图4–16。地球股价在中长期修正后，从15.4元开始盘底。在标示A股价触及下降中的21MA，除非股价气势非常强劲，否则以当时的弱势线型，通常会反应“空头抵抗”的力道。又当时的成交量为572手，如果以量缩洗盘计算0.236倍为135手，则在标示B就已经缩小到122手，且缩到21MV之下。连续震荡几日后，以标示C的长阳母线做多头攻击，但却攻击失败导致股价拉回。

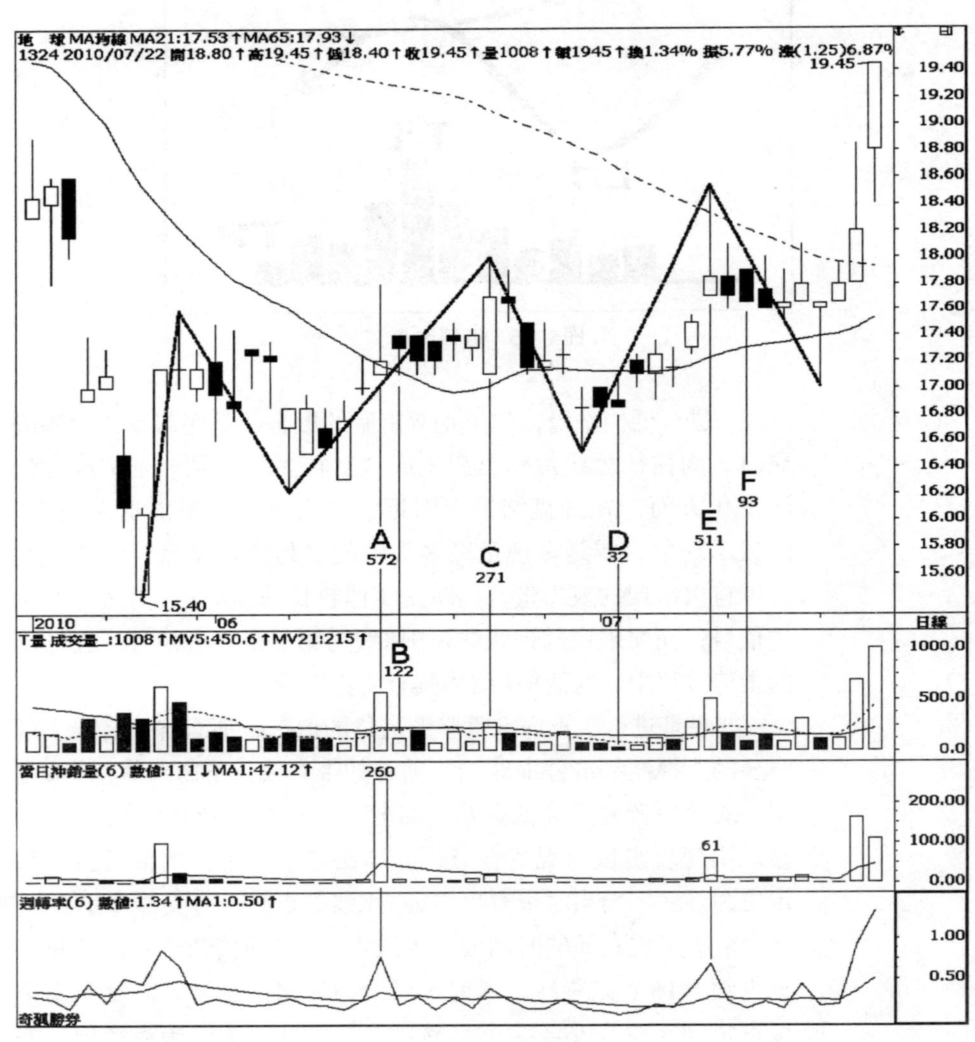

图4–16 低档洗盘案例之一(资料来源：奇狐胜券)

在此时，既然盘双重底失败，多头如果还要上涨，那么投资人应观察是否出现“盘坚型进货”模式。以标示C的271手计算0.236倍等于64手，在标示D满足；同理，以标示E的511手计算0.236倍等于121手，在标示F满足。到这个时候，整体走势维持高点渐高、低点也垫高的格局。因此只要多头出现明确表态，就可以使盘坚型进货成立。

投资人可能会产生疑惑，明明在盘坚过程中成交量并没有明显放大，只有几百手的成交量，如何是属于进货走势呢？其实在当时位阶所产生的盘坚型进货，比较像是一种整理形态，目的是在稀释与等待前一波上涨的卖压消化。而投资人也不必因为当时成交量较少而产生买进后卖不掉的疑虑，这是根据历史走势所得到的推论。事实上，该股在上涨后是以暴出11618手的大量呈现止涨，与低档萎靡的成交量来比较，差异实在是相当的大。

请看图4–17。台苯股价从10.2元开始盘底，在标示A靠近下降的21MA时，量增止涨形成颈线而拉回，取当时最大成交量7452手为基础计算，基本的洗盘量缩点 = 7452 × 0.382 = 2847手。标示B的成交量为2389手，吻合计算值且小于21MV之下，股价随即止跌并开始逐渐走高，有机会让走势形成第二只脚。

标示C出现暴量长阳，但是最高点仅触及经过标示H的水平颈线，并没有对颈线进行突破走势，股价反而进行拉回，以当时走势应研判是否进入第三只脚，即走势要以三重底形态呈现，此时取当时最大量14844手计算洗盘量缩点 = 14844 × 0.382 = 5670手，标示D的成交量为4730手，小于5670手且萎缩至21MV之下。因此应注意股价止跌点与多头攻击信号。

由于标示C之后的K线均没有跌破长阳K线低点，属于有利于多头的“上扬法”形态。因此标示E的长阳攻击一举突破颈线，就有机会让三重底成立，促使股价发动波段涨势。这时候投资人只需要以真假突破原则观察，并取条均线为移动式停利观察点，就可以获取上涨的波段利润了。

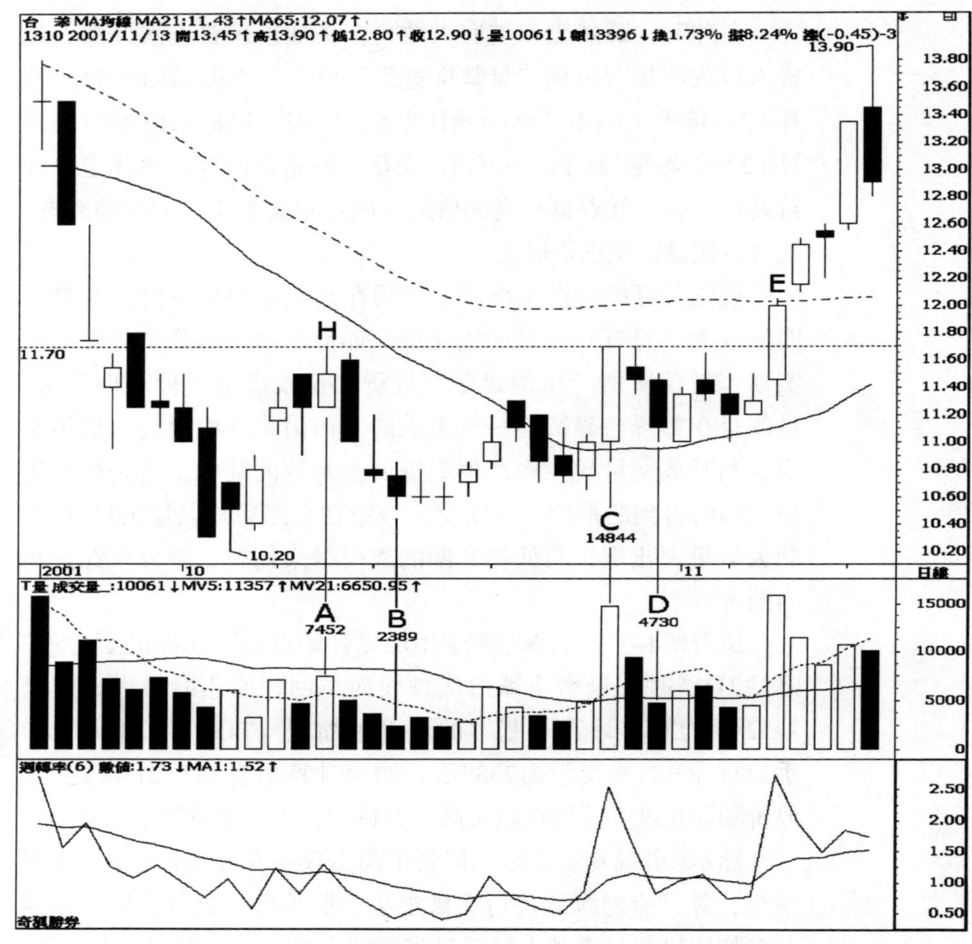

图4–17 低档洗盘案例之二(资料来源：奇狐胜券)

请看图4–18。国建股价在中长期修正走势之后，从13.3元开始上涨，在标示A以暴量长阳挑战下降中的21MA。当时股价虽然遭逢空头抵抗的压力，但是却维持在高档震荡，并没有明显的压回。以技术面走势而言，只要曾经呈现日落，就可以定位进入修正走势，只是时间长短与幅度深浅的差别而已。

标示A成交量为3052手，计算0.382倍为1166手，标示B的成交量为952手且小于21MV，基本上符合洗盘量缩点的要求，只是修正时间不足，有技术面上的疑虑，除非股价不拉回以强攻模式上涨，否则仍需等待恰当的修正时间完成。

接着在标示C以暴量日出长阳呈现多头攻击，股价却仍拉回修正，因此判断走势还是要进行洗盘，所以计算量缩点＝8806×0.382＝3364手。在标示D成交3032手，已经符合量缩要求，但尚未小于21MV，有量缩不足的疑虑。不过在当时的整理时间以标示B为中轴观察，却符合时间对称原理。在标示D之后的成交量萎缩到21MV之下，股价却没有再度创新低，已经化解量缩不足的现象，所以出现的涨停走势，将被视为标准攻击信号。

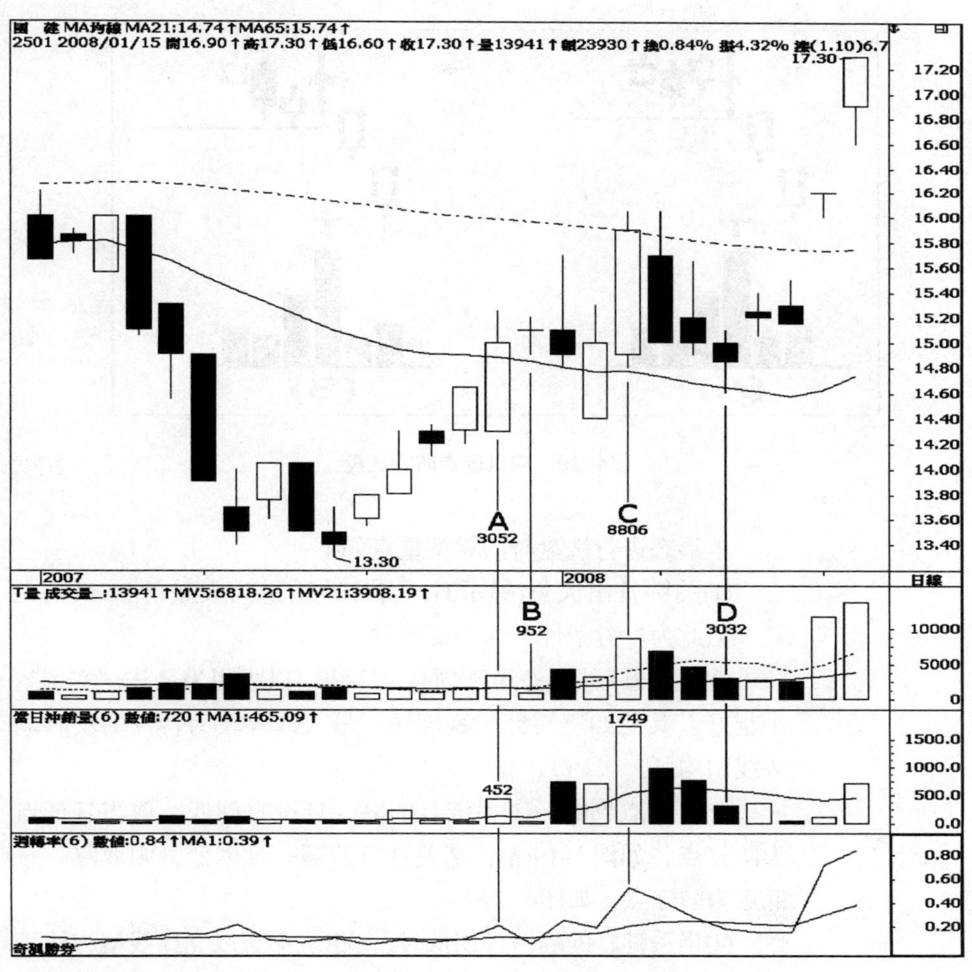

图4-18　低档洗盘案例之三(资料来源：奇狐胜券)

控盘低点防守洗盘

由于主力控盘点的模式相当多元，在本单元仅就控盘低点防守洗盘进行讨论。本形态是指股价呈现弱势K线形态止涨后，并没有拉回进行波段修正，反而以关键低点为支撑关卡，进行高档震荡的洗盘整理走势。本形态可以配合KD指标时间波研判。走势形态请参阅图4–19。

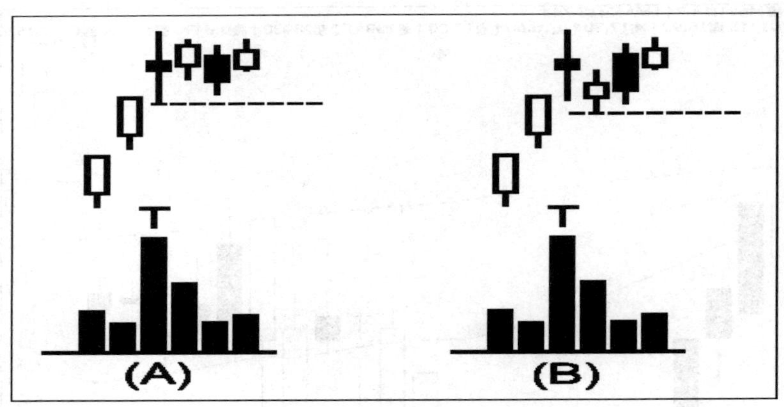

图4–19　控盘低点防守洗盘

本形态进行洗盘时的观察重点如下：

(1)关键日出大量(标示T)，当日冲销量为大量的1/5以上尤佳。但此为参考条件，非必要条件。

(2)关键日K线形态属于创高十字线，以收阴为最佳，实体越小越好。其他如避雷针、墓碑线、吊人线等较为特殊的反转弱势线型均可。

(3)防守点判断：①关键日的隔一日没有创低，取当日低点为防守点，如图4–19(A)；②关键日的隔一日创低，则取隔一日低点为防守点，如图4–19(B)。

(4)当关键日的隔一日创低时，该K线形态以支撑线型为佳。

(5)防守支撑点不破的时间约在两周左右，其目的是为了修正短线正乖离过大，修正过程中会发现均线与股价将逐渐靠拢。

(6)关键日的隔一日量能直接缩到标示T的0.618倍以下最佳。

当量能持续萎缩达到标示T的0.382倍以下，且小于21MV，为洗盘结束观察点，此时应以多头表态走势进行确认。

请看图4-20。敬鹏股价在疑为主升段上涨过程中，于标示A呈现暴量十字线止涨，由于软件内关于当日冲销量的资料已经遗失，因此仅就成交量12055手进行探讨。隔一日标示B为日落K线，线型的实体放大，留有较长的上下影线，亦属于十字线之类别，成交量缩为6321手，与标示A比较之比例为6321 ÷ 12055 = 0.52倍，亦即缩小的比例已经符合0.618倍的数字。

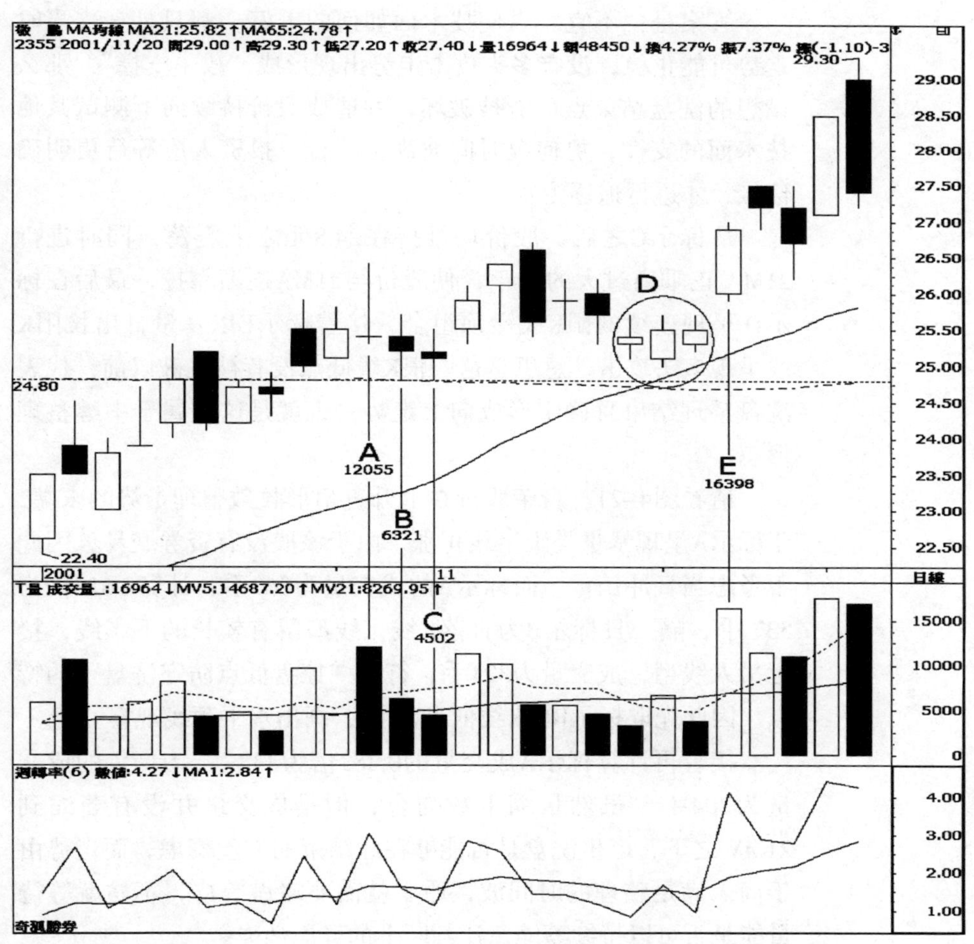

图4-20　控盘低点防守洗盘案例之一(资料来源：奇狐胜券)

以标示A、B这两日观察，初步吻合“控盘低点防守洗盘”的特点，因此先取标示B的K线低点24.8元，画出水平颈线观察，如果股价成功防守此处，那么这里所呈现的短期整理，将成为上涨中继站。

紧接着标示C的成交量持续萎缩，同时以标示A计算量缩观察点：12055 × 0.382 = 4605手。而标示C成交4502手已经吻合这个条件，且成交量萎缩到21MV之下，符合控盘低点防守洗盘结束的观察点，当时股价最低点也正好等于24.8元，也就是说，无论价量都已经符合，投资人是否就在此处即刻进场做多？

答案是：不宜。纵使技术面如何的美好，都只是宣告当时走势可能止稳，没有多头攻击走势出现形成“攻击支撑”，那么设想的洗盘结束点可能被破坏，并造成股价持续向下测试其他技术面的支撑，更何况时间波尚未符合，投资人应等待更明确信号，才进行追逐为宜。

从标示C之后，股价均维持在24.8元之上震荡，同时进行21MA 正乖离过大的修正，使股价与21MA逐渐靠拢，最后在标示D 呈现连续的阳K线镊顶组合，接着标示E以暴量日出长阳K线呈现多头攻击，意思是这一根K线低点没有被跌破以前，代表洗盘整理结束且确定形成向上走势，也就是这里属于中继整理形态。

请看图4–21。台荣股价在上升三角形收敛整理走势的末端，于标示A呈现暴量类十字线止涨，由于该股没有资券交易，因此不考虑当日冲销量。而标示A的成交量为869手，计算0.618倍为537 手，隔一日标示B为日落K线，线型留有较长的下影线，接近吊人线型，成交量为321手，符合“控盘低点防守洗盘”的特点。因此先取标示B的K线低点7.2元，画出水平颈线观察。

接着再计算标示A成交量的0.382倍为332手，标示C的成交量为204手，虽然量缩手数吻合，但是成交量并没有萎缩到21MV 之下，产生洗盘是否能够在此结束的一丝疑虑，而走势由于尚未满足整理的时间波，原本就需要略做等待，不妨就等待量能是否可以持续萎缩，让判断上的疑虑消失。

股价在震荡几日后，于标示D出现成交量小于标示C的成交量，且萎缩到21MV之下，已经符合控盘低点防守洗盘的量能要求，接着只要注意是否出现多头攻击信号即可。由于当时21MV大部分时间均维持微微上扬，只要放量攻击就可以让成交量均线明显转折向上。所以标示E以日出长阳暴量呈现攻击走势时，即可以伺机介入操作多单。

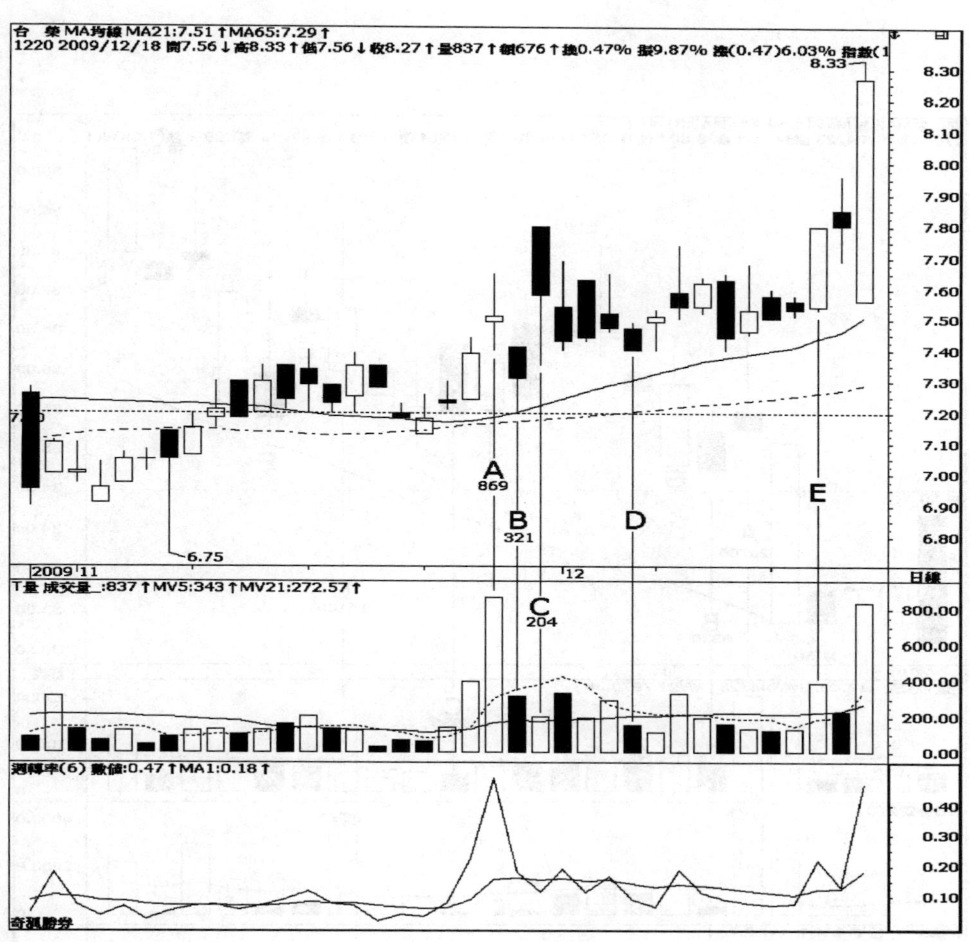

图4-21 控盘低点防守洗盘案例之二(资料来源：奇狐胜券)

请看图4-22。南侨股价在多头上涨且疑为末升段的走势中，于标示A呈现量增类避雷针止涨线型，成交量为20766手，当日冲销量为4104手，比例接近1/5，再计算标示A的0.618倍与0.382倍，分别为12833手、7933手。而在标示B的成交量为6339手且小于21MV，亦即吻合“控盘低点防守洗盘”的特点。

又因为标示B是日落K线，故取其K线低点34.5元画出水平颈线，为洗盘防守点的支撑观察。隔一日即标示G就出现日出长阳的攻击线型，但是成交量并没有同步跟上，整理形态的时间波也不足。纵使如此，标示G该根K线依然有技术面上的支撑意义。

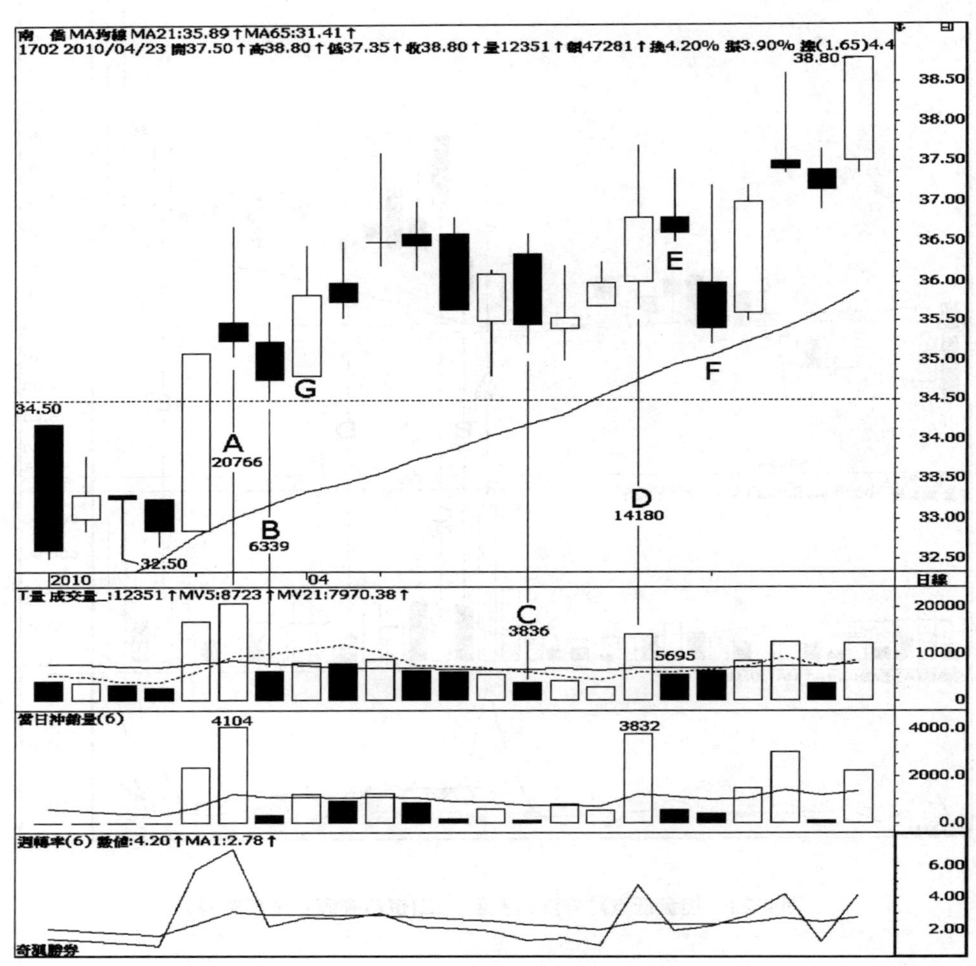

图4–22 控盘低点防守洗盘案例之三(资料来源：奇狐胜券)

随后股价均维持在34.5元之上震荡，标示C的量能萎缩到小于标示B。从技术面上而言，暗示即将出现价格的转折低点，标示D 果然也出现暴量的多头攻击信号，只是K线的上影线略长，因此在攻击的效度上产生了疑虑，接着标示F则以阴K线跌破标示D 的支撑，随即又以长阳形成“母子”组合，没有跌破上扬中的21MA，维持多头的优势。能够如此，以技术面观点来看，主要是标示E量缩得极快(也缩到了21MV之下)，同时21MA维持助涨的力道，所以短线上自然有机会继续挑战新高点。

请看图4–23。益航股价在上涨过程中，在标示A出现暴量类吊人线止涨线型，当天成交量为24644手，当日冲销量5287手超过成交量的1/5，符合控盘低点防守洗盘的基本要求，由于隔一根K 线维持日出，成交量虽然没有缩小到0.618倍，依然可以依此形态进行研判，同时取标示A的K线低点27.05元为水平颈线观察。

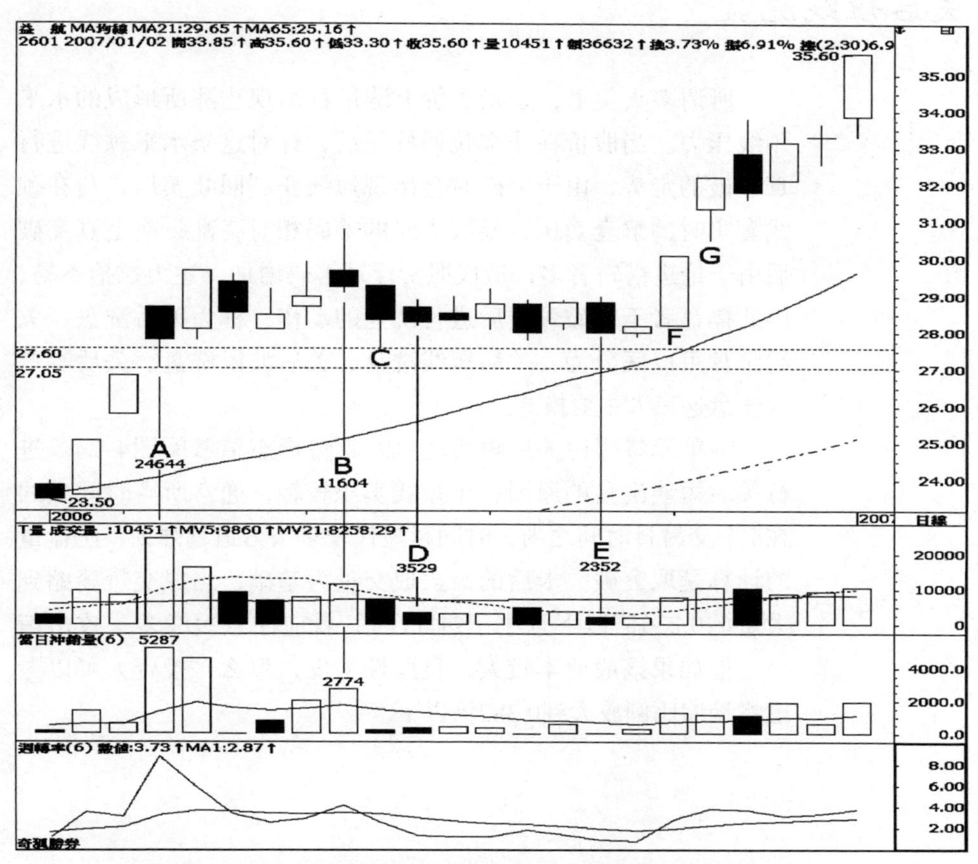

图4–23　控盘低点防守洗盘案例之四(资料来源：奇狐胜券)

在标示B时创新高且成交量与当冲量的比例也吻合控盘低点防守洗盘的描述，标示C为日落并留有下影线，如果投资人认为这里才是关键K线的位置，那么取标示C的K线低点27.6元为水平颈线观察也无妨。而标示D符合标示A与标示B成交量的0.382倍以下，且缩小到21MV之下，暗示洗盘走势告一个段落，只待出现明确的多头攻击信号表态。

股价持续震荡后，在标示E的成交量，不但小于21MV也较标示D还要小，这是整理即将结束的暗示，紧接着标示F的成交量暴增，且让5MV从向下转为向上，K线为长阳日出，属于虚拟攻击。因此投资人应该在此处切入多单操作，或是伺机在短线呈现震荡时切入，以获取短线上涨的利润。

关后短线洗盘

所谓多头关卡，是指股价上涨过程出现止涨所形成的水平颈线压力。当股价在止涨拉回修正后，针对这条水平颈线进行真突破的走势，由于突破时会出现短线获利回吐卖压，与在颈线套牢时的解套卖压，导致当时的筹码相对凌乱；或是真突破后由于抢进搭轿者多，造成股价浮动筹码增加，主力拉抬不易，因此操盘者于突破颈线后进行洗盘的动作，称为关后洗盘。关后洗盘可以区分为：关后短线洗盘、关后波段洗盘、关后等低点洗盘这三大主要模式。

本单元将探讨关后短线洗盘。走势形态请参阅图4-24。进行关后短线洗盘的原因在于短线卖压较轻，通常所需时间大约在8 个交易日时间之内，时间越短代表多头力道越强劲，洗盘量的计算是取突破关卡后的最大成交量为基础，当成交量萎缩到大量的0.236倍以下且小于21MV时，就应注意短线多头攻击信号。但如果该股股本较大，且股性牛皮，那么，投资人可以考虑将量缩比例放大到0.382倍以下。

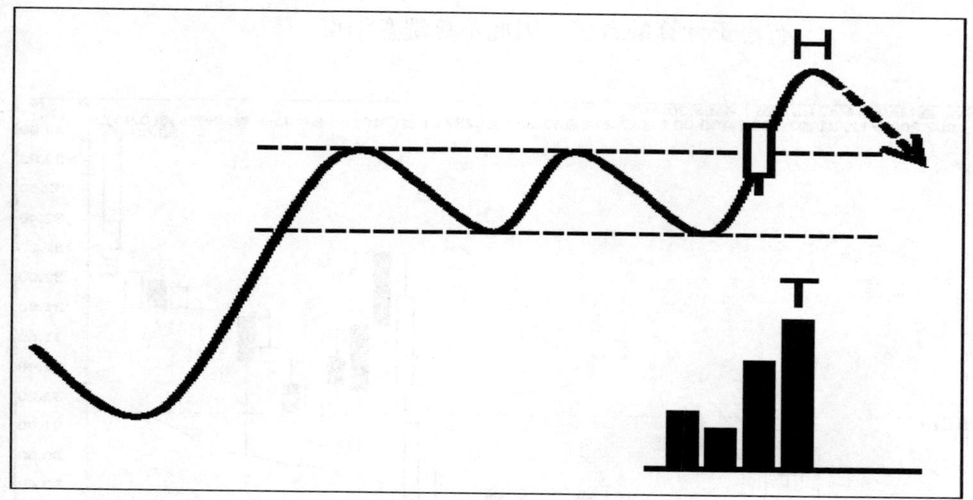

图4-24　关后短线洗盘

关后短线洗盘也可以视为是修正短线正乖离过大的现象，正常会测试到10MA就结束，极少部分会测试21MA，此为多头相对弱势的表现，如果测试到5MA的支撑就结束，则代表多头走势相当强劲。而进行洗盘时，拉回的时间多寡，与修正幅度深浅也会关系到上涨强度。另外，投资人也可以考虑配合中短期的技术指标研判。比如，KD指标的四大空间，以及MACD指标的柱状体，均会呈现特殊的参考信号。

当关后短线洗盘结束的位置附近，如果伴随“量能退潮”的信号，则必然会出现“量能退潮失败”的技术现象，或是洗盘结束时，仅呈现量潮多头中的“趋势量缩盘”走势，紧接着就以攻击量表态，而上攻时多半会伴随指标轧空信号，亦即至少有短线3日以上的多头行情。上攻时的成交量除了“惜售盘”之外，如果出现量潮多头中的“趋势量增盘”走势，那么上涨幅度也会相对较大。

请看图4-25。中钢股价如果以31.1元为多头关卡价观察，当标示A以日出长阳突破水平颈线关卡后，则会随即止涨并呈现拉回修正走势，亦即股价将进行过关卡后的洗盘。此时投资人应取最大成交量107599手进行计算，洗盘量缩点为107599 × 0.236 = 25393 手。标示B的成交量虽然缩到21MV之下，但却没有小于计算的数字，因此不算洗盘结束。

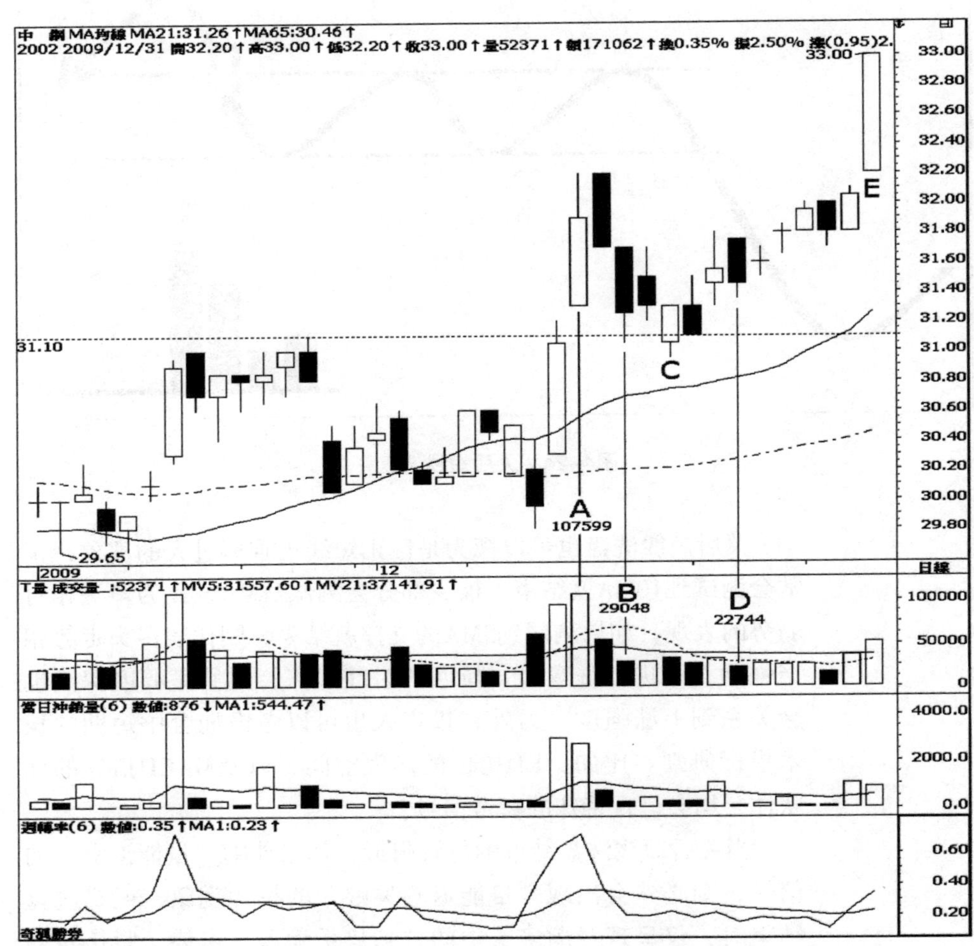

图4-25 关后短线洗盘案例之一(资料来源：奇狐胜券)

如果投资人认为中钢股本较大、股性较为牛皮，将量缩点定位为0.382倍＝41103手，那么标示B就吻合洗盘的要求。标示C的阳K 线并使股价走势形成低点转折，就应视为洗盘有结束的可能。但由于没有出现多头攻击信号，短线操作者依然不能急进。

在标示D时的成交量为22744手，符合缩小到0.236倍的要求。在此处将会产生认知不同者的操作差异，有的投资人可能认为量缩到0.382倍就足够了，所以会在标示D的前一根K线就进场。当然，这是因为盘中走势相对较强，等到收盘看见K线留有较长的上影线时，心中难免紧张；认为需要量缩到0.236倍者，则会等到标示D之后的多头攻击K线才进场。

无论如何，标示E是再度创新高且为长阳攻击的信号。意思是，上扬中的均线发挥助涨力道，股价将往黄金螺旋目标34.6元附近的目标挑战。

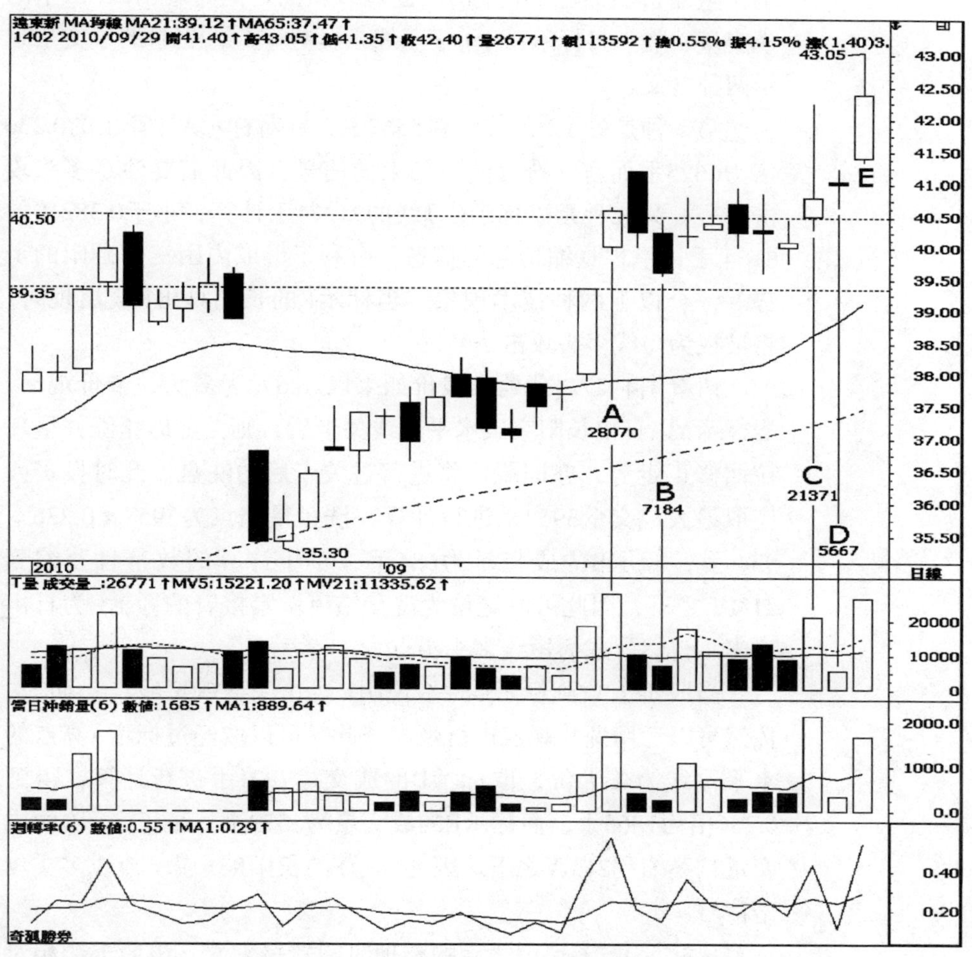

图4-26　关后短线洗盘案例之二(资料来源：奇狐胜券)

请看图4-26。远东新股价在除权后走势逐渐垫高，如果以40.5元为多头关卡价观察，当标示A以日出长阳突破水平颈线关卡后，则会随即止涨并呈现拉回修正走势，亦即股价将进行过关卡后的洗盘。由于突破时留下明显的跳空缺口，所以同时取出该缺口39.35元为重要支撑观察。

接着取当时最大成交量28070手进行计算，洗盘量缩点为 $28070 \times 0.236 = 6625$ 手，标示B的成交量虽然缩到21MV之下，但成交手数7184手没有小于6625手，因此不算洗盘结束，仅能定位量缩价稳而已。而标示C创短线新高，同时暴出21371手的成交量，隔一日标示D为十字子线。盘势至此，当时的成交量暗示两种含义。

第一种是标示D的成交量5567手，针对标示A计算出的0.236倍为6625手而言，符合洗盘结束的信号，因此需要注意多头攻击信号；第二种是以标示C母线的21371手计算，小于0.382倍的8164 手，呈现量缩价稳的信息，有利于形成内困三日翻阳的走势。综合以上两种技术现象，当标示E的长阳日出K线出现时，将被视为短线多头攻击信号。

请看图4–27。葡萄王股价如果以26.6元为多头关卡价观察，当标示A以日出长阳突破水平颈线关卡后，则会随即止涨并呈现拉回修正走势，亦即股价将进行过关卡后的洗盘。此时投资人应取最大成交量3957手进行计算，洗盘量缩点为 $3957 \times 0.236 = 934$ 手，标示B的成交量为684手，小于计算的数字且萎缩到21MV 之下，因此可以定位为洗盘结束。紧接着的标示C为日出攻击，自然就成为短线多头买点。

当股价上攻到标示D时呈现阴K线止涨，就短线走势而言，依然可以运用洗盘观点进行观察。此时可以取经过标示A高点的水平颈线为关卡价，取标示D的成交量7901手进行计算，得到0.236倍为1865手，而标示E的成交量为1572手，小于标示D的成交量且萎缩到21MV之下。因此标示F的长阳K线属于短线多头攻击信号。

从标示A与标示D之后的整理时间较短来看，该股走势相对强劲，未来上涨的幅度自然会相对的较大。从另外一个角度观察，标示B、E的洗盘也可以是短线进场者当成盘势强弱观察的重点，或是随着走势调整操作策略与持股比例。这当中如何变化运用，则看投资人对于技术分析研判的熟练程度了。

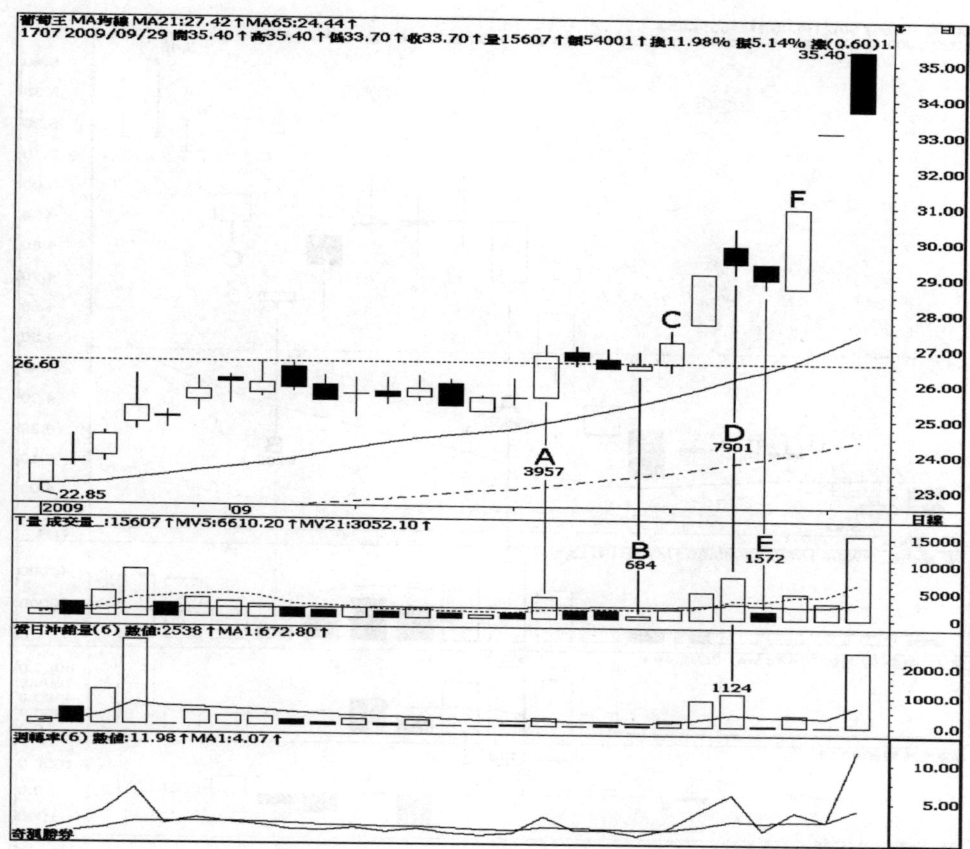

图4-27　关后短线洗盘案例之三(资料来源：奇狐胜券)

请看图4-28。国巨股价如果以4.47元为多头关卡价观察，突破关卡后拉回进行短线修正时，则应取标示A的成交量49550手计算，故洗盘量缩点为49550×0.236＝11694手。标示B的成交量为8282手，小于计算的数字且萎缩到21MV之下，暗示这里极有可能已经洗盘结束。紧接着标示C以暴量长阳日出K线呈现多头攻击，因此属于短线多头买点。

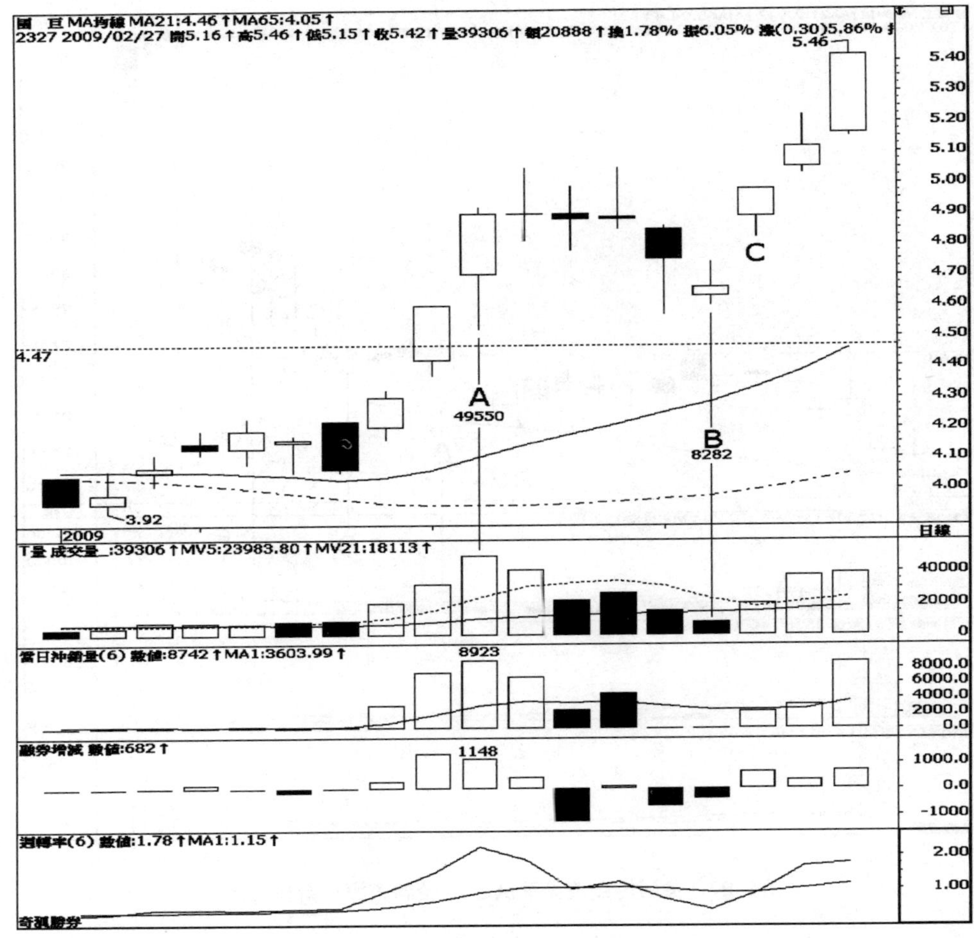

图4-28 关后短线洗盘案例之四(资料来源：奇狐胜券)

关后波段洗盘

所谓关后波段洗盘，是指股价在突破水平颈线关卡后，进行波段走势的洗盘行为。波段走势代表两种基本定义：一是其形态走势容易辨识；二是整理时间超过两周以上。本形态可以利用KD 指标时间波辅助观察，因为部分走势形态与主力控盘低点洗盘类似。标准走势形态请参阅图4-29。

本形态在突破水平关卡后，取当时出现的最大量T1为计算洗盘的基础，由于洗盘过程不一定会维持在高档震荡，部分走势会进行回档幅度较深的洗盘过程，因此往往会出现至少两次的洗盘动作。兹描述如下：

(1)第一次洗盘要洗到T1的0.236倍以下，当时的成交量假设为Tx。

(2)第二次洗盘要洗到Tx的0.5倍以下，或是小于Tx。

(3)第二次洗盘也可以取拐点(H2)的大量T2为基础，计算到T2的0.382倍以下。

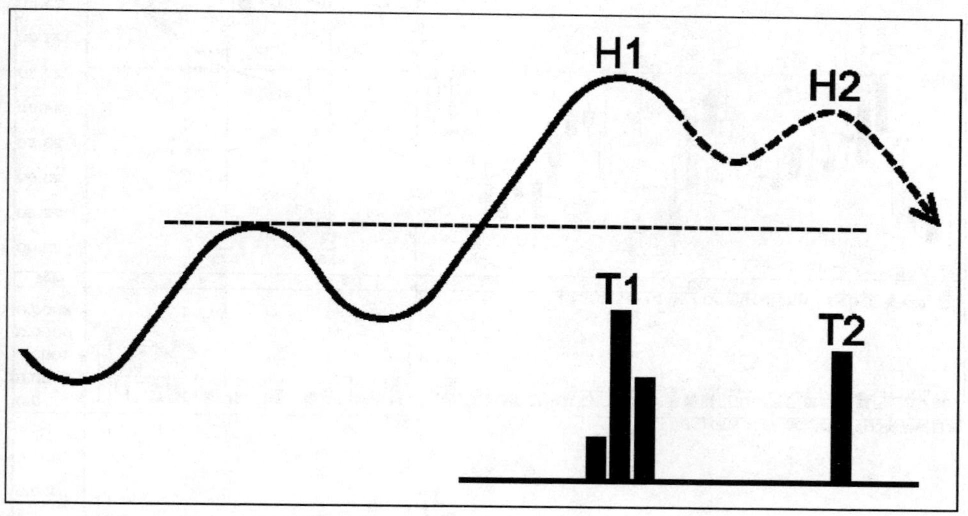

图4–29　关后波段洗盘

请看图4–30。葡萄王股价以24.6元为多头关卡价观察，突破关卡后的隔一日即止涨，因此取标示A的成交量8656手计算洗盘量缩点为8656×0.236=2043手。标示B的成交量等于1550手，小于计算的数字且萎缩到21MV之下，只是股价并不是呈现拉回走势，而是逐步垫高，这种情形如果不是多头很强，那么股价将以“关后短线洗盘”模式强攻，就是要做出第二高点后再进行另一次洗盘。分辨的方法就是观察走势在标示B之后是否出现多头攻击。

实际走势在标示B之后并未出现多头攻击，反而是逐步走低，因此研判需要计算第二次的洗盘信号。由于第二次洗盘时的情形较为多样化，建议投资人应该将所有情形列出，并依据实际走势逐一检视、判断。如此，才能在恰当时机适时切入操作。

图4-30 关后波段洗盘案例之一(资料来源：奇狐胜券)

第二次洗盘时量缩点的观察有三种状况：

(1)要缩到1550手的0.5倍以下，也就是要看见小于775手成交量的现象。

(2)要出现缩到小于1550手的现象。

(3)取拐点大量计算到0.382倍以下。

由于当时并没有明显拐点大量可供计算，所以仅依第(1)、

(2)点所述之情形进行判断。以第(1)种情形而言，成交量直到标示C 的671手才完全符合，股价也在隔两日的标示D出现长阳攻击信号，确立短线多头走势，当然从标示D之后又进行短线洗盘。请参阅图4-27的说明。

如果以第(2)种情形判断，只要出现小于1550手的现象就算数，而走势中就有三次呈现这样的情形(包含标示C)，只是吻合后股价持续震荡，并没有出现明显的多头攻击信号，也是等到标示D才呈现攻击。投资人当然可以将这两种现象综合，或许可以得到最佳的结果，但也有可能错失适时的切入时机。因此，以多头攻击信号作为最后认定的工具，不啻为最佳选择。

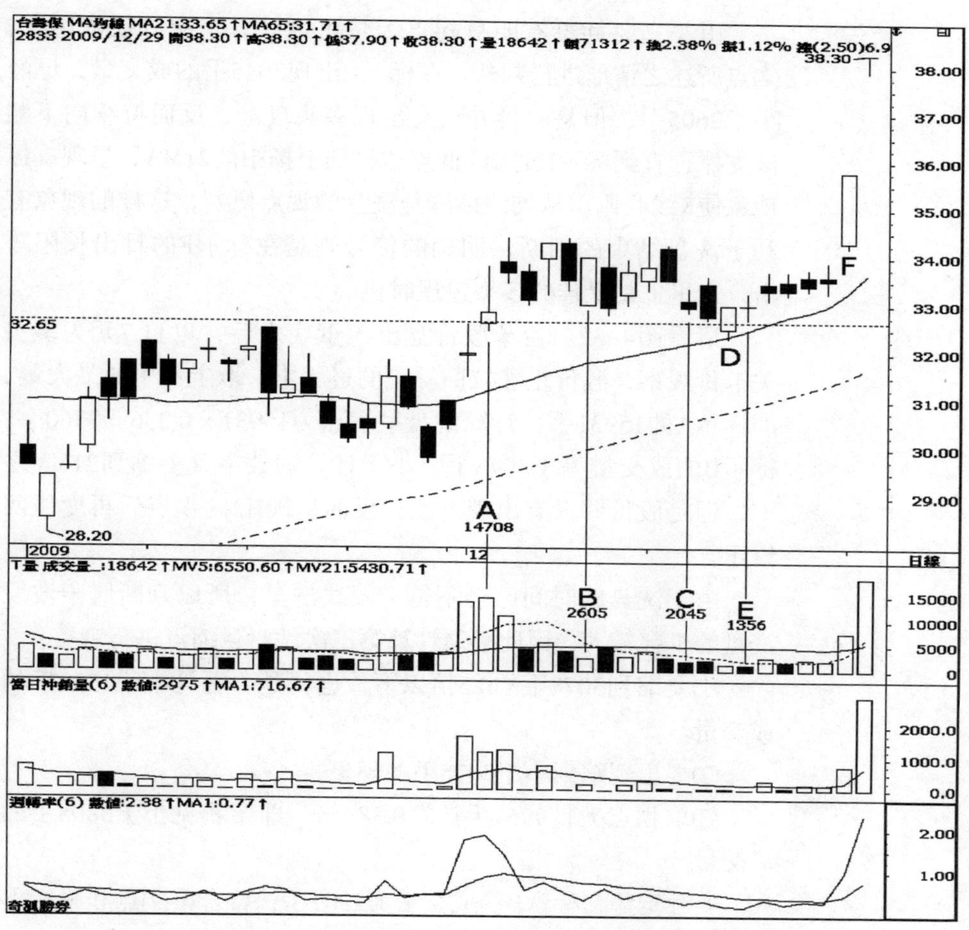

图4-31　关后波段洗盘案例之二(资料来源：奇狐胜券)

请看图4–31。台寿保股价以32.65元为多头关卡价观察，突破关卡后的隔一日创高止涨，因此取标示A的成交量14708手计算洗盘量缩点为14708×0.236 = 3471手。标示B的成交量等于2605手，小于计算的数字且萎缩到21MV之下，符合洗盘的基本要求。如果股价从这里就开始上涨，则代表完成“关后短线洗盘”的模式；如果持续修正则代表要进行第二次洗盘。

由于股价在标示B之后没有出现多头攻击，因此应列出第二次洗盘量缩点的三种状况作为观察重点：

(1)要缩到2605手的0.5倍以下，即要小于1303手的成交量。

(2)要出现缩到小于2605手的现象。

(3)取拐点大量计算到0.382倍以下。

由于当时并没有明显拐点大量可供计算，所以仅依第(1)、(2)点所述之情形进行判断。在标示C出现2045手的成交量，已经小于2605手，但是股价并没有出现多头攻击，反而持续向下测试支撑，直到标示D的K线低点碰触到上扬中的21MA，呈现支撑现象使K线收阳。从均线助涨与洗盘的观点研判，这样的现象有利于洗盘结束的判断，明确的信号则是在标示F的日出长阳攻击，这里也是最佳的多头追逐时机。

请看图4–32。台苯股价盘出三重底之后，以11.7元为多头关卡价观察，股价止涨拉回修正的过程中，取上涨中的最大量，即标示A的15931手，计算洗盘量缩点为15931×0.236 = 3760手。标示B的成交量等于3078手，小于计算的数字且萎缩到21MV之下，但是股价并没有出现上涨，反而呈现H2的拐点后再度压回修正。

由于洗盘的时间已经不符合短线洗盘，所以判断属于波段洗盘的机会较大，因此必须计算第二次洗盘量缩点进行观察：

(1)要缩到3078手的0.5倍以下，也就是要看见小于1539手的成交量。

(2)要出现缩到小于3078手的现象。

(3)取拐点大量9961手计算0.382倍，即要看见小于3805手的成交量。

实际走势在标示D的成交量为2901手，符合第(2)点和第(3)点的信号，紧接着标示E出现日出阳K，是属于第一个买进信号。

但是这里的成交量没有明显放大，也还在标示C的长阴笼罩之下，操作者积极进场的意图可能会被贬抑，直到标示E的隔一日再度攻击时，已经克服标示C的长阴，成交量也跟着放大，代表人气已经回笼。股价如果守住攻击支撑，自然就会展开多头上涨走势。

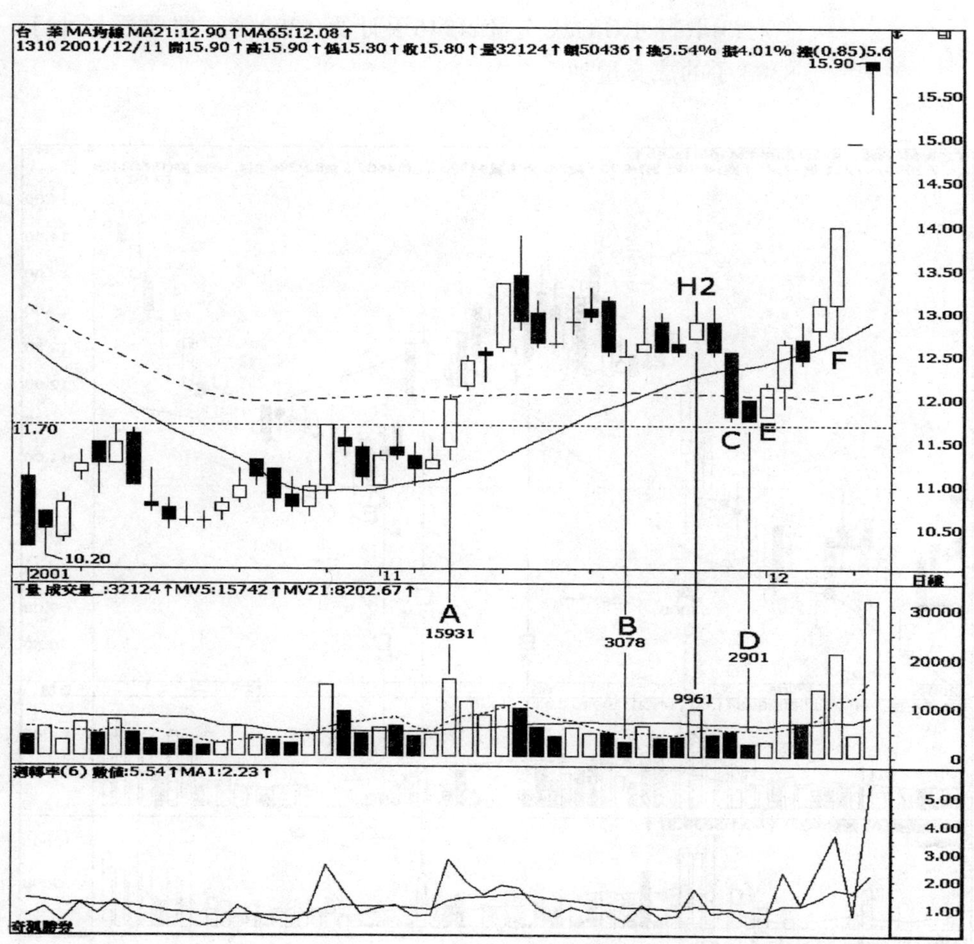

图4-32　关后波段洗盘案例之三(资料来源：奇狐胜券)

请看图4-33。爱之味股价以10.65元为多头关卡价观察，突破关卡后到止涨拉回修正之间，最大的成交量为标示A的53005手，由于走势幅度离颈线距离较大，所以直接定位将进行波段洗盘为宜。因此先计算第一次洗盘量缩点为53005 × 0.236 =

12509 手，标示B的成交量等于10263手，小于计算的数字且萎缩到21MV之下，接着再分别列出第二次洗盘时的参考数据：

(1)要缩到10263手的0.5倍以下，也就是要看见小于5132手成交量的现象。

(2)要出现缩到小于10263手的现象。

(3)取标示C的成交量21946手计算0.382倍，即要看见小于8383 手的成交量。

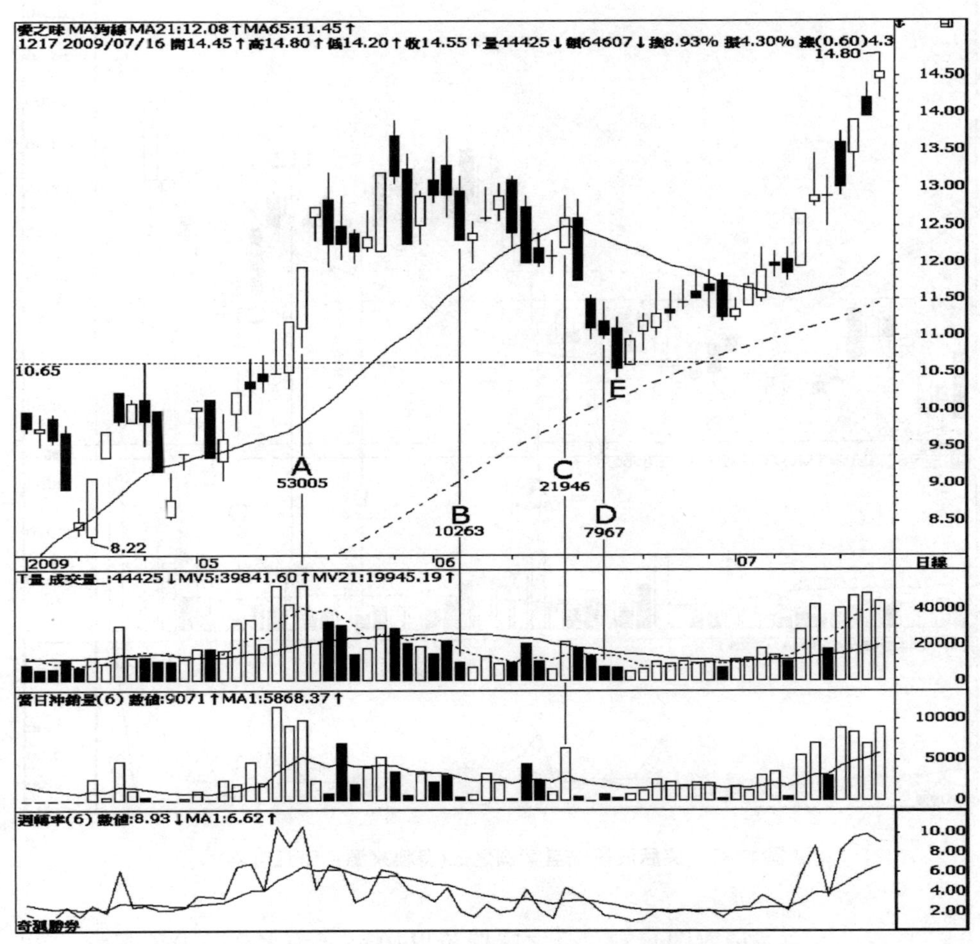

图4-33　关后波段洗盘案例之四(资料来源：奇狐胜券)

实际走势在标示D出现7967手的成交量，符合第(2)点和第(3)

点的信号，隔一日标示D虽然以日落长阴表态，但却逢上升中的65MA，使股价形成低点转折，投资人只要在形态出现突破母子组合时伺机进场即可。如此，就可以趁洗盘结束与均线助涨的力道，操作短线多单。

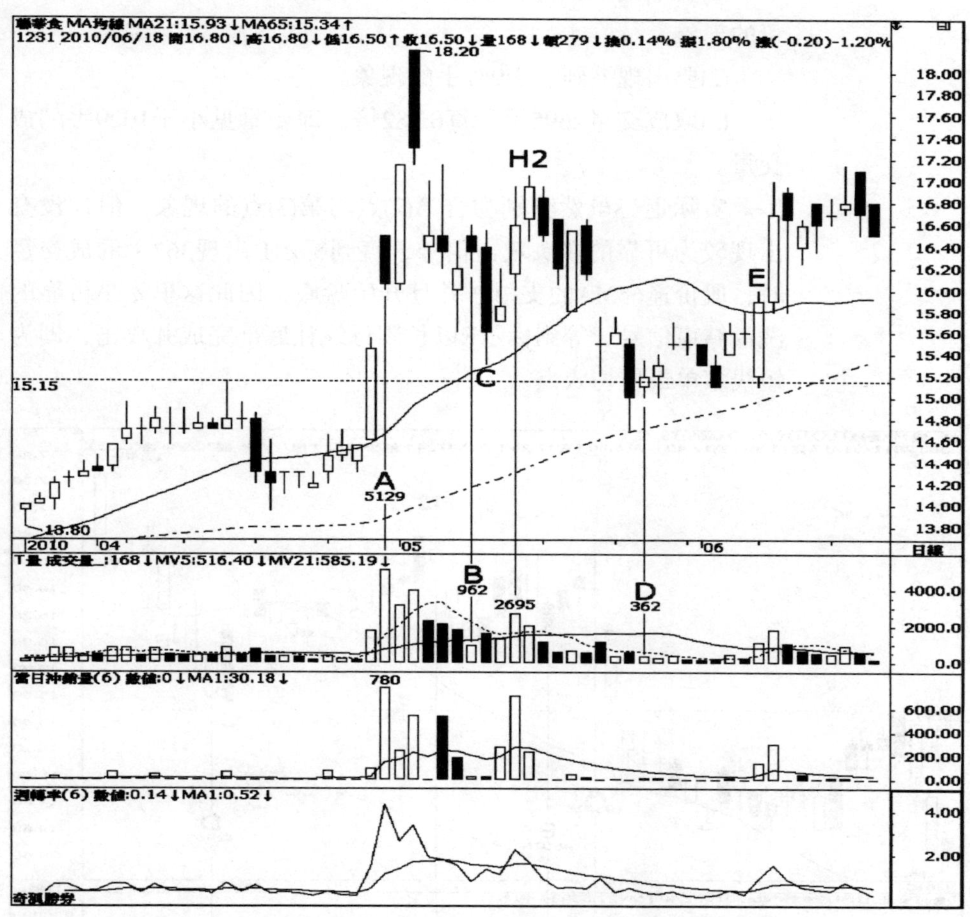

图4-34 关后波段洗盘案例之五(资料来源：奇狐胜券)

请看图4-34。联华食股价以15.15元为多头关卡价观察，在18.2元高点止涨后，最大的成交量为标示A的5129手，由于走势幅度离颈线距离较大，因此直接定位将进行波段洗盘。既然如此，必须先计算第一次洗盘量缩点为5129 × 0.236 = 1210手，而标示B的成交量等于962手，小于计算的数字且萎缩到21MV之下，因此代表此处完成第一次的洗盘。

股价在标示C触及21MA使走势再度上涨，但却没有创新高，形成标示H2的拐点。利用拐点与第一次洗盘的信号，将可以列出第二次洗盘量缩点的三种情形作为观察：

(1)要缩到962手的0.5倍以下，也就是要看见小于481手成交量的现象。

(2)要出现缩到小于962手的现象。

(3)取成交量2695手计算0.382倍，即要看见小于1029手的成交量。

实际走势虽然分别吻合第(2)点与第(3)点的现象，但却没有出现较为可靠的多头攻击信号，直到标示D出现362手的成交量时，股价逢65MA的支撑，并且开始盘底，因此这里才是可靠的洗盘结束信号，等到标示E以长阳母线让底部完成并攻击，即为短线多单最佳切入点。

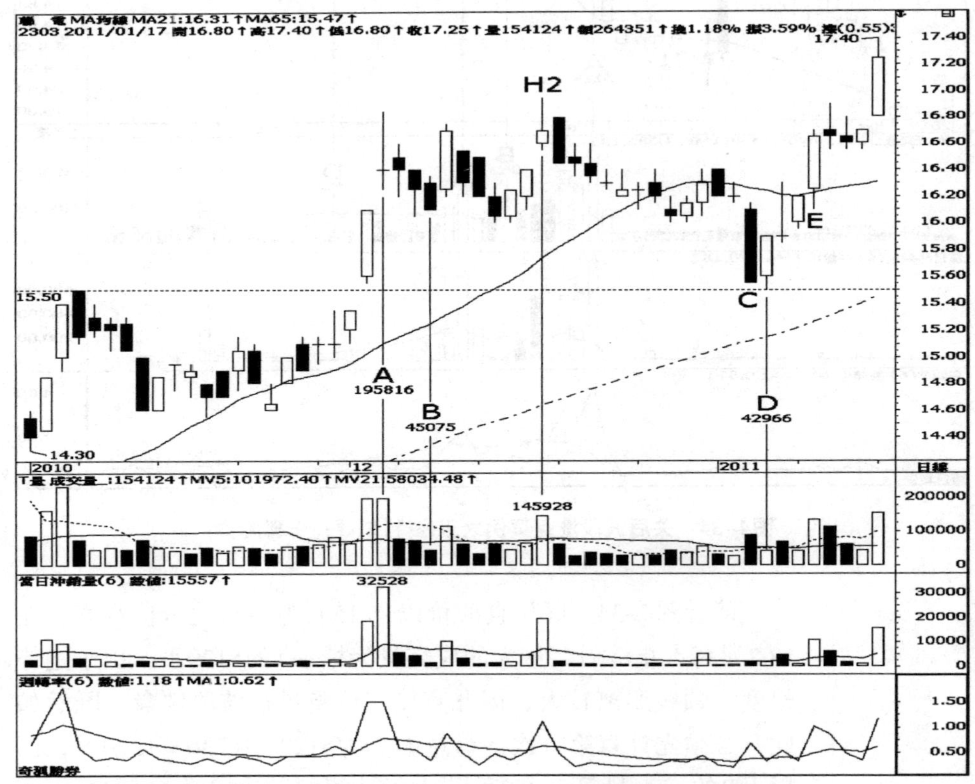

图4-35　关后波段洗盘案例之六(资料来源：奇狐胜券)

请看图4–35。联电股价以15.5元为多头关卡价观察，突破关卡后于标示A止涨，其成交量为195816手，计算洗盘量缩点 = 195816 × 0.236 = 46213手。而标示B的成交量等于45075手，小于计算的数字且萎缩到21MV之下，代表走势完成第一次洗盘。由于标示B的隔一日呈现多头攻击失败，接着在标示H2时创高止涨，并拉回持续修正。因此判断股价将进行另一次洗盘，所以列出第二次洗盘量缩点的三种情形作为观察：

(1)要缩到45075手的0.5倍以下，也就是要看见小于22538手成交量的现象。

(2)要出现缩到小于45075手的现象。

(3)取H2的成交量145928手计算0.382倍，即要看见小于55744 手的成交量。

在判断时，投资人应先思考该股股本与股性，类似这种大股本的股票，往往在洗盘时会出现符合洗盘条件信号，股价却没有止跌的迹象，必须依赖其他技术性指标(如均线)或是等待足够的整理时间，才有机会让走势完成洗盘修正。因此，从标示H2 开始到标示C为止，期间虽然有许多交易日符合上述量缩点观察条件，但却由于技术性的支撑不足，以至于股价不断往下寻求支撑。比如，标示C已经接近前波颈线支撑，这时候标示D的成交量符合洗盘条件信号将会相对可靠，接续的标示E属于带量长阳日出攻击，则更间接证明标示D是洗盘的结束点。

关后等低点洗盘

关后等低点洗盘是属于过关洗盘走势中的特例，本单元仅提出容易辨识的走势作为探讨，其他走势模型暂时略过。标准走势形态请参阅图4–36。

本形态在价格的变化上，突破关卡后必定会呈现两个明显的止涨高点H1与H2，其中以H2大于H1为最佳，但也容许H2小于H1；股价分别从H1与H2拉回修正结束的谷底为L1与L2，以L1 = L2 为标准形态。

在成交量的变化上，通常突破关卡时会以量急增格局的形态呈现，当时的最大成交量T1，不是出现在止涨高点H1附近，而是在过关卡的当日。当股价从H1拉回并于L1止跌时，其成交量应萎缩到T1的0.382倍以下；而股价从H2拉回于L2止跌时，其成交量应小于L1者较佳，不然也要缩到21MV之下。

如果以修正时间观察关后等低点洗盘，则相对难以评估。短期修正可以用8个交易日完成，而中长期修正却可以用到50个交易日才完成，可视当时走势形态而定，为了避免困扰，投资人可以参考不同周期的均线摆动作为定位。

如果走势针对65MA摆动，则代表修正时间周期较长，此时宜结合波浪理论进行研判，且在从H1开始的修正，会出现“量能退潮”的信号，投资人在尝试买进时，则应等到第二个等低点出现后，配合当时短期底部信号进行买卖。

如果走势针对21MA摆动，则代表修正时间周期较短，此时宜以K线走势判断。这种修正走势，不容易出现量能退潮的技术面，纵使出现也会呈现失败信号。而短线买点除了以洗盘结束信号作为观察之外，也可以配合指标关键支撑点研判，佐以中阳以上且带攻击量的K线格局切入，至于指标的这些用法仅在《实战讨论会》网聚中才会说明。

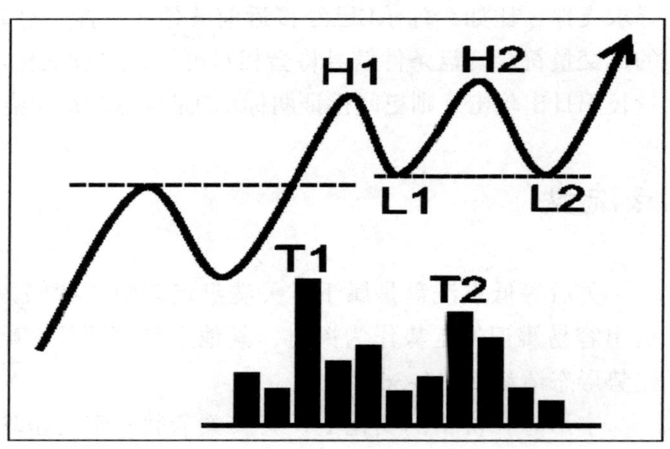

图4-36 关后等低点洗盘

请看图4-37。华硕股价以235元为多头关卡价观察，在标示A以量急增方式突破颈线，接着在标示H1止涨，并形成H2止涨高点与L1、L2的谷底。检视当时走势形态，由于H2 > H1且L1 = L2，符合关后等低点洗盘的模式，接着就检查成交量的变化是否符合洗盘要件，以利于短线介入。

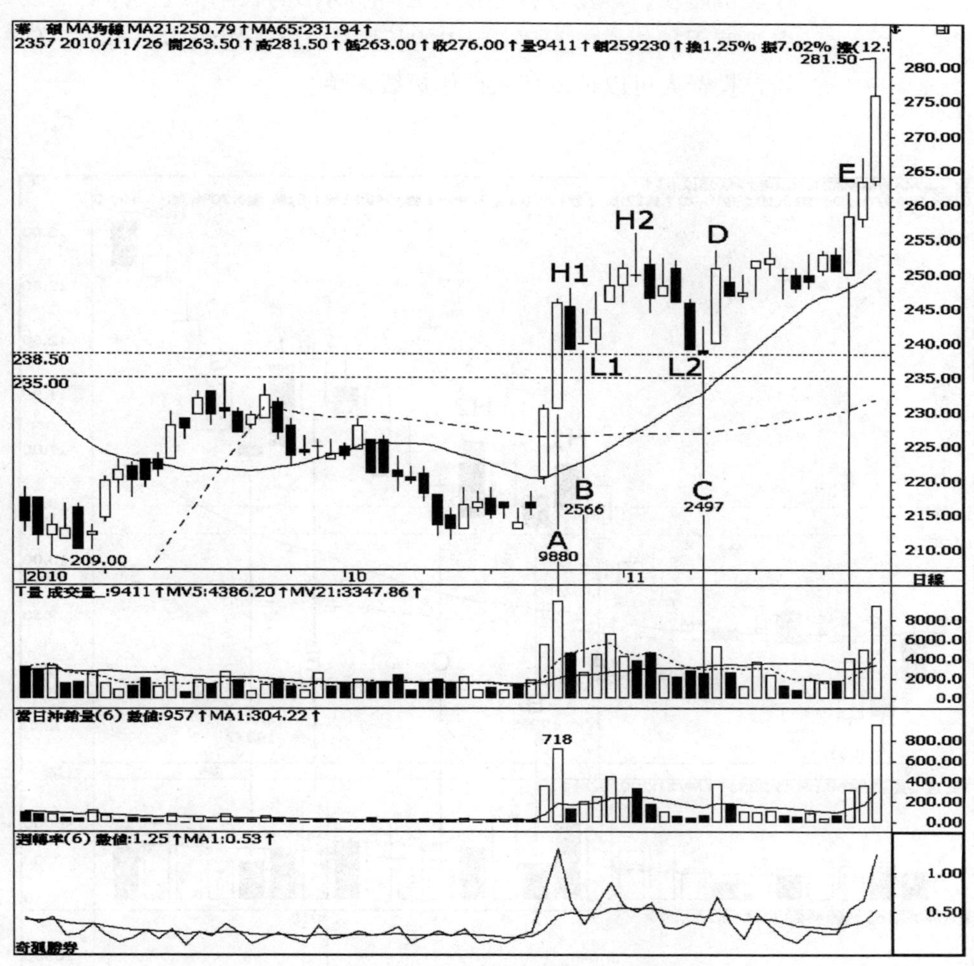

图4–37 关后等低点洗盘案例之一(资料来源：奇狐胜券)

以标示A的成交量9880手计算量缩点为9880 × 0.382 = 3774手，标示B虽然不是拉回最低点，但是成交量2566手符合条件，因此视为第一个信号。在L2低点前后附近的最少成交量为标示C的2497 手，不但小于标示B的成交量，而且也萎缩到21MV之下，代表走势完成等低点洗盘。接下来只要出现多头表态K线，投资人就应该积极切入操作短线多单。

标示D则以日出长阳攻击K线表态，成交量为5248手，为量暴增走势，后续走势没有持续放量攻击，而是萎缩到21MV之下让股价震荡，震荡过程并没有破坏标示D的长阳K线支撑。短线多头就无须担心，至于标示E的长阳K线属于短线多头再攻击信号，投资人可以再度切入操作短线多单。

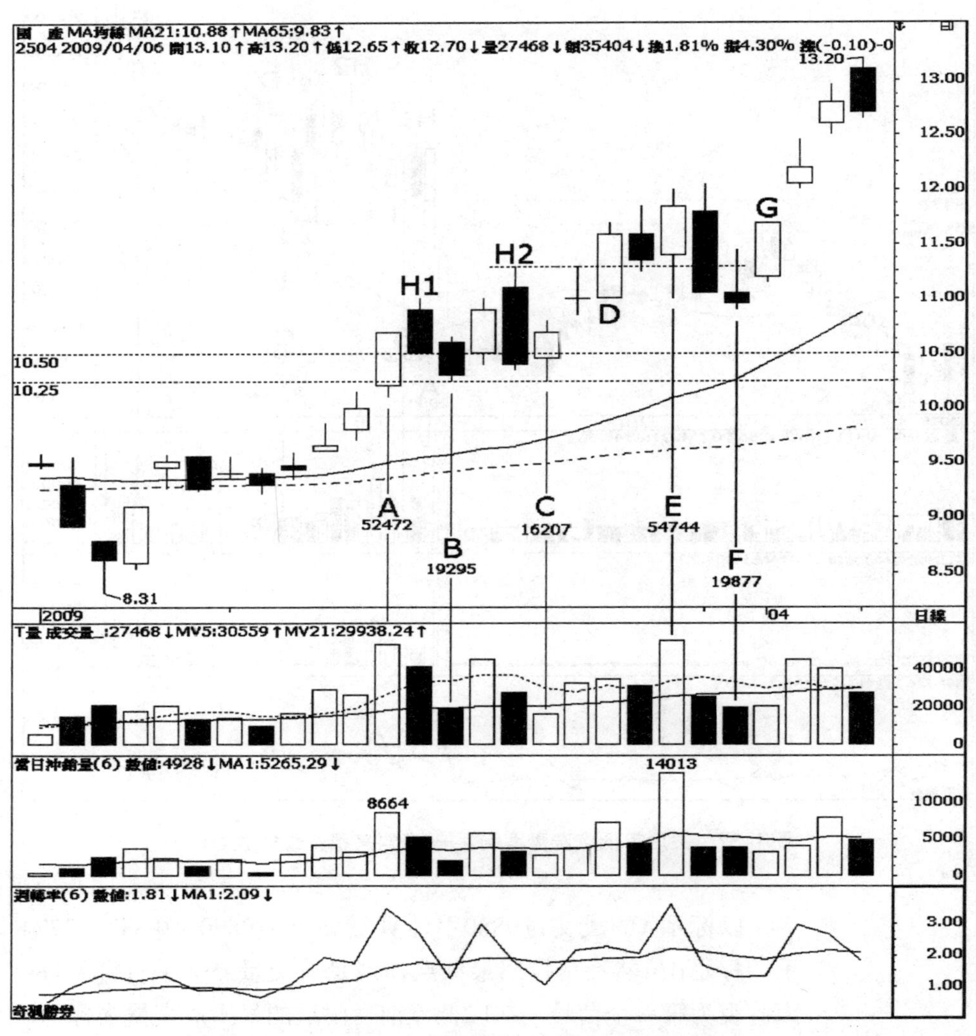

图4–38　关后等低点洗盘案例之二(资料来源：奇狐胜券)

请看图4–38。国产股价以10.5元为多头关卡价观察，在标示A以量急增方式突破颈线，接着在标示H1止涨，并形成H2止涨高点与标示B、C的谷底。检视当时走势形态，由于H2 > H1且B = C = 10.25元，符合关后等低点洗盘的模型，接着就检查成交量的变化是否符合洗盘要件，以利于短线介入。

以标示A的成交量52472手为基础，计算52472 × 0.382 = 20044 手，标示B的成交量19295手已经符合条件，因此视为第一个信号。在标示C的成交量为16207手，小于标示B的成交量，也萎缩到21MV之下，代表走势完成等低点洗盘。当标示D以长阳日出突破经过H2的水平颈线时，视为多头表态K线。

由于经过H2的水平颈线也可以当成关卡价观察，因此在标示E 的量急增之后，股价止涨拉回时，仍可以利用过关卡后的洗盘判断。在标示F的成交量19877手，仅缩小到标示E的0.382倍且萎缩到21MV以下，虽然没有缩小到0.236倍以下，但在股本较大、才刚完成等低点洗盘的效应，筹码的稳定度应属于可被接受的范围。因此标示G的日出攻击，亦可以视为短线多头买进信号。

请看图4–39。彰银股价以15.95元为多头关卡价观察，在连续滚量伴随长阳攻击后，于标示A量增止涨，形成H1高点后随即进入修正，修正过程中出现另一个止涨高点H2与标示L1、L2的谷底。检视当时走势形态，虽然H2<H1不是最理想的形态，但是标示L1与L2形成等低点16.4元，仍然符合关后等低点洗盘的模型。

以标示A的成交量128987手为基础，计算128987 × 0.382 = 49273 手，标示B的成交量42404手已经符合条件，因此视为第一个信号。标示C在H2之后发生，其成交量小于标示B的成交量，也萎缩到21MV之下，代表走势已经完成等低点洗盘。当标示D以长阳上涨时，应视为多头表态K线。

接着标示E再以长阳突破经过H1的水平颈线，股价随即止涨拉回，因此利用标示E的成交量116510手计算，标示F的成交量36900 手，仅缩小到标示E的0.382倍且萎缩到21MV以下，与上一个例子相同，都是属于连续洗盘筹码安定的暗示，再加上K线形态为有利于多头的“上扬法”组合。因此当阳K线日出突破K

线形态后，应视为短线多头买进信号。

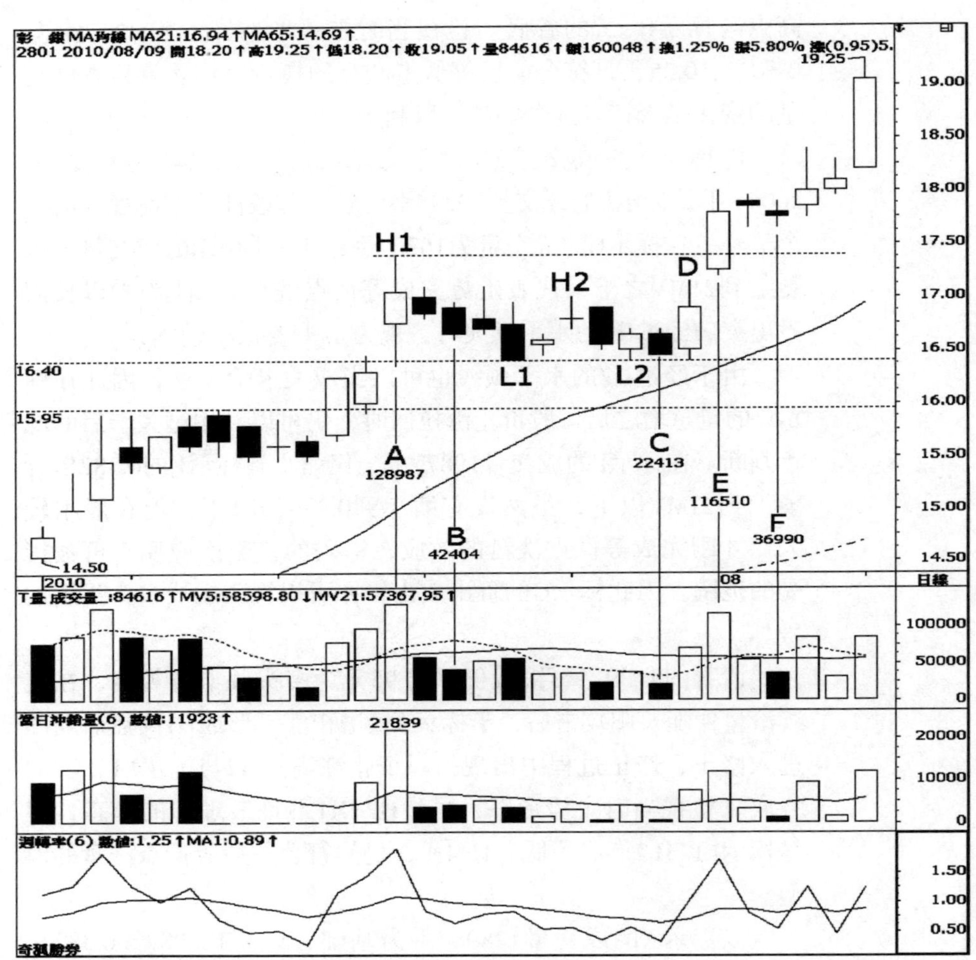

图4-39 关后等低点洗盘案例之三(资料来源：奇狐胜券)

请看图4-40。台玻股价在突破25.25元的多头颈线关卡后，股价上涨到标示H1时，与65MA的正乖离过大，导致进行拉回修正的走势，在标示A靠近上扬中的65MA形成均线助涨力道，并使股价再度上涨。然而上涨到标示H2时再度止涨，并未创下波段新高点，且股价再度进入修正，在标示B的最低点正巧与标示A的低点24.5元相等，整个形态的雏形可以当成“下降收敛三角形”。就主力控盘的洗盘观点而言，为长周期的“关后等低点洗盘”。

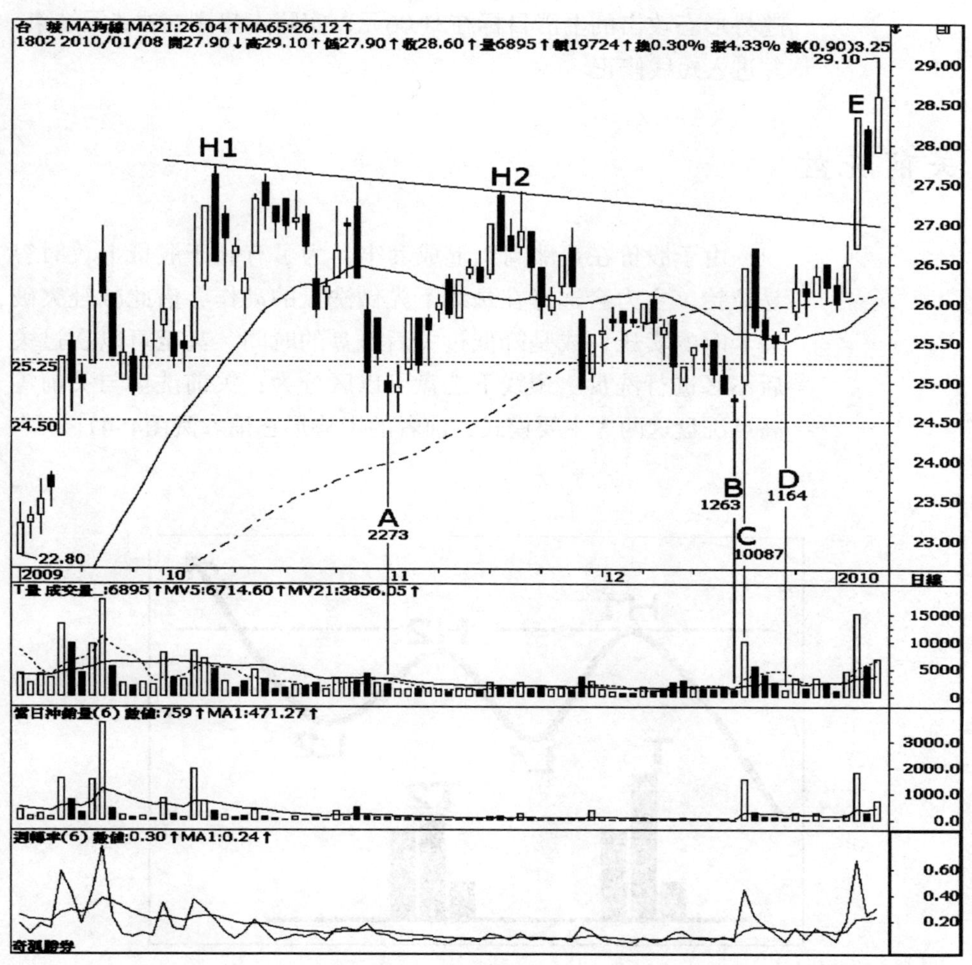

图4-40　关后等低点洗盘案例之四(资料来源：奇狐胜券)

由于时间周期的拉长，第一次洗盘时已经没有必要计算量缩点，单纯针对两个低点的成交量进行比较即可。标示B的成交量为1263手已经小于标示A的成交量2273手，而标示C的暴量长阳形成“宝塔翻白”攻击，由于成交量暴增过大，所以标示D的成交量缩小到标示C的0.236倍以下，且量缩到21MV之下，代表完成短线洗盘，同时也形成“上扬法”的K线组合。

在标示E则是另一次长阳攻击表态，除了使上扬法形态确认之外，也突破收敛三角形的下降趋势线，同时宣告利用K线形成趋势形态攻击的上涨目标在31.06元，实际走势则在31.5元结束，并进入短线修正。

关前洗盘

由于股价在止涨高点形成套牢，为了有利于股价上攻时容易拉抬，主力会选择在颈线下先做洗盘的动作，借此减轻突破关卡时的卖压，或是降低过关后洗盘的时间，甚至可以在过关后不必进行洗盘。颈线下洗盘可以区分为：关前洗盘与关前等高点洗盘这两大主要模式，前者的走势形态请参阅图4–41。

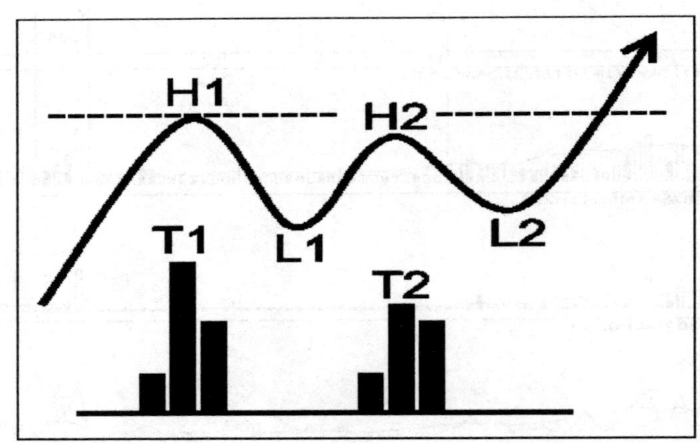

图4–41 关前洗盘

关前洗盘在价格走势方面，止涨最高点H1为关卡价，第二次止涨高点H2必小于H1，且H2往往大于H1～L1幅度的0.5倍以上，而L2必大于L1。因此有部分人士认为这是特殊的三浪修正或是收敛三角形。但是笔者认为，比较严谨的定义应该是关前洗盘模式，或是相对高档以H2为颈线的底部形态。

在成交量的变化上，止涨最高H1所对应的成交大量为T1，止涨次高H2所对应的成交大量为T2，标准走势是T2会小于T1。由于成交量T2代表的含义是针对T1进行“部分解套”，因此计算的基础只要取T2即可。当成交量萎缩到T2的0.382倍以下，且小于21MA 时，应注意股价止跌与多头攻击信号。

请看图4-42。生达股价在上涨到标示A时止涨，形成H1的高点，接着股价维持在21MA之上震荡，并形成H2的止涨高点。由于H2 小于H1，因此除非股价从H2开始修正时跌破标示L1的谷底，否则走势将有机会形成收敛形态。如果是收敛三角形，那么将会出现三只脚；如果只出现两只脚，则属于“关前洗盘模式”，或是“高档底部形态”。

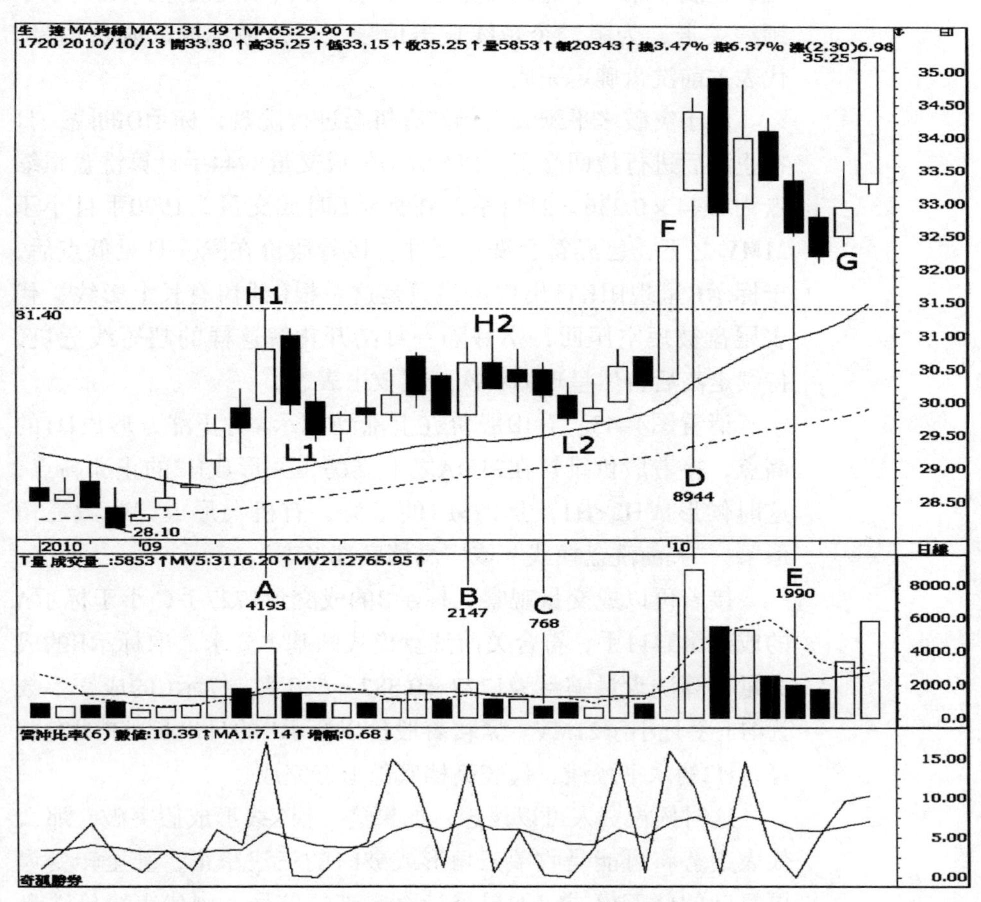

图4-42　关前洗盘案例之一(资料来源：奇狐胜券)

以成交量观察，标示B的成交量2147手，小于标示A的成交量4193手，符合关前洗盘模式的基本要求。接着计算洗盘量缩点为2147 × 0.382 = 820手，标示C的成交手数为768手且小于21MV，代表在当时要寻求短线止跌点，标示L2的位置正好接近上扬中的21MA且L2 > L1。至此，相关条件都符合洗盘模式的要求，那么是否代表投资人就大胆认定必然成立，同时切入操作呢？

并不尽然。投资人仍需注意L2的谷底还有被破坏的可能，或是还会有新的谷底L3出现的机会。因此操作者需要更明确的信号来使L2的谷底不被破坏，其中标示L2隔两日呈现日出阳K线，是属于第一个短线攻击信号，标示F由于突破经过H1的水平颈线关卡，为第二个短线攻击信号，也是最标准的确认信号，代表关前洗盘确定完成。

由于突破水平颈线后仍然有机会进行洗盘，标示D的隔一日在止涨后进行拉回修正，以标示D的成交量8944手计算洗盘量缩点为8944 × 0.236 = 2111手，在标示E时成交量为1990手且小于21MV之下，已经符合洗盘要件。接着股价在隔一日见低点后，于标示G呈现阳K日出攻击，只是这一根K线留有长上影线，代表尾盘被短空压回，幸好隔一日高开化解这样的超短线危机，持续走高后自然呈现另一次短线攻击表态。

请看图4–43。乔山股价在上涨到标示A时止涨，形成H1的高点，接着股价维持在21MA之上震荡，并形成H2的止涨高点，这时候形成H2<H1，且L2>L1的走势，有机会形成“收敛三角形”、“关前洗盘模式”或“高档底部形态”。

接着再以成交量观察，标示B的成交量1727手，小于标示A的成交量3411手，符合关前洗盘模式的基本要求。取标示B的成交量计算洗盘量缩点为1727 × 0.382 = 660手，标示C的成交手数为411手且小于21MV。紧接着股价以标示D的日出长阳K线突破经过H2的水平颈线，代表高档底部形态完成。

这时候投资人可以设想，如果这一根K线形成假突破，那么代表走势将可能是收敛三角形或破L1的三浪修正，甚至转变为更复杂的修正模式；如果维持真突破的信号，则代表股价洗盘结束，股价将发动另一波短线上涨走势。当标示E的K线突破经过H1的水平颈线，代表关前洗盘模式完成，一样可以运用真假突破或是其他洗盘模式进行观察。

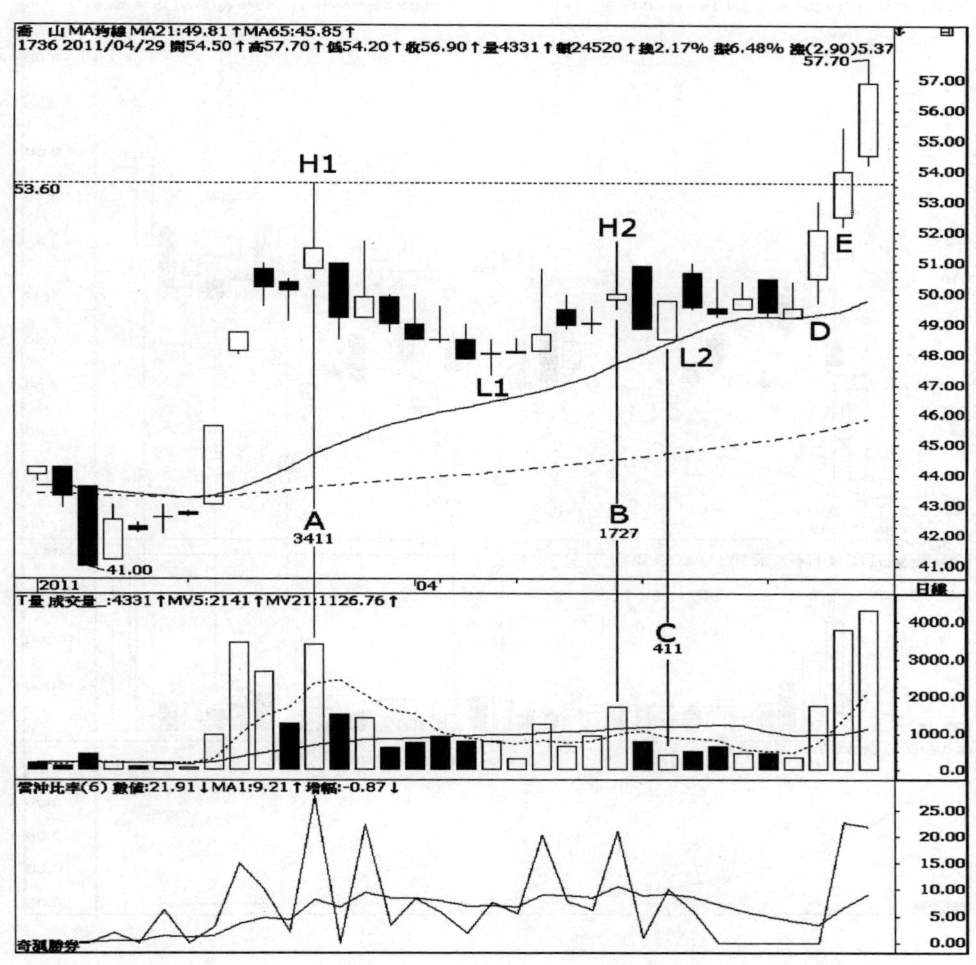

图4-43　关前洗盘案例之二(资料来源：奇狐胜券)

至于洗盘结束后的股价上涨幅度与当时洗盘的位置、浪潮模型等是否有相对应的关系，投资人应该回归到最原始的股价波动进行判断，才能定出最佳操作策略，切勿着重于某一种技术信号，而忽略了整体走势的概念。简言之，种种洗盘信号不过是众多买进观察信号之一，买进后的涨幅大小不在于洗盘是以什么模式进行，而是在整体格局所对应的相对位置。

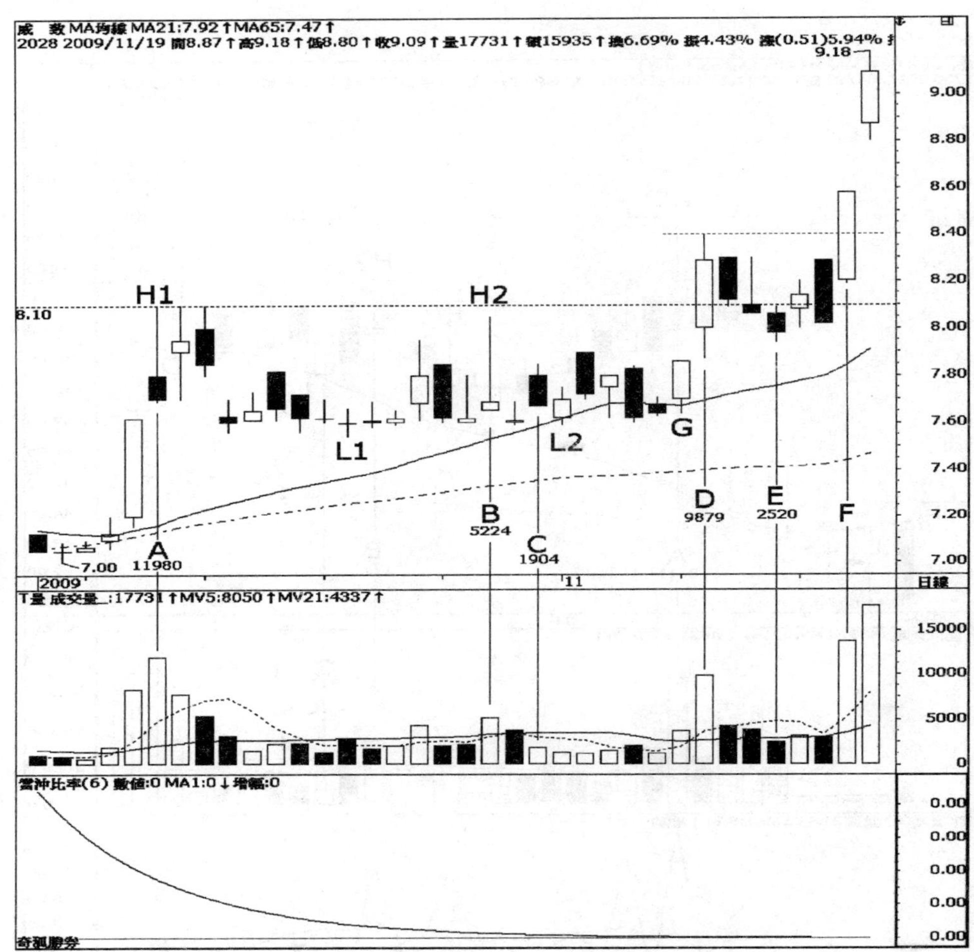

图4–44　关前洗盘案例之三(资料来源：奇狐胜券)

请看图4–44。威致股价在上涨到标示A时止涨，形成H1的高点，接着股价形成H2的止涨高点。由于H2小于H1且L2>L1，暗示有机会形成“收敛三角形”、“关前洗盘模式”或“高档底部形态”。

接着再以成交量观察，标示B的成交量5224手，小于标示A的成交量11980手，符合关前洗盘模式的基本要求。取标示B的成交量计算洗盘量缩点为5224×0.382 = 1996手，标示C的成交手数为1904手且小于21MV代表洗盘点已经出现，而标示G的日出K线属于“虚拟攻击”，暗示有机会让第二只脚成立。

当标示D以暴量长阳突破H1、H2的高点后，随即止涨拉回，代表要进行过关卡后的洗盘。以标示D的成交量9879手计算洗盘量缩点为9879×0.236 = 2331手，实际走势在标示E仅缩小到2520手，但有萎缩到21MV之下，量缩程度略嫌不足。幸好股价并未跌破长阳低点，“上扬法”形态没有被破坏。若股价维持真突破的走势，等到标示F的长阳再度攻坚时，就可用“以价破量”化解量缩不足的疑虑。

关前等高点洗盘

所谓关前等高点洗盘，是指股价在颈线下进行洗盘的动作，其洗盘的起点与颈线相等。走势形态请参阅图4–45。

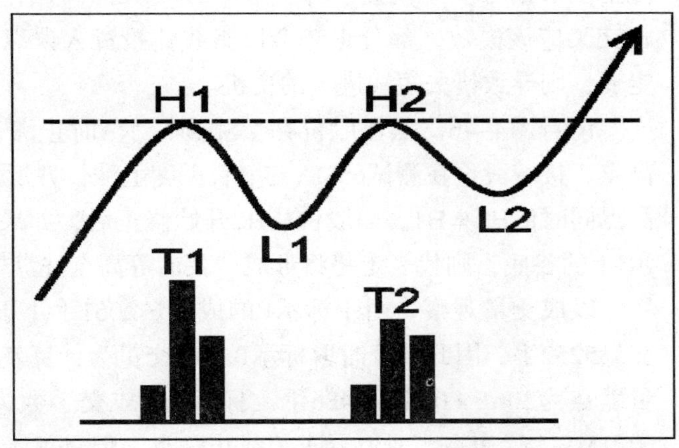

图4–45　关前等高点洗盘

本形态在价格走势方面，止涨最高点H1为关卡价，第二次止涨高点H2必定与H1相等，少部分高于H1的特殊走势则不在本单元讨论之列。至于谷底的观察，则是L2必大于L1。在成交量的变化上，止涨最高H1所对应的成交大量为T1，止涨次高H2所对应的成交大量为T2。由于成交量T2代表的含义是针对T1进行“完全解套”，因此计算的基础只取T2即可。

如果走势从H2拉回修正时，成交量是属于T2小于T1的标准走势，则量缩点应萎缩到T2的0.236倍以下，且小于21MV；如果成交量是属于T2大于T1的变异走势时，则需要洗两次盘。而第二次只需要萎缩到0.382倍即可。

关前等高点洗盘与关后等低点洗盘的修正模型，在修正时间的观察上雷同，亦即整理过程中的时间可长可短，中长期修正通常针对65MA进行摆动，短期修正则针对21MA进行摆动。两者之间最大的差异属于中长期修正的关前等高点洗盘，具有扭转多空走势的意义。而中长期修正的关后等低点洗盘，大多是属于多头走势中的修正。

由于中长期修正的关前等高点洗盘具有扭转多头不利现象的任务，因此股价在与均线呈现正乖离过大后，必然会回测均线，并测试支撑是否成立，此时KD指标将很容易进入超卖区形成短线多头弱势。所以，从H1开始拉回修正的过程，如果“量能退潮”信号成立则应视为正常。而从H2的回档，均量线的死亡交叉应该失败，部分走势会以骗线让投资人误以为短线持续走弱，则导致错失短线进场的良机。

请看图4–46。黑松股价在上涨到标示A时止涨，形成H1的高点，接着股价在测试65MA支撑后再度上涨，并形成H2的止涨高点同时使H2 = H1。当股价从H2开始修正后，如果没有跌破标示L1 的谷底，则代表走势将形成“关前等高点洗盘模式”。

以成交量观察，由于标示B的成交量2061手小于标示A的成交量5252手，因此计算时取标示B的成交量为计算基础，其洗盘量缩点为2061 × 0.236 = 486手。标示C的成交手数为354手且小于21MV，代表在当时要寻求短线止跌点。但是就走势形态比较而言，从H1向下修正用了13个交易日，从H2开始的修正起码也要8 个交易日，因此标示C是否为修正最后完成点颇有疑虑。

再加上尚未出现明显的多头攻击信号，投资人也就无需急着进场进行布局。最后股价在标示L2的位置，交易时间已达14个交易日，紧接着就出现长阳K线攻击，使L2形成转折低点，标示D 再以长阳突破水平颈线。虽然标示E未创高收阴K线，但是成交量迅速萎缩为894÷3253＝0.275倍，而通常萎缩到0.5倍以下就意味着量缩价稳了。所以再出现多头攻击信号时，即为再买进(加码)的进场信号。

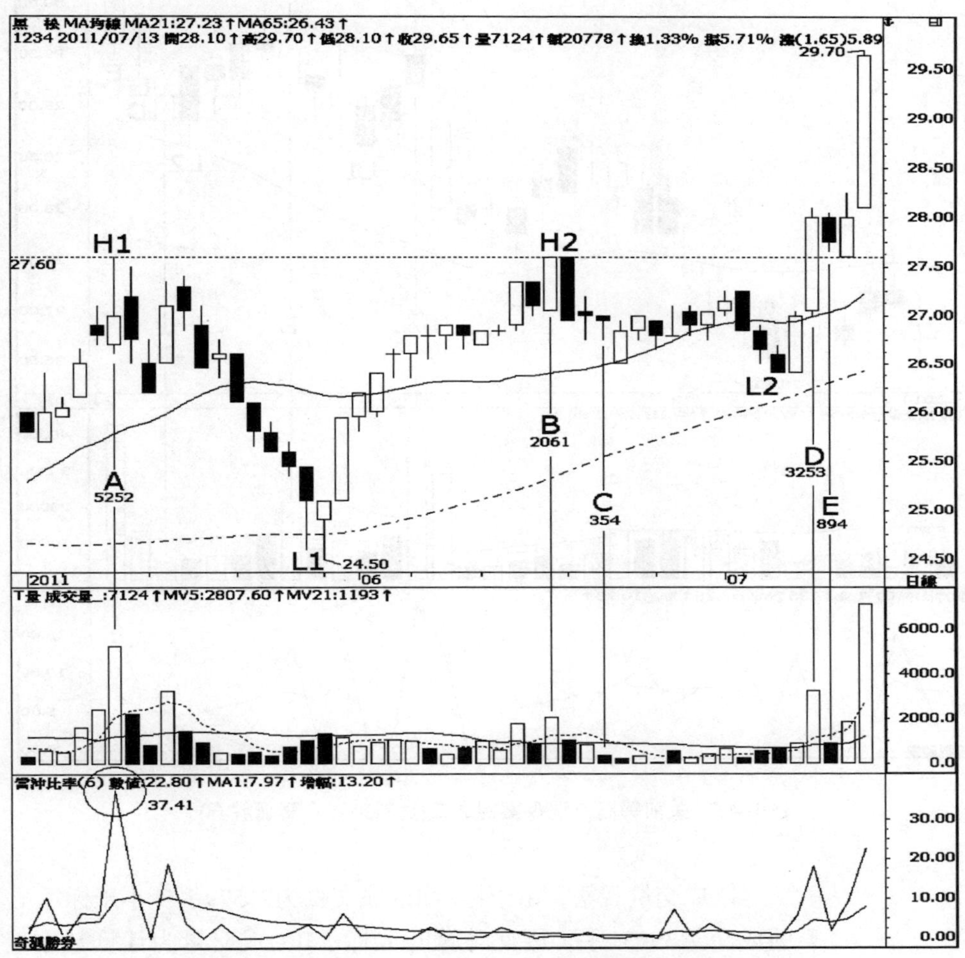

图4-46　关前等高点洗盘案例之一(资料来源：奇狐胜券)

请看图4-47。台聚股价在上涨到标示A时止涨，形成H1的高点，接着再拉高形成H2的止涨高点，并使H2＝H1。当股价从H2开始修正后，如果没有跌破标示L1的谷底，则代表走势将形成“关前等高点洗盘模式”。

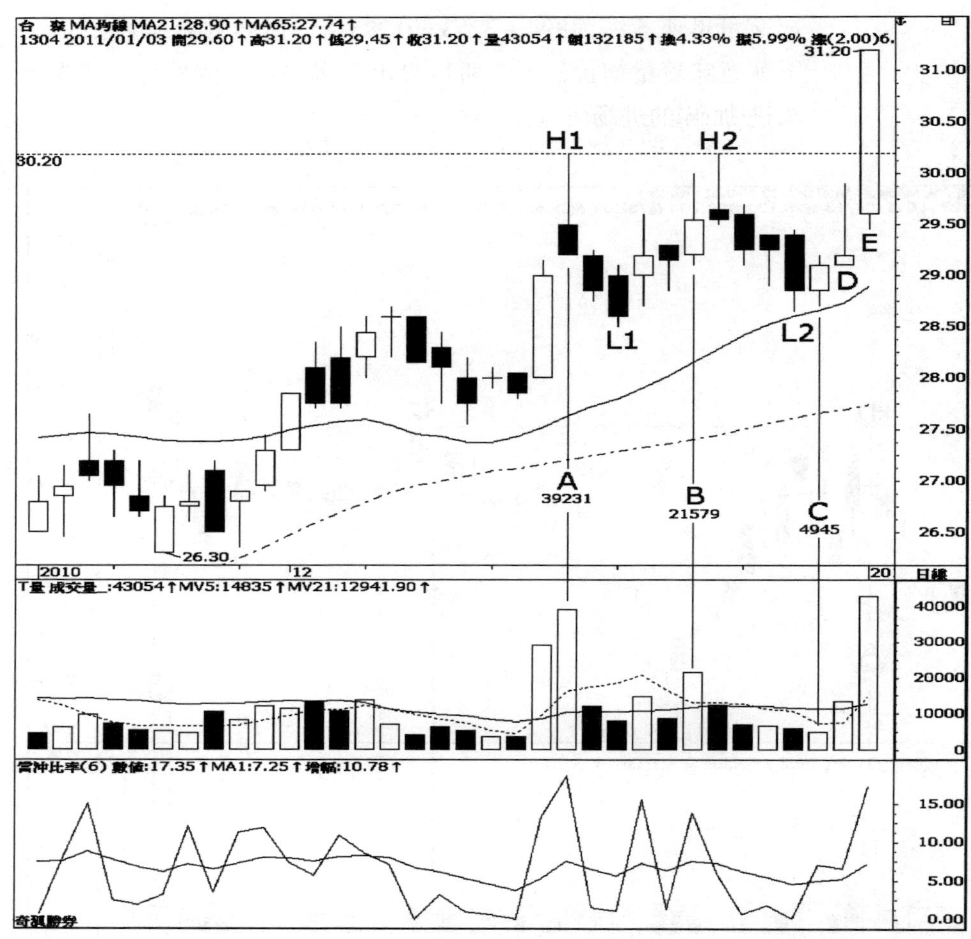

图4-47 关前等高点洗盘案例之二(资料来源：奇狐胜券)

以成交量观察，由于标示B的成交量为21579手，小于标示A的成交量39231手，因此计算时取标示B的成交量为计算基础，其洗盘量缩点为$21579 \times 0.236 = 5093$手，标示C的成交数为4945手且小于21MV，代表在当时要寻求短线止跌点。而标示D的日出K 线，则使L2确定为当时股价转折低点。

标示D这一根K线在即时走势中必然会呈现诱多行为，属于短线“盘上吊高盘”走势，导致投资人买在上影线的位置。这是在短线操作中难免会遇到的处境，只要股价没有跌破这一根K线低点以前，持有该股者其实无需多虑。标示E的K线呈现开高走高，形成长阳K线的攻击态势，并且突破水平颈线，投资人只要观察走势维持真突破的信号，自然可以获取适当的短线利润。

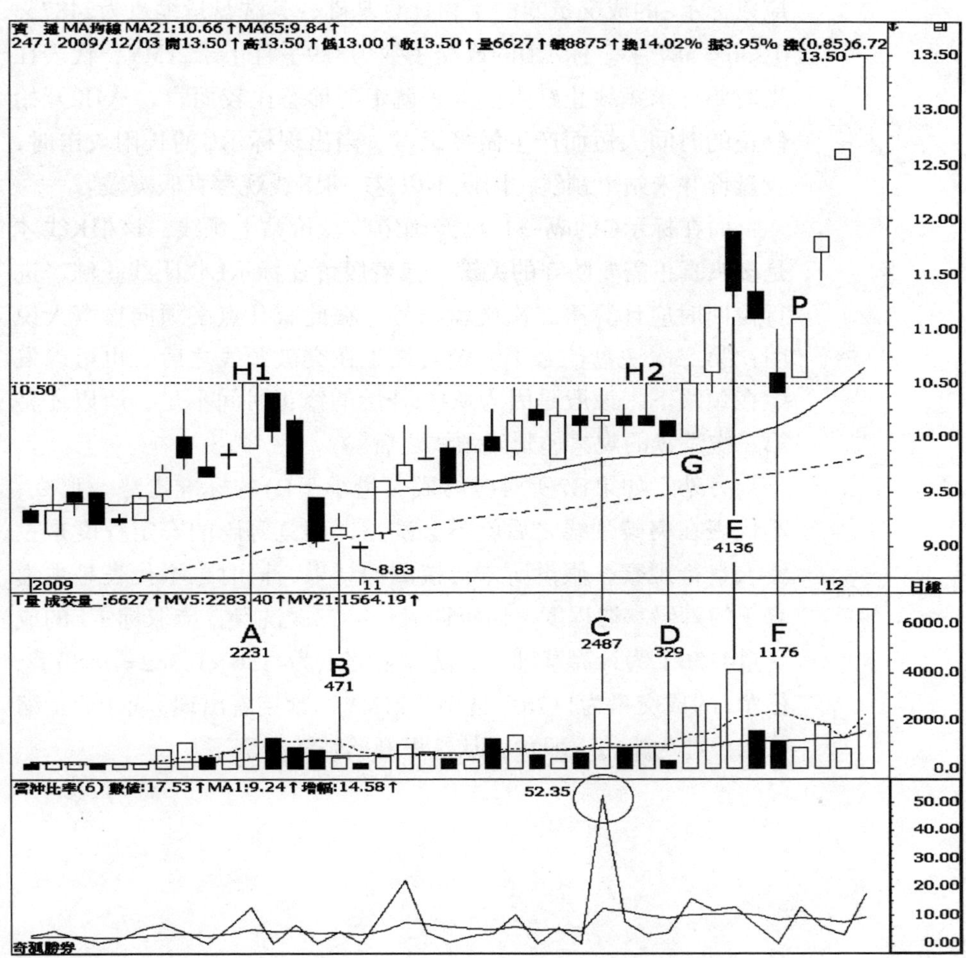

图4–48　关前等高点洗盘案例之三(资料来源：奇狐胜券)

请看图4–48。资通股价在上涨到标示A时止涨，形成H1的高点，接着股价在测试65MA支撑后再度上涨，并形成H2的止涨高点，同时使H2 = H1。当股价从H2开始修正后，如果没有跌破标示L1 的谷底，则代表走势将形成“关前等高点洗盘模式”。由于在成交量的变化上，呈现标示C大于标示A的现象，则代表股价在标示C之后将会呈现两次洗盘的信号。

至于标示B的成交量萎缩到标示A的0.236倍以下，投资人可以将这种现象定位为该股筹码相对安定。在等高点洗盘模式中，应以标示C的成交量2487手为计算基础，其洗盘量缩点为2487×0.236=587手。标示D的成交手数为329手且小于21MV，代表在当时要寻求短线止跌点。但是就走势形态比较而言，从H2开始修正的时间太短而产生做多疑虑。当出现标示G的长阳攻击时，收盘价并未站上颈线，因此不以这一根K线观察真假突破。

而在标示G的隔一日已经确定收盘价站上颈线，该根K线才是多头真正需要防守的关键。接着股价在标示E收阴线止涨，进行拉回时应计算第二次洗盘信号。在此有几点必须向投资人说明：第二次洗盘信号不一定会发生在突破颈线之后，也可以发生在颈线下，该股是因为从H2开始的修正时间不足，所以才将第二次洗盘的观察递延到颈线之后。

另外，如果H2所对应的成交量小于H1的标准走势，那么，不代表在突破颈线之后就不会洗盘，毕竟筹码的安定程度是投资人自行观察、假设所进行揣测的结果，同时也不代表是主力真正的筹码掌握程度。而资通股价第二次洗盘，应取标示E的成交量4136手为计算基础，其洗盘量缩点为4136×0.382=1580手。标示F的成交量为1176手且小于21MV，紧接着出现标示P的量缩收涨停即为惜售，股价就从这里开始强势上涨了。

结　语

笔者初学技术分析之时，也曾经犯了自大的错误，以为吃了几把儿青菜后便可以成仙成佛了。历经了几次交易失败且在市场中惨赔，才深深感觉到自己的不足，决心从头开始学习，并在跌跌撞撞中才稍有收获。除了自己的努力外，幸得李进财教授与谢佳颖老师指点，才有突飞猛进的成效。

有些朋友赞誉笔者是学习技术分析的天才，其实他们并没有看见笔者是如何痛下苦功的。对于有些人可以很轻松地就从市场中顿悟，心中只有无限的钦羡，虽然如此，个人也不懊恼没有具备这样的资质，同时坚信只要一步一个脚印，慢慢地踽踽前行，自然能走出属于自己的康庄大道来。

如果笔者能够做到，那么，相信各位读者朋友也能做到。

许多朋友会问，为什么愿意将自己知道的写出来？笔者则是想，为什么不写出来？虽然有些核心关键仍然不适合放在书本里面公开，但是总得趁着自己脑袋还算清楚时，将所知、所学、所体会者，留下一点儿记录。更何况在写书的过程中，为了要将零碎的概念有系统地组织起来，必须强迫自己重新检视自己的操作观念与技巧。经过这样的整合之后，觉得自己也有所进步、成长，既利人又利己，何乐而不为？所以笔者要借着本书一隅，感谢各位读者一路相随。

各位读者的相挺，也是本人愿意继续写书的动力啊。

只是令人困扰的是，目前盗版非常猖獗，笔者无法禁绝盗印者。但是可以请各位爱好技术分析的同好，支持正版。如此，不但可以让出版社得以获利生存，这样他们也才愿意出版更好的书籍，同时这也是对作者的鼓励，所有作者们也才有动力愿意继续写出好书。这种良性的循环，对于文化事业才是正向的提升。

另外，由于网络资讯的发达，使技术分析技巧广为流传，初阶内容已经无法满足广大投资人殷切的求知欲望，必须要有更深入的内容来提升操作与研判能力。再加上交易制度的更迭，许多传统的技巧已经不如以往好用，比如，分价分量表的观念，由于台湾证交所将交易价格档位分割得较为细腻，集中成交的概念已经消失，支撑压力的意义也较为不明显。所以，研判股价时，仍需回到基本的量价关系，这时候主力控盘技巧益发显得历久弥新。

因此，如果将笔者著作分类，则《主控战略》系列丛书是属于初阶内容，《实战手记》系列丛书也只能算稍微深入一些。市场中应该要有更深入的技术分析书籍才行，所以才计划出版《主控战略笔记》系列。本系列应该可以列入中级程度，其探讨的深度已经不亚于坊间价值不菲的网络论坛或是课程，甚至是大幅度的超越。如果各位读者朋友们喜欢，则也请不吝推荐给其他朋友们阅读。

谢谢大家。

《主控战略中心》网站：www.fmtic.com

黄韦中欢迎大家的光临